天下文化
BELIEVE IN READING

科學文化 BCS222

不廢江河萬古流

——林清涼回憶錄

林清涼 著

陳丕燊 編

林清凉

目次

02 著作及演講

05 門生紀念文

06 親屬紀念文

附錄

照片選集

編者序

　　這本林清涼教授回憶錄得以順利出版，是許多她的同事、門生、故舊通力合作下的產物。其中她在臺大物理系任教的第一班——1972 級學生不但是它的催生者，而且出錢出力，才能讓它順利地呈現在讀者的面前。

　　大約是 2015 年左右，本班幾位較常與林老師見面的同學不斷地嘗試說服她暫時放下物理教科書的寫作，著手撰寫回憶錄。能夠寫物理教科書的大有人在，但是身為生長於日據時代的臺灣第一位女性核子物理學博士，她走過臺灣近百年來變動劇烈的歲月，卻是獨一無二的經歷。如果能夠把這個活歷史記錄下來，應該會對國家社會有更大的影響。

　　林老師接受了我們的建議，動手寫起來，左手拿著一支超大的放大鏡，右手一筆一劃地雕刻她的回憶錄。兩、三年下來，她以一貫的堅毅個性，克服接近於零的視力及日益屢弱的身軀，竟然在離世前已經寫下了將近十萬字！可惜壯志未酬，她停筆時只寫到 1980 年代的中期，她的生命的前三分之二。

　　為了彌補這個缺憾，我們決定擴充這本回憶錄的內容，收

錄歷年來林老師的文章、緒論、講稿、訪談，並且向林老師的親人、故舊、同事、門生多方邀請撰寫回憶她的文字，最後附上一些林老師平生較有代表性的照片。希望這些追憶文字能夠略為彌補她的回憶錄未能涵蓋的部分，並且讓讀者可以從這些側寫中感受到林老師堅毅而博愛的精神。

綜觀林清涼教授的生平，我們感覺有三個面向特別值得一提。首先是，在那個女子無才便是德的傳統禮教，以及男女極為不平等的社會氛圍下，她能夠克服萬難，成為臺灣第一位女性核子物理學博士，並執教臺大物理系，作育無數英才。由衷希望她的勵志故事能夠鼓舞更多的年輕女生走上科學研究的道路。其次是，林老師有一種與生俱來的博愛精神，具體表現在她對所有學生都像母親一樣的關懷。在她而言，一切都是發乎自然，無所謂而為之，但是在受教的學生這一方而言，往往在其一生中產生重大影響。變化氣質不正是教育的最高理想嗎？

最後是，林老師在日本殖民統治下生長，痛苦的經驗讓她深感國家民族復興的重要。而身為科學家，她更把這個願望具體的落實在提升國民的科學素養與科學態度，以及環境與生態的保護上。

雖然哲人其萎，但是她的典範長存。

陳丕燊
2022 年 2 月敬書於
臺灣大學次震宇宙館

01
回憶錄

我非常懷念大學時代的老師們，他們一方面盡全力教我們物理，一方面培養學生做人。這種全面性的教育，使我從不十分瞭解物理學是什麼而選物理系，隨著時間的嬗遞，對物理學的瞭解與日俱增，堅信當時的選擇是正確的，同時它也符合我凡事要追根究柢，極端討厭作假、欺瞞和不負責任的性格。

第 1 章

我的出生地，以及大約到公學校六年級的生活

　　臺灣的嘉義一直到屏東，稱為嘉南平原，是土地肥沃、冬暖夏涼的地區，因為夏天是雨季（北部是冬天雨季），冬天往往出大太陽，於是農產物豐富，例如臺南到高雄一帶，一年可種稻米三次；加上有大小漁港和魚塭、海產物和魚類充沛。此外，還有兩個天然港口：高雄的旗津、臺南的安平，於是自然地人口較集中，成立城市。臺南叫府城，是清朝時代管理臺灣島的政治中心，而高雄叫打狗[1]。來往府城和打狗兩大城市間之商人和百姓，途中需要休息或買東西吧？這個小地方叫阿公店，約位於府城與打狗中間，可能是當地賣東西之人年紀較大，稱呼為阿公。阿公店就是目前的岡山。

　　我 1931 年出生於岡山。那是個小鄉村，周圍有山、有大小湖泊，中間有條游著魚的清澈河流，叫阿公店溪，這些都是小孩遊玩、捉魚蝦等的場所。以目前的高雄細來觀看，是個大

---

[1]　臺灣話叫 Takan，極類似日語的 Takao，如用漢字便是高雄的發音，可能是這樣，日本人占據臺灣後稱打狗為高雄。

風景區，有月世界 [2]、大崗山 [3]、小崗山（大崗山的另一頭是凹下去的山路，能到臺灣山脈末端，臺灣南部二層溪〔編注：今二仁溪〕的水源，或繞一點路到旗山，再到高雄。處處景色迷人，水果豐饒）。上述風景區的中間，有個到目前仍然活躍的泥火山。

　　從高雄沿著海岸北回，有半屏山，以及捕獲不同海產物的大小漁港，一直到臺南。此外，還有人工養殖魚蝦類的漁塭。岡山是「食物豐富，環境優美的小鎮」，大概因為這個優越的地理條件，使日本人選擇岡山為日本西進和南進，即侵略中國大陸和東南亞的空軍總署，它設有官校、通訊和機械工校，二次大戰時還是敢死隊 [4] 的駐紮地。離岡山空軍基地往南約 10 公里處，有個以半屏山為背的小鎮左營，是日本海軍總署，它位於高雄市北端，其南端的小鎮鳳山是陸軍總署。所以日本西進與南進的陸海空軍大本營全落在高雄縣。

　　岡山鎮不大，僅有兩條成丁字型的小街，其他全是小巷，

[2]　舊火山口，中間是深水湖，周圍是連草都不長，泥巴形成的山。
[3]　離月世界約 8 公里，高度約 300 公尺的長形山，山上有各種小動物，猴子、兔子、狸子、穿山甲等。山中央有座明代末建的大寺廟，尼姑、和尚不少。山頭，靠近月世界的一邊會冒出沼氣，點火便有小火焰。整座山有不少果樹和鳥類，非常吸引人。從山的西半部看下去是大平原，接著是臺灣海峽，美麗極了，尤其太陽下山時。我小時候常到寺廟去住幾天，看風景和吃水果。山的另一半是景色優美的臺灣山脈末端部的變化情況。
[4]　穿七個金色扣子的特攻隊。

只有一個離我家不到 100 公尺的傳統市場，日本人都到這裡買食物。稍微長大能自由亂跑時，已看到穿著不一樣的人，叫日本人，注意到他們住的地點較好，房屋的建法不但不一樣，且往往圍起來，有的是帶槍且前端有光刀的軍人守著，根本無法靠近，占很大的面積，是空軍將官們的住宅區，自然地也就意識到相互的差別了。到了進入小學，差別更大，沒有皇民化[5]的我們臺灣人[6]，念的是公學校，而日本人和皇民化人念的是小學校。兩者的教科書內容、勞動情形截然不同。例如公學校的我們，常被帶到空軍宿舍去掃房子內部，整理房子外部和社區的公共場所，沒掃好只有挨打。整理房子內外和樹木花草時的受傷者，僅受簡單的治療。我二哥就是個例子，父親為他花了不少錢，他在擦窗時跳下來，被鐵釘插到腳底。

　　岡山不大，但火車快車會停。我因此有機會看到剛從日本來的特攻隊員，真年輕！他們的任務是駕著攜有炸彈的飛機向美國軍艦衝下去，人和飛機一起炸掉，類似目前的 IS 炸彈客。有一天我正在旁邊觀看特攻隊時，突然有一位隊員交給我一張紙，和寫好地址（日本九州……）、內有錢的信封，請我以掛號幫他寄。我花錢幫他寄了，但至今仍無法忘掉當時的景象，希望他家人能收到他節省下來的錢。

---

[5]　改姓名，拜日本天皇，家中裝潢是日式。
[6]　日本人常稱臺灣人為支那人（shinajin）或清國奴（chankoro）。

這就是戰爭！

政府以愛國的名義製造輿論，

詐騙，甚至於類似強制召集來訓練的特攻隊，

我們稱他們為敢死隊。

在我小學四、五年級時，已感覺到氣氛慢慢地不一樣了，在空軍宿舍有時會看到年紀比特攻隊大的軍人。後來又從民間聽到，有位名叫山本五十六的日本海軍大將戰死，特攻隊無用了，本來一架飛機可炸掉一艘軍艦，但變成特攻隊飛機從臺灣島一出海就被打下來，最後海權全在美軍掌握下。又聽說日本海軍突襲美國珍珠港（1941 年 12 月 7 日）後，美國發明了雷達（radar），才那樣精準地打下飛機，同時擊沉從臺灣出港的所有船艦。後來不但是制海權，連制空權都落入美軍之手，日軍侵略中國大陸和東南亞的戰略全陷入困境了。

雖然是小孩，但已感覺到有什麼不一樣了，男人常被動員去勞動服務，稱為「奉仕作業（hō-shi-sa-gyo）」，後來連公學校的壯男孩也不能倖免，幫軍隊搬運東西到挖在大、小崗山的防空洞，這時才發現建在大崗山的將近四百年歷史的大寺廟已不在了，它早已被拆掉，換成山中裝有指向臺灣海峽的大砲了！那些做「奉仕作業」的臺灣男人奉命在海岸附近挖大戰塚來阻止美軍戰車的侵入。另一方面，衣食都開始緊縮起來，執行配給制，臺灣人幾乎買不到靴子和衣服等物品。物產豐富的岡山，非靠排隊購買蛋白質（肉、魚、蛋、豆腐等）不可，但

非臺灣人（日本人和皇民化人）例外，不但不必排隊，並且不限量！這些排隊工作，自然地落到家裡唯一的女孩子我身上。早上不到六點就被媽媽叫起來去排隊買一塊約 10 平方公分，高度約 3 公分的豆腐，我很想睡覺卻非排隊不可，這時眼睜睜地看到非臺灣人不必排隊就能買到，而且不限量！請問：

　　你的感受如何？
　　會忘記嗎？

　　那種心靈不安寧的複雜情感，深深地鞭打我們臺灣小孩。生下來是皮包骨、很會哭（母親說的）、晚上不睡，天快亮才睡到中午的我，小時候很聽哥哥們的話：

　　練身體，練膽量，
　　準備不久的將來帶著老弱婦孺逃難。

　　還好，天未亮就要排隊買豆腐的時間持續不長，因為聽說連黃豆都沒有了。反正食物是軍隊優先，豬、雞、鴨、魚等全是臺灣人飼養的，軍隊所需要的量，生產者必須直接送到軍隊，不過臺灣人自然地暗中互送，或暗中物物交換。父親是養殖業者，生產虱目魚、草魚等。以父親的性格，自然偷偷地分給需要的臺灣人，不過人人必須小心，不要讓吃飯時突來訪的巡警（全是臺灣人）看到不該有的食物，否則供給者必遭苦

刑，父親就曾這樣地被逮捕，被關兩、三天，並且受了苦刑。
家裡唯一沒被軍隊動員的是我。有一天從公學校回來，就跑到
警察局關人處外遊蕩，突然聽到父親的哀叫聲，奇怪的是我沒
哭，有的只是湧上心頭的憤怒！至今仍不能忘！

　　回家後我也沒有告訴母親。直到有一天三哥問我，知不知
道父親被抓的事（不知道他為什麼知道這件事，因那一段時間
哥哥們不在家，母親也不講）時，我才向他說明經過。他叫我
不能告訴任何人，為什麼？他提醒我：「你曾經犯過錯，害了
大哥。」事情是這樣：

　　　巡警常利用小孩，探查各家之事和民間消息。
　　　我在公學校三或四年級時，
　　　曾經被巡警問：「你家是誰反對改姓名？」

　　我說：「是大哥。」大哥當時是日本名古屋大學藥學系學
生，等他暑假回岡山時，就被請到警察局，吃了不少苦頭。後
來哥哥們就教我很多事，他們的朋友們也不例外。突然間我長
大似的懂事了：為了身體好，什麼都吃，為了練膽量，哥哥們
傍晚帶我到墳墓，也不和他們吵架，反而問東問西，連媽媽都
要問。媽媽常告訴我：

　1. 當你看到怕的東西時，請站住，不能離開現場，然後雙
　　　手合起來，閉眼念「南無阿彌陀佛……」，念到不怕

才打開眼睛，好好地看那個東西，一直到不怕才能離
開。如果是死人，就好好地拜，拜到心定下來才離開。
2. 你沒做過壞事，鬼不會找你麻煩，只會幫你，不要怕。

母親的這兩句話，影響我最深，後來逃難，或遇到可怕的
東西時，我真的做到了。例如 1968 年 4 月在東京大學發生的
林昭義事件，我認他屍體時就是靠著這個訓練；在臺灣大學執
教的歲月，我經常深夜一個人在物理系館（二號館），靠的也
是這個訓練。其後搬到新館，在非常深夜裡，一個人行走運動
場旁的那條長約 200 公尺的小路時，偶爾遇到惡作劇，這個從
小的訓練照樣可用，就是不信邪、不信鬼的生活態度。

母親是佛教徒，但沒要小孩們信教。小時候，她常常自編
奇奇怪怪的鬼故事講給我們聽。她是在傳統的中國文化與文明
的環境中長大的，對女孩子的「三從四德」教育是我們母女吵
架之源。但我也因此學到了不少中國文化與文明的正面：她的
乾淨、整齊、有公德心的教育，令我在歐、美、日生活時受到
尊敬。我生活自如，對中國文明與文化幾乎有超過 100% 的
信心。

為什麼這些中國文明文化的正面，漸漸地在臺灣消失了
呢？它是人類四大文明之一，必有人類共同需求之內
涵。例如中國的「世界大同」、「中庸之道」有什麼不
好？

　　日本的侵略戰爭相當地殘忍。我在公學校最後幾年，哥哥和他朋友們偶爾會給我看日軍殘殺中國人的照片，或日軍的非人道行為，例如灑細菌，向中小學生打病毒針來做人體實驗等。同時他告訴我：日本會打敗戰，我們要把日本從臺灣趕出去。日本是用武力占領臺灣，臺灣人是日本人的奴隸，就是被日本人使喚的人，稱這些受過小學以上教育的人為臺灣青年。我大約在 1944 年逃難期間才知道，這些臺灣青年暗中有組織地抗日。

　　到了 1943 年底，日軍傷兵開始從東南亞運到左營和高雄後，見風轉舵的巡警們（臺灣人叫他們臭警察）漸漸開始改變作風。當時的臺灣人非常團結，除了一少部分防火員（現在的消防員）外，男性幾乎全被軍方動員，留下來的都是老弱婦孺。這時從東南亞撤退來臺的日籍傷兵帶來胃腸病、傷寒，種種傳染病，慢慢地在臺灣流行起來。最可怕的是惡性瘧疾，它會令病人發燒到接近 40 度，是死亡率最高者。當時缺少醫治各種傳染病的藥，我的三哥就是在臺北染到它，不到一個禮拜，在 1945 年 6 月下旬過世。在 1944 年到 1945 年前半，民間流傳著這樣的說法：

　　　染傳染病和被炸死的人，最多時一天約兩千人！

　　我三哥當時在臺北念法商學院，它光復後成為臺灣大學法學院。大專院校生全被日軍動員去守臺灣海岸、軍事基地、交

通要道、重要機構等。他們都分到一些傳染病藥，三哥把分配到的這些藥全拿回岡山來給我們，然後匆忙的趕回臺北，沒想到和他告別不到一禮拜，他竟然不幸感染惡性瘧疾，病死於臺北，我從逃難地趕回岡山家時，接到的是臺北來的骨灰。這是我在半年內捧的第二次骨灰，第一次是大哥在 1944 年 12 月同樣地病死於傳染病。四個哥哥，戰爭奪走了兩個，而二哥在日本東京，生死不明，四哥和弟弟都被日軍所徵用。眼看著父親的奔波、臺灣人的遭遇：

　　我怎麼能不堅強？
　　父親怎麼能不想為臺灣人做事？

第 2 章
準備考中學

　　大概是因為生長在軍事基地附近，經驗較為複雜，岡山一帶志氣高昂的臺灣青年為數不少，譬如防火員的壯丁就很偉大，從救人、防火到聯絡工作、維持秩序、治安和安全等。例如三哥在臺北病危，消息傳到岡山時，聯絡父親趕往臺北，以及把我從逃難地迅速帶回岡山之事，就是防火員做的。生活在這種環境下，我自然地想多念些書。我從小愛打抱不平，當父親帶我一起去訪問他的朋友，或客人到家裡來看父親時，坐在父親旁的我，只要聽到大人們交談時提到不公平的事，我必定會開口說：「不要這樣……」，於是父親希望我長大後成為律師，為臺灣人爭公道。

　　日據時代，臺灣人只能當律師或醫生，而後者比前者容易。哥哥的朋友們裡就有姓王的兄弟朝著成為律師的方向努力。所以我在公學校六年級時就準備考中學。考不考得上的主要因素，是老師送出去的對學生及其家庭的報告書，稱作「內信書」，結果我沒考上。如此一來，我只好報考公學校的高等科，它是小學六年畢業後才能念的兩年制課程。在小學的最後

一個學期，突然舉行了全高雄州[1]的數學測驗考試。可能是這次考試成績優異，讓我順利地進入高等科一年級。我在岡山公學校高等科一年級的某天，日本老師在班上宣布：我在高雄州的所有公學校的聯合數學測驗考得第一名，並且分數比第二名高很多。大概是因為這個緣故，雖然我的家庭有問題（反對皇民化），但是日本政府還是不得不讓我進入高雄州立第二高等女子學校。當時沒改姓名的人很難進入第一高等女子學校，那是日本人和部分皇民化的臺灣人念的女子中學。這是 1944 年3 月的事了[2]。

　　1944 年整個亞洲的制海及制空權都已落入美軍手裡，於是入學高雄第二高等女子學校後不久，高雄市常拉警報。一進入夏天，學校就宣布停課，而岡山人早已過著躲防空洞的生活。

　　　　在高雄第二女子中學，由於有日本人，就不必赤裸裸地
　　　　聽那些八股文：大和民族（日本民族）之偉大、皇軍之
　　　　英勇，唱些雄壯的日本軍歌——需要解救野蠻且落後
　　　　的支那（Shina），以及唱些諷刺支那軍（Shina-gun）
　　　　的歌，例如：Shina-heitai（支那兵隊）、ashi-nagai
　　　　（腿長）、senso-kowai（怕打戰）、nigaru-hayai（逃得

---

[1]　現在的高雄縣加屏東縣叫高雄州，日據時代，臺灣分為五個州。
[2]　日本新學年是 4 月 1 日開始。

快）、chipu-erai（玩女人一級棒）。

不過仍然得聽無聊的宣傳：

> 皇軍如何英勇，戰爭多麼地光輝順利，從亞洲趕出魔鬼
> 英美（kichiku Bei-Ei），建設美麗的大東亞共榮圈……

同時大力宣傳愛國，鼓勵去前線勞軍。我們一年級女學生
要到街上去請人打「千人針（sen-nin-bari）」之結[3]，是送到
前線給日軍綁在腰上之帶，以保護軍人，同時也有精神鼓勵之
用。在這種環境下，誰敢不愛國？又能拿到國家給的名譽，光
耀家譽！侵略戰說成聖戰，是要解救被「魔鬼」（kichiku〔鬼
畜〕）壓迫的亞洲人。

至於勞軍問題，實質是慰安婦問題，是這樣：岡山（阿公
店）是日本侵略中國大陸和東南亞的空軍大本營，在公學校
五、六年級時常看到日本空軍進出，離我家不遠的一個很乾淨
的房子，後來才知它是政府管理的公娼院。公娼必須受定期健
康檢查，公娼院的環境衛生也比較好。

大人或臺灣青年對我們小孩問的問題都不真實回答，愈是
這樣我們就愈好奇，有時會專程走過該房子前面的路。反正岡

---

[3] 寬度約 20 公分，長約 1 公尺的白布條，在其上面用紅線打一個
結。

山不大，相互認識，總會聽到一些閒話。偶爾聽到某某小村民的女兒（公娼）拿到四、五百元到前線勞軍去了，這就是去做慰安婦！這些女性就是 1990 年代部分臺灣人及報章講的，尤其是金美齡，她在桃園機場下機後公開引述當時總統李登輝的意見：慰安婦是自願的！他們是一群臺灣最貧窮家庭的婦女，為了解決家庭的經濟而選擇了這條致命之路！她們更沒有預料到在前線會那樣地過著非人生活！

　　這是自願嗎？
　　最好徹底地調查，二次大戰中這種婦女有多少！

　　慰安婦，除了上面所說的女性外，還有以愛國之名被騙到前線勞軍的臺灣女性。這一批以愛國勞軍到前線的臺灣婦女，出發時和日本婦女一起（故臺灣婦女也好，日本婦女也好，都不知道真正的目的）到前線做勞軍工作，最後要離開時，臺日婦女被分開各走不同的路，於是部分臺灣婦女就變成慰安婦了，這也是自願嗎？被騙的這批臺灣婦女，大約識字吧？即使有機會活著回臺灣來，當過公娼的她們，可能早已下落不明，可能連屍體都找不到吧！幸好二次大戰結束得早，不然我也有可能為「愛國」到前線勞軍去，而變成慰安婦慘死了！

　　在李登輝總統帶頭下，大小報章大力配合宣傳，而所謂「保護女權團體」不吭聲的情況下，連續報導：

　　慰安婦是自願的。

　　於是就有人（臺大教授）來問我：「慰安婦是否自願？」
　　我就向他說明上述的歷史事實，最後請他回家後問母親，
因為他母親是日據時代念高等女子中學的家庭婦女。臺灣人醒
醒吧！該瞭解什麼是侵略戰爭。希特勒（Adolf Hitler）殺猶太
人的方法，舉世譴責，但是它遠遠不如日本人殺中國人的方法
殘忍。好好地查一查，研究研究日本人殺中國人的方法與事實
吧！看看日本人自己寫的有關二次大戰的書或東洋史就夠了。
例如 1957 年 3 月由日本光文社出版的《三光》，就是參與侵
略中國陸戰的人合著之書，其中對日軍如何殘殺中國平民有第
一手的描述。
　　臺灣人很幸運，日本人被打敗了。不然按照「大東亞共榮
圈計畫」，如果日本戰勝了，皇民化以外的臺灣人，即支那
人，願意到大陸的送到中國大陸，其他一律趕出臺灣送到東南
亞！再來對中國大陸和東南亞人來說幸運的是，美國人比日本
人早製成原子彈，然後不斷地警告日本：

　　不要繼續殺人及破壞，
　　否則要讓日本本土嘗嘗威力強大的炸彈！

　　但日本仍然不理，頑抗下去。美國為了減少日本之外的亞
洲人死亡和被破壞，只好選了兩個中型城市——廣島和長崎丟

原子彈，結束日本的侵略行為。當時日本科學家知道這是原子彈，它就是二次大戰中被軍方動員的物理學家埋頭苦幹研究的炸彈。同樣地，雷達也是二次大戰時日本科學家研究的武器，只是美國領先成功而已。二次大戰中反對希特勒的歐洲科學家及優秀的猶太科學家全逃到美國，這些世界一流的科學家團結起來，想辦法結束人類不幸的大戰。果然，在美國投下兩個原子彈不到十天後的 1945 年 8 月 15 日，日本昭和天皇宣布投降：

　　無條件投降！

　　中國大陸結束了史無前例的八年悽慘的被侵略之抗日戰爭生活，死傷人數約五千萬人！從十九世紀末一直到 1945 年 8 月 15 日，亞洲從朝鮮半島、中國大陸、臺灣到東南亞，種種的不幸全是日本造成的！

　　那麼女子中學有什麼樣的課業呢？國文（日文）、簡單的數理課，他們遠不如男子中學，沒有英文課卻有「禮法」，它是中國「三從四德」的改良版，目的是培養「賢妻良母」，簡直是無聊透了，這不是中國文化嗎？我在家所受的「三從四德」教育，內含著中國哲學的中庸之道。日本和中國一樣的重男輕女，但我覺得比中國更嚴重。在女子中學聽日本女孩講的話，和男孩子的有微妙差異，比較謙虛似的，這是我在岡山公學校沒經歷過的發現。

　　我在家絕對不許講日語，在學校男女一起念書，於是剛開始時，有一段時間我幾乎不和班上任何人講話，想辦法只找臺灣人。我發現有一位來自屏東的同學，叫陳娟娟，都是火車通學生，但是我沒有馬上接近他。班上日本人已知她是「支那人」，但不知我是何種人，因為我姓「林」，而日本人也有「林」的姓氏，叫 Hayashi。在日本學校，低年級生必須服從高年級生，萬一遇到看不起「支那人」的高年級生，他們必定尋機會找你麻煩。

　　後來因為都會在高雄火車站等車，就和陳娟娟要好了起來。有一天下午在學校的樹下和陳娟娟聊天時，被二年級叫提見（Tsutsumi）的日本人發現了，我們立即跑開。提見只能追一個，追的是提見早就知道的支那人陳娟娟，於是陳娟娟遭殃了。而我呢？跑回教室拿了書包就走，反正學校快放學了。趕到車站坐火車回岡山，一路很難過，一下子出現陳娟娟的影子，一下子想到臺灣人的悽慘。臺灣青年曾經對我說：「日本會被打敗，我們會把日本人趕出去。」我相信這是真的，但是要等到什麼時候呢？到了岡山，我沒立即趕回家，不知怎麼辦才好。我慢慢地走，想東想西，遇到熟人打招呼也打不起精神。回到家只有母親在，沒什麼話可講，於是照往常一樣的做家事和一些該做的事。

　　從那一天以後，班上同學就知道我是支那人，明顯的班上有兩個支那人，其他的臺灣人好像全都皇民化了，從名字上看不出誰是臺灣人。後來陳娟娟告訴我，當天提見訓了她一陣

子，問她我們說的是什麼內容，用什麼語言、違法等等，直到陳娟娟哭了，才放她走！其後我們維持往來，她比我高，坐後面，矮小的我坐在從前面數來第二排。第三排坐在我後面的，是從左營海軍基地來的日本人，叫高尾（Takao），她反而找機會和我說話，教我日本女性用的日語，或更正我的日語音調，同時她瞭解臺灣人很難配到衣類或布料，偶爾會拿做軍衣剩下的碎布偷偷地給我，它們很有用，可以補衣褲用。我也偶爾從岡山帶些臺灣鄉下吃的糖類給她。很遺憾光復後想盡辦法找她，都始終沒找到高尾 san。

　　光復後陳娟娟轉到臺灣省立屏東女中，而高雄第一和第二高等女學校合併成臺灣省立高雄女中，我繼續留在高雄念它的初中部，是二年級。由於二次大戰末高雄市幾乎被炸毀，高雄女中沒有校舍，是借臺灣省立高雄中學的校舍來上課，並且只有下午才有空校舍能使用，因此進度慢又不扎實，對於將來想念大學的我，有點不放心。到了初中三年級下學期，找機會投考沒被轟炸的臺南女中，不但學校設備好，進度快了大約半年又扎實，並且學生人數大約是高雄女中的兩倍，我只好自學了。當時根本沒自信能不能考上，就順其自然吧。沒想到老天爺幫忙，我以第一名自高雄女中初中部畢業，於是可以直升高中。升學壓力沒了，念書效率反而提高，反正萬一沒考上臺南女中，還可以回高雄女中念。後來順利地考上，成績還不錯。

第 3 章
防空洞生活

　　1943 年下半年，美國已經掌握了制海權，後來連制空權也落入美軍手裡。好像進入 1943 年不久，岡山一帶的居民全要開始挖防空洞，就是防空襲用的地下洞穴。我家經哥哥指導之下，在前後院各挖了一個防空洞，長約 4 公尺，寬約 1 公尺，高不到 2 公尺。挖掘用的工具是：鋤頭、鏟子、鋸子、斧頭、鐵鎚、鉗子等，樣樣我都會用。材料是：竹子、木頭、鐵絲、釘子，新舊都有的紅磚、砂、水泥，以及日本人給的，好像是鉛鋁合金的弓型片。洞的兩端側面各有一個進出口，高度不到 1 公尺，寬大約 0.6 公尺（兩尺），有三、四個階梯才到洞底。洞的上面有兩個通風口，加上門上也有通風口。防空洞的橫切面如圖 3-1 所示。

　　防空洞上面還有離地面約 2.5 公尺高的絲瓜棚架。後院的防空洞主要是哥哥用來準備大專考試用的。

　　岡山開始拉警報大約在 1943 年底，美軍主要是轟炸空軍基地。開始時，除了炸彈的爆裂聲之外，還聽到日軍打高射砲的聲音，據傳言擊中了一架美國軍機。進入 1944 年後就僅有

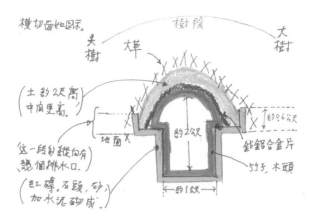

圖 3-1　林清涼教授手繪的「防空洞」橫切面示意圖。

警報了，美軍似乎已經掌握了制空權。到了初秋，美國的雙機
體飛機和 B29 開始自由自在地飛過岡山鎮。離我家約 100 公
尺的傳統市場旁，有座堅固的五層樓，上面設有警報站，它首
次也是岡山鎮唯一的一次遭受轟炸。500 公斤炸彈爆裂的碎片
四處亂飛，有一塊長度、寬度分別約 30 公分、20 公分，厚度
5 至 6 公分的碎片，穿過我家屋頂，落在家中地上，幸好當時
我家人全在防空洞裡，鄰居也同樣，所以沒人受害。

　　空襲後我跑去那座五層的樓房，老遠就看到防空警報站被
毀了，接近時立即看到市場屋頂受損，下面放有四個屍體，而
一個桿上高高地掛著一個人的整個手臂，其他部分看不到，於
是我自然地對合雙掌不斷地唸著：

　　南無阿彌陀佛……

　　然後我走到屍體旁邊，仔細地看一看受傷的情況，心中湧現出無比的哀傷：

　　這就是戰爭？
　　將來大家怎麼辦！

　　哥哥們、臺灣青年們曾經對我說過的話，給我看過的日軍屠殺大陸人民的照片等等記憶，突然全部出現在腦海裡，這一切至今難忘！當下我恨透戰爭，恨透日本，心中自然地湧現強烈的願望：

　　如何為這些受難者報仇？中國非強不可！什麼時候才能把日本人從臺灣，甚至於從中國大陸和東南亞趕走？日本，最好打垮日本！

　　我抱著複雜的心情慢慢地走回家，在那塊炸彈碎片附近坐了一陣子。家裡只有母親在，我們相對無言，空氣中全是沉默。

　　你能原諒日本嗎？

　　二次大戰結束時，中國政府對日本宣布：

以德報怨。

這不知傷到多少臺灣人之心，相信中國大陸的百姓也不例外，為何連要求日本公開道歉都沒有？！

從此以後 B29 就在岡山地區盤旋，執行所謂的「疲勞轟炸」，除了三頓飯時不來，讓百姓好好地煮飯吃外，整個白天都盤旋在岡山區域上空，只要發現有人在戶外活動就射機關槍彈，或灑傳單。我公學校的一位男同學，就是因為爬在樹上觀看 B29 時，被機關槍掃到而離開了我們。到了 1944 年 10 月左右，美軍開始作心理戰：

> 將要炸毀軍事基地周圍的一切建築物，並且從軍艦砲擊基地及周圍等。

這鬧得人心惶惶，家家戶戶都準備起乾糧、需要的藥物、萬一時要帶走的重要東西及衣類，以備緊急時用。果然，岡山鎮民開始被強迫疏散到臺灣山脈的山區裡，過了約十個月的淒慘逃難生活[1]。上述美軍宣傳的話，並沒有在臺灣發生，但在日本的琉球群島，就發生了美軍的軍艦砲擊，日語叫「艦砲射擊」，把整個島毀了，稱為焦土戰，即燒毀、炸毀一切。

---

[1]　約從 1944 年 10 月初到 1945 年 8 月 15 日。

第 4 章
逃難生活

　　約在 1943 年底開始，日軍傷兵從東南亞運到左營和高雄，見風轉舵的巡警們，不但改變作風，並且靠攏防火員（全是臺灣人）。相互幫忙本來就是鄉下的習俗，到這時候大家就更加親密，開始知道日本軍可能會被美軍打敗了。岡山有日本空軍基地，我們可能會連帶遭殃。這種擔心來得很快，進入 1944 年便過著防空洞生活，大家相互照顧。臺灣青年也積極教育能用的青少年臺灣女性。我哥哥訓練我的膽量和練身體，並且要我緊急時帶著老弱婦孺逃離岡山到山裡。尤其我三哥（林海水），更十分信任地給我如下的工作：

1. 逃難時背著家裡最重要（什麼東西？我不知道，他已經綁好了）的這個小包走。
2. 帶著母親、老弱婦孺和病人一起走。（因沒改姓名，而且念中學、會講日語、又較平民化的，只有我）。
3. 如何和防火員聯絡。
4. 必帶乾糧、藥物、水、一點衣服和小棉被。

　　到了 1944 年，岡山一帶的情況愈來愈微妙，日本人好像變得比較安靜了，躲在防空洞的時間也變長了。這時又有可怕的美軍轟炸的耳語，大家只能祈禱平安。進入秋天後，緊張程度更加提高。我家只有我和裹腳的母親，所看到的全是老弱婦孺或病人。約在 1944 年 10 月初，強迫疏散令來了，要淨空岡山鎮。在防火員的協助下，病人和無法走路的小孩及老人坐牛車，能走路的人都是左右前後背著、帶著，或抱著東西，從離岡山約 10 公里的燕巢逃亡。離岡山一段距離處，便有人力推的臺車[1]，幫忙運送行動較困難者爬上坡路。

　　一路上，路邊的村莊人會給你飲料、水果、地瓜或芋頭。到了燕巢，家家門戶開放，歡迎我們進去吃東西或居住。臺灣人的團結溢於言表，那種溫暖我從未經歷過。我們難民就這樣地分住在從未見過面的燕巢鄉民家中。我們當然盡量幫當地人做事，或分享從岡山帶來的東西。大概住不到一個禮拜，我們就告別他們走回岡山。記得回到岡山時，是太陽快要下山的傍晚 4 點到 5 點之間，我們已經非常疲倦了，就隨便煮些家中有的東西吃，接著我和母親都倒在床上，母親有沒有睡我不知道，但我睡著了。大約 9 點左右，防火員又來趕我們逃命！天阿，還走得動嗎？但這次比上次更嚴重，防火員說：

　　　　是美軍的艦砲射擊，必須逃到比燕巢更遠的深山田寮！

---

[1]　在約寬度 0.6 公尺的小鐵軌上跑的小車。

　　大約在晚上 10 點左右，岡山居民又開始逃難了，個個模樣狼狽。這時又聽到牛車只剩一部，其他的被日本人徵用了！於是人人必須走路。像我母親一樣裹腳的老婦女真慘了，至於一路要睡的小孩呢？牛車上有一位大肚子的婦女和抱嬰兒的老人，還有一位病人，我們出發了。到田寮必須先穿過有防空洞（日軍用）的大崗山與小崗山之間的小路後，再走一段距離，就會遇到臺灣南部的一條大河流二層溪的上游，那是我從未去過的地方；老人們說那裡很不好走，怎麼辦？就聽天由命吧！

　　岡山鎮到大、小崗山的中間有兩個小村，過了大、小崗山後有個叫做牛調埔的較大村莊。我是先走一段路，就停下來在路邊小睡，等那群裹腳的老婦女到了，必會叫醒我。在同一條路上，偶爾會有載日本人逃命的卡車。剛過了第一個小村不久，就有一位沒裹腳的老婦人搖醒我，要我伸手攔住卡車，幫忙帶牛車上的大肚子婦女到前面村莊去，因她可能快要生產了。我立刻放下背包，站在路中等卡車，一看到車就：

　　　　搖舉雙手，並且大聲喊幫忙、幫忙，因有人將要生小孩了。

　　結果是，我被卡車上的日本人大聲罵：

　　　　chankoro（清國奴）走開！

接著是向我吐口水！

我還來不及罵回去，車已跑遠了，這種經驗你會忘嗎？比我一大清早排隊買一塊豆腐的經驗還深刺入骨！後來聽說那位婦女在那些有生產經驗的老婦們，加上第二個小村的村民趕來協助下，在樹下順利地生了小孩；這段時間我在路邊大睡。等我們到了牛調埔時已過了中午，離岡山鎮約 8 公里多的路，我們走了十四個小時！有人在床上，有的在地上、草蓆上睡或休息，有的吃東西，但我沒胃口，只管找個空地躺下來大睡，天黑了才起來，看到可吃的什麼都吃。

這個村雖然沒燕巢大，但農產豐富。臺灣人同樣地超團結，所有食物全由牛調埔民眾供給。牛調埔到田寮還有一段路，是沿著二層溪的上坡路，於是牛調埔一帶的老壯丁們，用他們的三輪車，它的前輪是拿掉後輪的腳踏車，後兩輪裝有寬度約 1 公尺，長約 1.5 公尺，高約 0.6 公尺載貨物用的木箱，把行走困難的逃難者和他們的隨身行李放在木箱內運到田寮。

快到田寮之前非渡過二層溪不可，能走路的人走吊橋，三輪車走的是較遠處的溪底路。這是我第一次走吊橋，真是害怕。其他人也不例外，緊抓鐵索，什麼都不敢看，心跳之快，好像要完蛋似的。到了橋頭陸地時，個個坐在地上，連話都說不出來了。還好還能呼吸，休息一陣子後沿著路走，不久便看到了民家。田寮人已經知道有難民會來，同樣地家家歡迎我們吃住。到田寮的交通真是不方便，而且也不能一直過這種逃難生活，大家開始討論起來，終於有了共識：

找岡山區郊外，較靠近內陸一帶的親戚或朋友，到他們家去住，但也有人決心不離岡山的家。

從田寮回岡山後，我們就決定到三舅家去住。三舅是中醫，本來住大崗山的山麓一帶，一面行醫，一面在大崗山種菸草。日軍要在大、小崗山築各種洞穴，以及射向臺灣海峽的高射砲，便趕走居民，於是三舅只好移居到一位經營瓦磚窯、有塊大土地，內有樹林和竹子林的好友沈吉龍處，蓋了一間簡陋的房子。但沈先生還有空地和瓦磚窯工人住的小房子，沈先生歡迎我們去住，地點是離大崗山頭的阿蓮不遠之小鄉村石奄潭（現在稱為石安潭），位於岡山鎮的東北角，距岡山鎮約8、9公里。我們僅帶走最低限度的生活必需品，同時小我一歲的父親好友女兒阿鳳也和我們一起去三舅家。他家只有三個人，夫婦和大我十歲的表姊，所以家並不大，加上我們三人，晚上睡覺很擁擠。

我和阿鳳每天都很忙，先整理沈吉龍先生的工人曾住過的小屋，到樹林或竹林去撿柴、木頭、倒下來的枯木，堆積成山。鋸木、劈柴我樣樣來，同時教阿鳳，於是燃料沒問題。水則是來自手搖機抽的地下水。為了節省燒熱水，我們用金屬製的大面盆裝水晒太陽來加熱。至於食物，鄉下嘛，雞、豬肉臺灣人暗中贈與，水果嘛，到處都是果樹，蔬菜就更豐富了，幾乎家家都會種。我和阿鳳也不例外，反正沈家有土地，拿鋤頭和鏟子難不倒我，我又會做堆肥，那是確確實實的有機肥。偶

爾父親從烏樹林魚塭來找我們（騎腳踏車約一個小時吧），帶醃過的虱目魚來給我們和一些鄰居。

　　這種生活是從 1944 年 11 月到 1945 年 8 月 15 日，直到日本天皇宣布無條件投降日為止。在這一段期間，為了照顧早就被日軍動員去搬運東西、公學校六年級的弟弟，每個月至少必走回岡山兩次，和弟弟住兩、三天，煮些東西給他吃。由於家裡的兩部腳踏車，一部父親用，一部弟弟用，我只好吃晚飯後休息一下，深夜 12 點左右和阿鳳起程，經過墳墓、竹子林等，在天未亮之前回到岡山鎮。美軍 B29 仍然執行著「疲勞轟炸」的戰術，岡山鎮上只剩下沒逃的幾家人住而已。逃走的人只要把門關好，避免風吹開或雨打進來就行，沒人會偷東西，甚至於萬一門沒關好，防火員也會幫我們關上，他們幾乎解決了所有社會上發生的問題。

　　在石奄潭生活的這段時間，我失去了兩位哥哥，大哥林榮彬（1945 年 6 月）和三哥林海水（1945 年 6 月），眼看著父母親的痛苦與煎熬，我常在撿柴的樹林中痛哭，阿鳳也哭起來。情同姊妹的我們兩人，在深夜走回岡山或回石奄潭的路上，有時會無緣無故地擁抱著哭泣，那是戰爭帶來的悲傷。回岡山時從防火員或臺灣青年傳來的信息「日本必將戰敗」，這才使我得到安慰、勇氣與堅強。我好像愈來愈能幹，想替兩位哥哥完成他們常說的願望——使中國富強。

　　我一生的刻苦、耐勞、堅強，是二次大戰鍛鍊出來的；

而臺灣絕不能再淪為任何形式的殖民地的強烈使命感，
是經過日本殖民生活，深痛入骨地培養出來的。能不瞭
解什麼是帝國主義？什麼是戰爭？什麼是賣國賊嗎？至
於對社會的不公正、有錢有勢人的耀武揚威，以及不負
責任或欺騙行為有強烈之反感，可能是來自與生俱來的
打抱不平的性格。

第 5 章
臺灣光復

　　1945 年 8 月上旬我回岡山照顧弟弟，除了帶些鄉村食物給弟弟，常多帶一點給平時我們不在時，代我們照顧弟弟的一位防火員文銀叔。一進他家門不久，他就告訴我：

> 日本必定打敗，因為美國發明了一種和曾經投在岡山鎮不同的「新式炸彈」，它會比傳統炸彈殺死更多人，基地（空軍基地）的日本人因此很不安。

　　我問文銀叔，什麼是新式炸彈[1]？他說：「沒人知道。」當時我只是聽一聽，沒把它當一回事。後來逛逛街，沒疏散或早從疏散地搬回岡山的鎮民們都說同樣的話，我才認真思考什麼是新式炸彈。和阿鳳走回石奄潭後就告訴認識的人在岡山聽到的消息，慢慢地在鄉村也傳著同樣消息。果真：

---

[1]　即原子彈，日本人稱它為新式炸彈。

1945 年 8 月 15 日，日本天皇宣布：無條件投降！

　　鄉村一片叫好，見到的，只要提到日本投降，人人笑容滿面，尤其石奄潭的鄰村叫千旗甲，據說是曾經庇護抗日的臺灣人住在一起的小鄉村，更是打鼓慶祝。這時我和母親，以及阿鳳就準備回岡山，舅舅找來牛車，上面載有好多大家給的農作物和水果，和直接可以吃的煮好的羊肉，溫馨的很。

　　回到岡山，有機會就到處看看這一年多來的變化，範圍超過大岡山區。當時臺灣人反應複雜，而日本人是垂頭喪氣，甚至於有人切腹自殺，皇民化的臺灣人，有的不知所措，竟也有人想自殺。但我看到的臺灣人，幾乎都是歡欣鼓舞，大肆慶祝回歸祖國，連原住民也不例外。日本無條件投降後不久（約莫 1945 年 9 月上旬），大哥的原住民朋友穿著漂亮的族服，腰間帶著短刀來找大哥，我們用日語交談。當我告訴他，大哥在 1944 年 12 月過世時，他突然用他們的原住民語言，一面流淚，一面悲痛的告訴我：

　　　我以為今後能無顧無憂地來找你哥哥了……

　　我們留他在家裡住幾天，至少一起吃中飯，他都沒接受，但請他在任何時間都可以再來，他是答應了，但是很遺憾，這位身材高又不胖的帥哥再也沒有回來過。日據時代原住民不許隨便到平地來，更不可能依他們的習俗腰帶短刀到處跑。可見

日據時代，華人和原住民來往，比日本人與原住民的關係更為密切。在那之前我從未見過原住民，而他給了我很深刻的印象。他離開後，我問母親：「為什麼他要帶短刀呢？」母親回答說：「因山上有山豬和熊，以及一些危險動物和各種毒蛇，臺灣的毒蛇不但種類多，且毒性強。」

　　日本人再也不敢耀武揚威了，慢慢地準備離開臺灣，而臺灣青年組織了各種團隊：歡迎國軍，教北京話，管理社會秩序等。

　　那時真的心身舒暢，海闊天空，被殖民的壓迫感沒了。覺得腦袋好像變得靈活，而且長大不少，有些自信，而岡山鎮人看起來更活潑了。9月回到一年多不見的高雄，其一部分之景象真是和岡山空軍基地一樣的悽慘，學校已經被炸毀，僅有臨時辦公室，要我們保持聯絡，至於何時何地開始上課則未知。開始上課的地點，是向沒挨炸的高雄中學借的校舍，並且是下午才開始上課，於是不但上課時數少，而且開學又比高雄中學遲了好多，唯一的優點是雄中在高雄火車站附近，很方便。

　　等部分女中校舍修好後，才搬到原來的高雄第一高等女子學校（目前的高雄女中）全天上課。首次看到英文、中文、代數、幾何和理化課本，除了一些漢字和插圖外，全看不懂。我每天從岡山乘坐大約 50 分鐘火車到高雄，下車後又要走約 50 分鐘才能到高雄女中，路途遙遠。到了學校，好多老師講的話（國語）根本很難聽懂全部，僅靠日據時代受過中學以上教育的臺灣人老師來補救。此時臺灣社會漸漸地進入動盪不安，臺

灣青年和來接收的政府人員開始產生摩擦。確實眼看著部分接收人員的不可思議行為，尤其是部分軍人，連最起碼的常識都沒有。治安開始敗壞，衛生也是，老百姓吃不消的是：

　物價不斷地上漲！
　最後漲了四萬倍！

　　岡山鎮竟有人因為收支無法平衡，投入貯儲還不夠而自殺，民怨自然四起。1945 年 8 月 15 日後，本來應該全國人民團結一起，好好地重建國家的，但非常地不幸，受美國支援的國民政府專心剿共，因此二次大戰被日軍嚴重毀壞的中國大陸，由於進入國共內戰而更加悽慘。同時臺灣也遭波及，能用的物資往大陸運。國民政府好像沒把臺灣放在眼裡，根本沒好好地治理臺灣，缺乏優良的政治制度和健全的管理體系，其種下的負面影響與後遺症一直到現在仍然揮之不去，受害範圍是整個亞洲，甚至於世界可能都和今日不同。

　　治安和經濟雙雙下滑，自然地帶來社會的動盪不安，市井中各種耳語和傳言都有，到了真假難斷的程度。我能幹的哥哥已經過世了，所以我只能多聽而後自己分析。比較令我相信的是來自臺灣青年的資訊，他們比較用功，在二次大戰中被日本軍隊動員，受過軍訓，也看過較多的資料。其大致內容是，日本明知生產力不如美國，但看不順眼美國援助中國（國民黨領導的中華民國國民政府），在 1941 年 12 月 7 日偷襲美國海軍

基地珍珠港，引來美國正式向日本宣戰。於是美、英、中、蘇聯合起來全力對抗義大利、德國、日本，並且美國更積極援助中國。

不到兩年，軸心國在歐亞的戰況逆轉，知道義、德、日會戰敗。而在中國大陸，共產黨的勢力愈來愈強，日軍很怕中共八路軍和新四軍，尤其是前者的游擊戰。瞭解中國內部情況的美、英、蘇，竟然在不邀請中國參加的情況下，開了雅爾達會議，當時傳言會議的內容是：

> 把中國以長江為界，北邊由蘇聯撐腰的中共來統治，而南邊由一直是美國支持的國民政府來統治。

但中國政府不同意，國民政府仍然想統治全中國。國民政府內留日者不少，大致分為兩派，親日派和親美派。而中共也同樣有兩大派，親蘇派和本土派（不靠外國派）。在 1945 年 8 月前，蘇聯早就進駐中國東北，打走日軍，然後把接收的武器交給中共軍隊。這一切都證明，日本天皇尚未宣布無條件投降之前，國共對立已經開始了！

以上是說明當時，國民政府為何光復後沒有好好地治理臺灣的理由。這些臺灣青年，在臺灣社會進入不安時，仍然想把臺灣治好，但是可惜大環境變化得太快，造成臺灣不幸的開始。在 1947 年 2 月 28 日，一位在臺北路邊小攤賣東西的臺灣人，和一位外省人發生小衝突，但是矛盾卻立即擴大，累積了

一年半的臺灣人之怨氣瞬間大爆發，不到三天就漫延了全臺灣！這就是現在稱呼的二二八事件。

　　　所以二二八事件的起因該是「國共內戰」！

　　我說的臺灣人是，不含原住民，從三國時代開始，一直到1945年8月15日止，由中國大陸到臺灣島來的華人（漢族及其他族），而所謂的外省人是指1945年8月15日以後來臺灣的華人。

　　1947年3月初，我照常到高雄女中上課，到了下午，整個高雄變得緊張起來。下課後老師不放心我們火車通學生走到車站，有位二次大戰打過游擊戰、失去右眼的史老師就帶著我們出發。史老師一面和守著高雄市街道的臺灣青年打交道，一面往車站前進。快到車站時，臺灣青年不但告訴我們沒有火車，並且市區內已開始打街戰了！我們躲在小巷內，眼看著臺灣青年手持武士刀或長棍等包圍高雄車站。高雄車站，在日據時代就設有軍事設施，屋頂特別有高射砲和機關槍的裝置。雖然如此，臺灣青年仍然慢慢地向前行進著，我很專心地看這個場面：

　　　他們真的不怕可能會被射死！

　　這就是街戰，我的首次經驗！有過實戰經驗的史老師，下

定決心要想辦法帶我們回學校，臺灣青年也指揮我們如何走。到學校宿舍時已經天黑了，史老師要我們坐在地上，最好躺在地上，避免街戰的子彈萬一穿過來。同時她帶著數位較不怕的同學一起出去買食物，我當然跟她走。已經關門的商店很幫忙，甚至還贈送食物給我們，由臺灣青年幫忙帶回宿舍。途中我一路聽到街戰的槍聲，晚上躺在地上睡覺時也聽得到槍聲。

　　日據時代高雄是個要塞，是軍事保護設施齊全的城市，於是街戰的結果好像政府軍占了優勢，槍聲逐漸減少。史老師決定和我們一起走，送同學回到各鄉村。已知沒有火車開行，所以我們只有走路，但要離開高雄往北走，比較沒有軍事設施的路是高雄車站管轄的陸橋道。於是史老師就到高雄車站和守軍交涉，請他們讓我們順利地走過陸橋，竟沒想到走到陸橋中央時，突然槍聲響，我們立即滾到陸橋的另一邊，繼續爬著走。這個動作全是二次大戰時學校訓練的反應，令史老師鬆了一口氣。

　　一路往北走，到了左營，還是沒火車，一直走到了楠梓才有去臺南的火車。傍晚時火車才到岡山，我們是往北火車同學的最後者。史老師當天到王青珠同學家去住。王青珠日據時代念高雄第一高等女子學校，父親是醫生，家很大。岡山鎮唯一中了 B29 的 500 公斤炸彈的就是她家，因為二次大戰末期，日本人在她家屋頂設警報系統。

　　這時臺灣社會不穩定，人心不安，又有莫名其妙的傳染病。在高雄中學念高中二年級的四哥被傳染，臥病在床上，中

醫的三舅是他的醫生。母親很緊張，四哥無法做事，於是由我負責帶著弟弟，除了四哥書桌和書架的書之外，把所有哥哥的書（發現有《北京話入門》和一些中文書），以及已故大哥、三哥的遺物全部燒光或毀掉。令我和弟弟吃驚的是，竟然有一把長約 0.6 至 0.7 公尺亮晶晶的武士刀。我們趕快帶到製鐵器的店，請他們燒毀。製鐵器的叔叔們都說：還好發現得早，不然麻煩大了。要我們回家後請母親放心，刀已毀了。

果然過沒幾天，槍頭帶有約 30 公分刺刀的士兵，四處到家有高中一年級以上男生的家逮人。母親要我在門口等士兵來，真的來了，就帶他去看臥病床上的四哥，於是四哥沒被逮，逃過一劫。街上的傳言是，國民政府的白崇禧將軍帶正規軍登陸臺灣（1947 年 3 月 17 日）來整頓了。社會表面上恢復正常，但偶爾會聽到外省人被本省人毆打，只是沒有二二八事件不久那樣地頻繁且惡質而已。本、外省人的摩擦從此由地面轉為地下，進入難解問題。忙於內戰的國民政府，只有執行高壓政策。這樣一來，不但無法解決問題，並且會產生高壓造成的新問題。

1947 年 3 月中旬後學校恢復正常，父親希望我和哥哥一樣地念大學。看到臺南女中不但遠比高雄女中漂亮，沒被戰火波及，並且師資較齊全，進度較快，於是決心高中念臺南女中。兩校的進度差異部分怎麼辦？只有自學，反正需要長時間累積的國文和英文來不及補救，就專心念喜歡的數理科吧，結果順利地考上。

　　開學後發現臺南人平均比高雄人有氣質、較文明。但是我一個也不認得，只好一下課便趴在桌上睡覺，一上課立即醒來，結果學習的效率反而高了。慢慢地，我認識了左右前後的同學，但還是覺得寂寞。想念高雄女中的同學們，我就缺席到高雄女中去和老朋友一起上高中課，都是在臺南女中已上過的內容。等我在臺南女中的朋友漸漸增加了，自然地不再去高雄女中，也不必面對補請病假（造一些假病）的麻煩。

　　高雄女中的高中一年級只有一班，臺南是兩班，家庭好的不少，清朝時代當過官的子孫也有，多元化些，有的是名副其實的府城人。加上當時的校長是青年黨的俞曙芳校長，作風開放，例如不嚴禁南女中與南一、二中的同學來往，或唱抗戰時期的歌，甚至舉辦了南女中和南一中聯合的《黃河大合唱》音樂會，它是我最愛好的歌曲之一，〈義勇軍進行曲〉我也會唱，其他好多中國民謠都是在南女中學的。

　　《黃河大合唱》中的女高音，是由同班同學身高約 165 公分的美女葉邦英擔任。班上好多愛唱歌的同學一起來學唱，好不熱鬧！那時上課時數不多，禮拜三和六僅上半天，其他日是六個小時一天。火車通學的學生很少，可以免早會和下課後掃地。禮拜三和六我常留下來和臺南市同學一起掃地，然後到臺南市西門町去看電影，接著是吃臺南小吃或鱔魚意麵，不然她們就帶我到家裡去吃晚餐，精緻而好吃。最有意思的是和她們家人聊天，熟了之後，變成她們家人似的，無話不談。又透過她們的哥哥們認識南一中的學生。

　　臺南的臺灣青年瞭解國共內戰的情況及臺灣的狀態，已有人預估國民政府會失敗、中國大陸會共產化，因國民政府沒有本土派，都是依附外國的派系。正如十九世紀後半葉，想復興中國的那些菁英，因為否定中國文化而導致全面失敗，僅出現一位不否定中國文化文明的孫中山先生（1866-1925），堅強地走中西融合路線，成功地在 1912 年 8 月 2 日建立中國國民黨。同時接受不同政治理念的政黨，在 1923 年 1 月 26 日首次國共合作，完成了中國統一。但不幸在他辭世後情況變了，1926 年國民黨執行清黨，殺共產黨員，鑄成國共敵對！沒有本土意識，等於沒有國家觀念，草根性的人民大眾是很難接受的。

　　高中二年級（1948 年末），時局開始緊張，臺南有識之士的預言好像中了。四哥是臺大農經系一年級，弟弟是高雄中學初三，他們的消息來源更廣，得到很多對於國民政府內戰不利的資訊。果然，在 1948 年 5 月 19 日政府宣布戒嚴令，於是禮拜三和六再也不能逛臺南西門町到傍晚，下午看完電影就回岡山了。光復後大嫂搬來和我們住，還有一個約五歲的小姪女，家中是女性多於男性的生活，較為安靜，除了弟弟帶朋友來，週末有點無聊。到了高三，社會氣氛更加微妙，不敢隨便講話、看一些書，或大家聚在一起討論，因為政府會抓人。

　　高中三年級時，大家喜愛的俞曙芳校長離職，由教務主任景生然老師升任。班上有不少人想報考大學院校，和鄉下的岡山不同，臺南人支持女性接受高等教育。那時只有一所臺灣大

學，不瞭解什麼是大學，只知道比中學高一層級，能念更深的
書，或學更多東西，將來能做更多事，但要念什麼呢？光復後
我發覺自己確實偏愛數理，但數學單調，化學實驗氣味難聞又
要背好多的物質性質，而物理沒這些缺點，只要講道理就夠
了，又和日常生活有密切的關聯，加上我的記憶力超壞，就決
定大學報考尚不十分瞭解的物理系，但絕不告訴家人，以及岡
山的朋友自己要考什麼系，因為怕父親知道而反對。

　　父親一直希望我當律師來保護臺灣人，日據時代是對抗日
本人，光復後到當時則是對抗政治制度不良，以及缺乏健康的
管理體系，尤其司法界，父親輩們有不少人受害。不過當時我
所懷的心情是，考上就念，考不上就算了，並沒強烈的企圖，
只是順其自然，於是我和往常一樣地和班上同學過生活。

　　當時流行各種讀書會，有的是討論政治的，如果會員內有
政府定義的不良份子，則會將全部會員統統抓起來。高三的最
後學期，1950 年 5 月，就有同學黃采薇被抓，而且宣布關 20
年！是她參與的讀書會內有所謂的不良份子。後來不到 20 年
她就給釋放了。

第 6 章
父親輩們的經驗

　　高中二年級第二個學期末，由於戒嚴令，我在岡山的時間更多了，因此當父親去找他年少結交的好朋友時，陪伴他一起走的機會增加了。這些叔叔伯伯們經驗豐富，苦幹又有骨氣，聽他們談天很有意義。他們的回憶是，日軍登陸臺灣後一路很不順，原住民的頑抗和華人的抵制，進入臺灣中南部更加嚴重，未到阿公店，就發生一種怪傳染病，日本人稱為鼠疫（plague），死者過半。我的祖父林鬧郡、祖母黃沁生有二子——父親林天福及他的哥哥林天補（圖 6-1）。

　　鼠疫爆發後，我的祖父母不到三天接連過世。當時父親（1891–1987）未滿四週歲，大他九週歲的哥哥林天補後來結黨結派，又吸鴉片，使家中經濟下滑，害得父親非去幫人賺錢不可。中飯靠他堂姊或他父母友人給的飯糰，萬一沒有，他便在田裡自煮。稍大了之後，他到阿公店火車站去當工友，白天向擔任管理員的日本人學日語，晚上趕到人家家去學漢文，沒有正式上過公學校。長大後他被位於阿公店郊外靠近西海岸的鳥樹林、擁有 82.5 甲魚塭的阿公店吳家和麻豆林家雇用，去

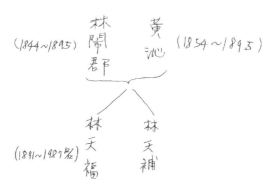

圖 6-1　林清涼教授手寫的世系圖。

經營吳林共有財產的魚塭。

　　父親在炎熱的夏天騎腳踏車，戴斗笠到處奔跑，無論風吹雨打都是照樣努力工作。尤其颱風來臨，或寒流襲擊，父親等於是在拚命！

> 　　賺得大把鈔票的擁有魚塭者，是資本家。父親和在魚塭工作的員工稱為「塭丁」，只能拿一點點待遇。此外每年定期，例如過年過節，必須給他們各戶送魚塭產物，如最好的虱目魚、紅蟹等。我們兄弟姊妹都需要幫父親扛著水產到阿公店每戶吳家送禮，這種滋味你覺得如何？

　　有一次父親要到麻豆去送鈔票和產物，我懇求他帶我去。果然麻豆林家和岡山吳家一樣，食衣住都比街上的百姓好千百

倍，我又領教不少。不過在麻豆有一家卻給了我不同的感覺。看到我們來臨，該家少爺熱情地出來迎接，他好像受過高等教育似的，難道他瞭解或同情我父親？他談吐客氣禮貌又表示謝意。在回岡山的車上，父親大睡，大概是太累了吧？我嘛，胡思亂想後，也一路睡到岡山。

父親小時候等於在基層的民間打滾，結交了不少草根性強又有慈悲心的好朋友。岡山的另一面有幾家協助軍事基地用的機械工廠，於是父親又擁有這方面經驗與技術的朋友。父親有善於設計的天賦，他自己動手來改革魚塭的種種設施。例如把用腳踩踏的設備改為馬達的滾輪；把引進和排出海水渠道的閘門由一層改為兩層，中間安裝能左右旋轉的機械，於是能自由自在地控制水量之進出，帶給魚新鮮的海水，結果虱目魚沒有土味，因此烏樹林的虱目魚特別好吃，大家搶著買。

父親又會發明，過去靠人工磨碎餵魚用的黃豆餅，像卡車輪胎那麼硬，他和岡山機械工廠的朋友們一起研究出一種磨碎機械。塭丁們說：「不但速度快，並且磨出來的又細，方便魚吃，稱父親是天才。」由於父親苦幹簡樸的生活習慣，自然地和塭丁們打成一片，大家如兄弟般地合作奮鬥，所以經營順利，收入增加，皆大歡喜。

塭丁們又說：「父親的眼睛和別人的不一樣，能看出魚池水含鹽濃度的高低。」在炎熱的夏天，蒸發嚴重，鹽濃度高會導致魚的死亡。因此從臺南南端到岡山地區梓官村一帶的臺灣西海岸魚塭經營者，經常請父親去看水質，同時教他們如何判

斷。我問父親：「您從哪裡學來的？」他回答：「靠經驗。開始時我常用舌頭驗水質，慢慢地就能從水的顏色來判斷。」

此外，父親又發明了「深挖魚池法」。當寒流來襲，水溫降低時，過冬的小魚容易凍死。父親挖深放養過冬小魚的魚池，同時在該魚池的西北邊，建築避西北風用的活動屏蔽。挖出來的土，則用來拓寬連結烏樹林村和西岸的永安村的魚塭埂，寬度從約 0.5 至 0.6 公尺變為約 1 公尺，不夠之土由兩村村民合作解決，父親無條件供給魚塭埂。

為什麼會發生拓寬工程呢？是父親為了實現心願。他小時候沒機會念公學校，生活中發現識字的重要性，還好他自己自學了。當經營魚塭順利後，錢也有了，卻發現烏樹林魚塭附近的鄉村沒學校，便和最靠近烏樹林村的朋友討論建立公學校，由村民找地，父親先蓋兩間教室，其他的則由大家一起努力。終於小孩有學校念書了，海邊永安鄉村小孩也想要來。他們有一段路必須走過烏樹林魚塭埂，那麼狹窄的埂，十分危險，一不小心就會滑入魚池，所以非拓寬不可。

這條魚塭埂後來發展成今日通到永安鄉的公路，該公路的前半部貫穿烏樹林魚塭，地是父親捐的。為什麼不是吳林兩家捐的呢？說來還是日據時代（1895-1945）臺灣人的遭遇和光復後中國內戰帶來的變化，吳林兩家慢慢地需要變賣烏樹林的魚塭，而節儉的父親便一點點地把它買了下來。到了二次大戰末期，他已經買了近一半。

十九世紀後半葉，日本明治維新成功（1868 年）開始加

入列強，開啟侵略亞洲的野心，一直到 1945 年 8 月 15 日戰敗為止，亞洲的不幸全是日本造成的。破壞、殘殺、搶奪，無所不為。搶奪臺灣後，雖為了日本利益與日本殖民全亞洲的願景，即建立大東亞共榮圈之美名，建設了臺灣，但一切都是為了侵略。臺灣變成日本的農產品、木材、樟腦、勞動力的重要來源，加上地理位置是整個亞洲的中心，是頂級的軍事基地，於是在臺灣西南部，目前的高雄縣，建設陸海空軍大本營，積極侵蝕中國大陸。其野心無止境，竟然在 1915 年對辛亥革命成功、建立中華民國的政府提出 21 條無理條約。

這件事刺激了臺灣華人，發生了日本占據臺灣後，首次有組織，並且大規模的華人抗日運動。父親輩們一談到它，就會激昂的談論噍吧哖事件。它是從臺南北方的噍吧哖，即玉井和新化一帶，由領導者蘇有志為首，還有羅俊、江定等人，一直到臺南南部的阿公店，即岡山、甲仙、杉林一帶，主要領導者是余清芳，還有林少貓等人，在 1915 年夏天發起臺南市西來庵寺廟的華人武裝抗日事件，於是噍吧哖事件又叫西來庵事件。

蘇有志是新化人，余清芳是阿公店地區人，它是伯父林天補的結拜兄弟，家住在靠近烏樹林村。父親形容余清芳的外觀是中等身材，有點暴牙。最後當然打不過火力強大的日本軍警。日軍執行報復性屠殺，先在新化和玉井一帶殺死十五歲以上的男性，參與者是殺全家！即使如此，抗日運動仍然激烈地往臺南以南蔓延，首領就是很會計劃與謀略的余清芳，一路上

臺灣人的死傷嚴重。到了阿公店地區，日本軍警大力宣傳：「請余清芳出來，如他自首，不但不殺他，而且不會殺阿公店區域的人，不然就一個不留的清掃所有居民。」

終於余清芳出來了，但日本人不履行諾言，在 1915 年 9 月 23 日殘殺余清芳，並且殺了所有的懷疑者！父親輩說：「當時阿公店溪成了血溪。」有一些人逃亡山上，持續約一個月的西來庵事件表面上結束了。日本軍警當然繼續抓人，例如林少貓、羅俊、江定等人，後來都告別臺灣到另一世界找蘇有志、余清芳繼續去抗日。

日軍的殘殺、屠殺本質，在侵略中國的八年（1937 年 7 月 7 日到 1945 年 8 月 15 日）赤裸裸地在中國大陸重演，例如在 1937 年攻打上海遇到中國人的頑抗，雙方死傷慘重，激怒的日軍在 1937 年 12 月中旬進入南京後，執行了人類史上最可怕的南京大屠殺，殺了將近三十萬人！

從明朝一直到 1949 年 10 月中華民國中央政府遷到臺灣為止，臺南市是臺灣最具中國文明和文化的中心，高水準且有骨氣之人，在臺南市，以及周邊鄉村都有不少。西來庵事件幾乎把這些人殺光了，估計有數千人之多。此事件之後，日本修正了統治方法。看起來好像懷柔，但實際上是執行有賞的密告方法，於是人人謹言慎行。另一方面，日本的國力蒸蒸日上，有計畫地占領了中國富有的東北三省，即 1931 年九一八事變，並建立了滿洲國！接著是殖民中國其他部分。

因此統治臺灣的手段必須配合日本的這個大野心。戰爭

需要造武器、子彈等工廠。於是在臺灣積極建立工專、工學院，但卻不建理學院培養基礎研究人員，前者日本稱為「工員（koin）」，把他們訓練完成後送到日本軍事工廠去工作。同時積極建設臺灣的港口和公鐵路等海陸交通，以及確保電源用的水庫、通訊系統、衛生管理系統和更完整的戶口資料[1]。

在這種滴水不漏的管理體系下，1937 年 7 月 7 日，日本在北京市郊外的盧溝橋製造事件而正式開始侵略中國，發展成為第二次世界大戰。父親輩們說：「1930 年代的臺灣是衛生、交通、治安都好，加上物產豐富。」日本占據臺灣後，發現臺灣氣候好、水量充沛，於是想把臺灣變成農產物供應地，以及為了提升農產品的質和量，積極做品種改良。例如蓬萊米是臺灣稻米的改良種，水果、甘蔗也不例外，使臺灣成為世界蔗糖主產地。

光復當時的那種無計畫、無規律的亂象，尤其派來的接受官員和軍隊的素質，要人不失望很難。到底國民政府有沒有治理、回收臺灣的計畫？或建設一個健康國家的願景？說極端些，有沒有國家觀念？1947 年 2 月 28 日終於發生本省人與外省人間的衝突，其實這是必然的歷史悲劇。但父親輩們仍然保有回到祖國的溫情，希望中央政府能夠得到教訓，而有正面的回應。

---

[1]　日本占領臺灣後不久，在 1902 年高木友枝建臺北醫院。同時在 1898 年到 1905 年完成了土地調查和戶口。

　　沒想到在 1947 年 3 月 17 日派來白崇禧領軍的正規軍並沒全面控制好，例如當時在高雄縣全面性地逮捕如前述高中一年級以上的男學生。結果反而是在西來庵事件逃亡山上受到原住民保護、沒被日軍屠殺的極少數臺灣青年遭殃！父親輩們在談到阿公店鎮倖存的兩位年輕人時很激憤，一位是在市場賣菜的姓葉的兒子，被抓後在岡山農校運動場槍斃；另一位是因家有錢就被關，以減輕罪行等方法洗劫該家財產，弄得破產，並且見不到兒子，連屍體都沒有的悲劇收場。該家搬到哪裡去，沒人知道。我完全能體會大人們的複雜反應。

　　二二八事件後，各種學校復校時，在高雄火車站下車後，在車站廣場右角落，通往高雄中學那邊的角落，看到雙手反綁被槍斃的年輕人。大部分人因為害怕而躲開他走，但我沒有。我雙手合掌唸「南無阿彌陀佛」走到他旁邊，仔細看他，他是趴倒在那裡！頭向左，眼睛和嘴半開，槍彈是從胸前貫穿到背後出去，附近沒有血，很明顯是在別的地方槍斃後，把屍體運到該地來警告雄中、高雄公業及商業學校的男生之用。

　　等心情平靜後，我獨步且很快地走到雄女，而這一切永刻在我的腦海裡。這種結局，如果帶來對立，甚至仇恨，那就慘了！還好，高雄縣民經驗了西來庵事件的悲劇、二次大戰的慘劇，比起來這是大巫與小巫之差！當時沒發生非理性的抗爭或脫離祖國的想法。這種脫離中國，臺灣獨立的想法，是國共內戰造成的結果。

　　國民黨失敗撤退到臺灣（1949 年 9 月底），美國太緊張

而製造韓戰（1950 年 6 月 25 日到 1953 年 7 月 27 日），仍然無法削弱中國共產黨，在世界政治利益操作之下，韓戰後臺獨慢慢地形成。從 1957 年在日本的臺灣人廖文毅正式宣布臺獨開始，其勢力跟著中國共產黨統治中國的力道增強，再經過部分美日等人的支持下，而發展成為臺灣獨立世界聯盟，簡稱世盟。

很遺憾，遷臺後的國民黨也好，世盟人員也好，都沒好好地紀念 1915 年 8 月到 9 月的噍吧哖事件，一直到蘇煥智當臺南縣縣長（2001–2010）時，才在玉井建立噍吧哖紀念公園和紀念碑。這是蘇煥智的偉大貢獻。他是臺南縣七股鄉人，在 1984 年 7 月考上臺灣大學物理系，念到升大三的 1986 年突然轉到臺大法律系，在他四十四、四十五歲時以無黨籍身分競選臺南縣長，順利當選，在臺南縣執行了好多改革，縣長期間偶爾會回臺大物理系來。

第 7 章
中央政府遷臺

　　我高中二年級下學期，即 1949 年上半年，春節期間，臺南已有人預言國民黨不久會被中國共產黨（簡稱中共）打敗。另一方面，美國國內萌生恐共症，慢慢地發展成反共意識，到了 1950 年初（1950 年 2 月 9 日），有位共和黨參議員麥卡錫（Joseph Raymond McCarthy，1908–1957）帶頭成立了美國全國性的反共「十字軍運動」（1950 年 2 月 9 日到 1954 年 12 月 2 日），大力渲染麥卡錫的想法，稱為麥卡錫主義（McCarthyism）。凡被認為是共諜者，就受到監控、解雇、囚禁或坐電刑椅。於是不但美國人遭殃，世界其他國家也遭受影響。

　　二次世界大戰開始就受到美國援助的中國政府和國民黨，在國共內戰時海陸空都應該有優勢才對，怎麼會從東北一直退到長江附近（1945 年 5 月初）？於是在 1949 年 5 月 19 日臺灣宣布戒嚴，臺灣瀰漫著緊張氣氛。又聽到國民政府把二次大戰期間為了不被日軍破壞拿走而歷盡千辛萬苦遷徙的故宮國寶，又一次大遷徙，全部運到雲南，然後中國海軍將這些故宮

國寶運到臺北，安放在日據時代為戰爭建造的山洞內。接著是中央銀行的中國國家財產黃金，也同樣地用軍隊運到臺北。最後在 1949 年 9 月下旬，中央政府遷到臺北，整個中國大陸落入中共之手。

在 1949 年 10 月 1 日，中華人民共和國誕生。由美國帶頭，立即經濟封鎖中國大陸。配合美國麥卡錫主義的出現，美國想從中國東北與朝鮮的國界鴨綠江、長白山攻入中國，以消滅中共，結果是不幸的韓戰（1950 年 6 月 25 日到 1953 年 7 月 27 日）發生！美國第七艦隊進駐臺灣海峽。而沒有海空軍的中國共產黨政府大力宣傳「援朝抗美」，演變成大運動，同時向美國聲明：

> 如美軍打到鴨綠江，必會出兵！

當時全世界沒人相信中共真的會出兵，連蘇聯都不想幫中共。因為中國大陸在二次大戰和接著的內戰幾乎被完全摧毀了，食衣住行都有問題的人民，可能很難動員。另一方面，美國是世界最富、最強的大國，兩國怎麼能對打？簡直是螞蟻對大象之戰嘛！

韓國分成兩派，親美派和美軍的聯合部隊，勢如破竹一直往北前進。中共準備出兵，抗美援朝運動如火如荼，加上大力宣傳：在美國保護下，蔣介石的軍隊要從鴨綠江打進來！結果這個策略很成功，和二次大戰一樣地，年輕人從軍，成立援朝

抗美志願軍。另一面，美國和歐洲各國持同一態度。當美韓軍
迫近鴨綠江時，中共真的出兵了！先遣部隊是國共內戰時投降
的國民政府軍，接著是中共軍，內有青年志願軍。

　　中韓和美韓的激烈戰鬥持續到 1953 年夏，美軍的死傷人
數已經超過二次世界大戰之數目，中共的傷亡則更慘重。因為
沒海空軍，加上缺乏武器，只好向蘇聯購買，有的只是源源不
斷的人，執行人海戰術。先遣部隊的國民政府軍大部分投降美
軍，而被送到最後站的臺灣成為反共抗俄自由軍。戰局僵持，
到了 1953 年 7 月，美國不得不和中共談判，結局是：

> 韓國被分割成北朝和南韓，北韓被看成共產國家，南韓
> 則是自由民主國家。中共由於要重建自己國家而完全撤
> 離韓國，但美國一直駐留下來，一直到現在在南韓還維
> 持美軍基地。

　　大家都沒想到韓戰會變成這種結果，大部分人以為中共
會垮，國民政府有可能重回大陸。同時大家都沒想到，自從
1840 年鴉片戰爭以後，中國等於亡國，被列強欺辱、瓜分、
剝奪，吃盡苦頭的一百多年，最後是八年抗戰加四年內戰，整
個國土被毀。1949 年 10 月 1 日剛安定下來，怎麼又來戰爭？
非背水一戰不可的心態，是這個力量驅使中國人站起來。所
以：

　　韓戰使中國人團結一致。

也使毛澤東說出有名的一句話：

　　中國人當掉褲子，也要把原子彈造出來！

　　這句話是我臺大物理系三年級時，在臺大總圖的《華僑日報》看到的。當時的世界先進國沒人理他，貧窮加破爛的國土又沒起碼的基礎科學人才，毛澤東是在做夢，臺灣笑他為瘋子。但在極少數的中國知識份子夜以繼日的苦幹下，約十年後的 1964 年 10 月 16 日原子彈試爆成功，更在 1967 年 6 月 17 日成功試爆氫彈。1970 年 4 月 24 日，人造衛星首次繞地球，使中國人在地球上站住了腳，能挺胸抬頭。這個不可思議結果，可以說是韓戰及其結果帶給中國人：

　　更加團結與自信！

　　自信是產生無限力量的泉源。於是在我大三暑假期間，包括 1949 年 9 月前後來自中國大陸各地的菁英們在內的臺大學生間的耳語是：

　　反攻大陸無望。
　　大陸會往上，而臺灣會往下！

於是許多學生萌芽出國留學的想法，部分大陸來的菁英所懷的真正目的是移民到歐美。另一方面，這和中央政府來臺灣的國民黨內部起了分歧，在臺大用心一點，就會體會到這些微妙的變化。高官或有辦法的家庭弟子早就出國留學去了。在這樣的氣氛下，政府監視人民，自然地會愈來愈嚴，一不小心，政府決策就會失去理性，帶來惡性循環。

中央政府遷臺時，是我的臺南女中高三上學期，中國文明教化居全臺之冠的臺南，不分省籍都是反應敏銳──政府應該採取和臺灣光復時期不一樣的政策才對。應該注意官員和軍隊的素質、政府的治理方式及效率。當時的臺灣交通、衛生、教育水平（我公學校時，已實施義務教育到小學六年級）是居於全中國之冠，加上每戶經濟尚可，戶口完整明確，因此不難治理。

果然沒錯，政府做了不少正面施政，例如早就開始貨幣整頓，新舊臺幣是一比四萬。再來重要的政策是實行「耕者有其田」和「三七五減租」，資助低收入戶子弟的就學費用，以及辦好學校，新建一些中小學校，師資充足，義務教育到小學畢業。治安好，交通和衛生也可以，整個社會有規律。如果光復時期就這樣的話，就不會發生二二八事件了。

但執政中心好像不安，不但不解除戒嚴，反而管制得更嚴。只要被懷疑和共產主義有關的人，不分省籍全抓。同時把中共變成共匪，醜化大陸的一切。這種內含仇恨的宣傳教育，缺乏事實的不健康方法，是會慢慢地腐蝕整個執政體系的骨

幹，導致體系脆弱，除非整個體系的免疫力夠強，否則會產生惡性循環而一路下滑。所以一切都事實的做法是效率最高，所向無敵的做法。

　　結果臺灣瀰漫著恐怖，例如我的物理系學姊汪穮年，她是臺大物理系第一位女性而且是校花，就被抓去關兩年，而在1954 年和我們一起畢業。臺大女生宿舍，晚上有時被憲警包圍起來逮人，和我同屆的數學系同學劉登勝的父親，他是臺灣電力公司總經理，就被槍斃了。一切抓人、逮人和槍斃都是公開的，於是稱為白色恐怖。政治在不知不覺間走上了惡性循環的不歸路，終於到了1971 年不得不退出聯合國。最後在1978年 12 月，一直支持中華民國的美國承認了中華人民共和國。

　　統治一個國家的政府，如果不是獨立而是受外國支配，是不會持久的。

第 8 章
我的大學生活

　　我讀臺南女中高中三年級時，是臺灣變化很大的一年。先是中央政府遷臺（1949 年 9 月），接著爆發韓戰（1950 年 6 月 25 日）。想報考大專的我們都擔心，聯考能不能順利舉行？對我來說，還有其他煩惱——到底要考哪一系？數學太單調，化學要背一大堆物質性質，又要做氣味難聞的實驗，但物理沒這些缺點，只講道理而已，加上我的記憶力超壞，就決定報考尚不十分瞭解的物理系。當時所懷的心態是考上就念，考不上就算了，幫父親經營魚塭。反正臺灣的局勢不穩定，亞洲可能會變得比二次大戰更亂，因為世界最富強的美國正在朝鮮半島打仗，第七艦隊在臺灣海峽巡航，而臺灣又有美軍基地，很怕打仗，萬一中共和蘇聯聯合起來，臺灣就慘了。

　　考場在臺北，是已經在臺灣大學念農業經濟系的四哥（林水旺）帶我來。考完後自打分數，認為分數不高但應該至少可以吊車尾地考上，因為英文太差，國文也不好，數理尚可。臺大放榜是從文學院開始，一天一個學院。

　　父親那幾天的早晨在都等報紙，等看到我名字之後，拿著

報紙出門，到親戚朋友家報告我考上大學了，不但沒人祝福，並且沒人發現我考到的是物理。聽的是父親說的：我女兒凉仔將來是律師（父親一直要我當律師，我瞞著他沒考法律系）。一直到表舅家才發現，我進的不是法律系，而是一個莫名其妙的系，叫物理系！父親氣噴噴地回來，這時已經下午快三點了（早中餐不知在哪裡吃的？），指著我說：「什麼是物理系？你到底做了什麼？」我完全呆住了。

　　一方面難過太對不起父親，一方面無法說明什麼是物理，只好把客廳裡能和物理扯上關係的東西拿來說明：為什麼這些東西會動、會轉、燈會亮等等，例如大掛鐘會左右擺動，電風扇會轉，又說什麼是電、打雷等等。他對每一樣都反駁。我愈說愈難過，想到父親（他當時是六十歲）過去那樣辛苦與奮鬥，我竟然無法給他一點點希望。我幾乎垮掉，眼淚直流，忍著向他說明：「我雖然愛打抱不平，但不是當律師的料，因為性格和做事方法都無法符合目前的臺灣法界作風。你要我念大學，我自己也喜歡念，就選了將來能造很多機器的系，叫物理系，我真的喜歡它。父親，對不起，原諒我好嗎？」

　　他大概看到我的可憐樣，就坐下來，一會兒要我坐在他身邊，倒過來安慰我：「不哭了。好了，好好念。」我們就靜下來。本來躲在隔壁房間的弟弟，突出頭來探望突然安靜的客廳時，被父親發現，便叫弟弟出來站在他面前，父親立即站起來，向弟弟說：

現在大家都念大學了。剩下你，身邊一堆愛游泳的兄弟，不念書，看你怎麼考得上大學。

弟弟立即回答：

我考上大學給你看！轉頭就離開。

弟弟林金城果然變了樣，整個暑假用功學習，我一直教他到 9 月初上臺北之日。基礎不好的他，無法頭一次就上臺大，考上師範學院理化系、臺南工學院電機系，但全放棄，重考後終於考上臺大物理系。後來我根據他的性格和才能分析給他聽，請他轉臺大電機系。他畢業後到美國密西根大學（University of Michigan）專攻電路和遙控，是位遙控專家，後來不幸在美國染到腦膜炎，於 1980 年 12 月 6 日過世，留下六、十和十四歲的小孩。我一直協助，使他們個個有一技之長，如願成功，目前個個有美滿的家庭。

考上臺大物理系是 1950 年 7 月，即約七十年前，那時的岡山是孔孟思想，以及重男輕女的環境。當父親到親朋好友家去告知我考上臺大時，他們不但沒有祝福聲，反而勸父親不要讓我念大學，他們都怕我嫁不出去。父親不在乎他們的勸告，對有意見的岡山人說：

有女性在讀，就有男性在讀，哪怕嫁不出去？帶回來給

我選就好。

同時鼓勵我：

如果有通天上之樓梯，你就去爬。

母親嘛，對女性的「三從四德」的教育是根深柢固，加上有潔癖又愛整齊整潔，例如：要我閉著眼從抽屜內拿出所要之東西。在她如此嚴格的訓練下長大的我，對料理、經營家庭很有自信，唯一的困擾是，如何使善良的岡山人瞭解——念大學對女性很重要，結婚後才能教育出優秀有用的小孩，又能協助丈夫。而且念大學反而更有機會找到如意的男朋友。

獲得父親的諒解能念物理系之後，無形中的心理緊張沒有了，但怕出門，因為岡山認識我的長輩們，其中有的是二次大戰時一起逃難的婦女，從她們的經驗，以及民間習俗，覺得女性長大後最重要的事，是找到如意郎君出嫁，念書不是首要的事，念到二十幾歲，萬一嫁不出去怎麼辦？有的甚至勸我不要念，離家又那麼遠，一切出於善意。

這是我當時的唯一困擾，於是我就想要如何來改變這個傳統觀念，「說明」沒有用，「具體行動」可能有效。反正在男孩子堆中長大的我，交男性朋友容易又自然，就計劃從大一寒假開始，帶男同學到岡山來玩。1950學年入學的新生約400名，加上好多青年軍，臺灣省的女生只有19名，臺南女中占

5 名，我住在臺大校門進去右邊的第二女生宿舍 102 室。物理系館是右邊第二棟，叫二號館，同班同學 18 名，內有 5 名青年軍，臺灣省籍 6 名：二女四男。許多課是好多不同系一起上。我積極地和男學生接觸，物色寒假有可能到岡山來玩的同學。當時的學生間又流行著各種讀書會，我也盡量找時間去聽，找些較有理想的人。我告訴他們到岡山來的目的：

> 不是去看風景，如月世界，大小崗山，泥火山等，而是要消除重男輕女的習俗，以及反對女性受高等教育等。

結果反應不錯，在日據時代長大的他們，都懷有使命感，希望中國富強，中國非現代化不可。頭一個寒假就開始執行。岡山不大，所以大街小巷都熟，帶著約 10 位男性朋友一面逛岡山，一面和鄉親打招呼問候，男性朋友也配合地不錯。只要我帶男朋友回家，母親都很高興，必設宴款待。果然鬧得滿城風雨，但收穫很大：

> 岡山的女孩子想念大專了，鄉親的看法也慢慢地變了。

變化最快的是堂哥的孫女，念臺南女中，臺大沒考上，但考上新竹復校的清華大學核工系，接著留美拿博士學位後留在美國。

同時，為了 1949 年秋天大撤退到岡山、左營的空海軍子

弟，蔣介石故總統在岡山興建了全臺灣省唯一的男女同校之三軍子弟中學校，於是整個岡山地區的封建思想快速淡化。這是因為岡山中學的師資好（蔣介石特選），女老師們的氣質與生活方式讓人羨慕，加上一大堆活潑的女中學生。並且蔣介石夫婦每年必光臨岡山兩次，岡山人有機會看到宋美齡，是位高智慧、有願景的當代世界婦女領袖之一，例如她創辦的婦聯會的所作所為，確實對當時的臺灣貢獻很大。可能是她的影響，整個臺灣的婦女一方面被解放，一方面眼光無形中提高，又廣又遠。

顯然我不是會K書的學生。臺北，尤其臺大，讓我大開眼界。在校內椰林大道上，很容易遇到令你多看一眼的年輕人，即中國菁英，帥哥美女有的是。偶爾會遇到，自然地會立正敬禮的教授，氣質非凡哦！中國學者就是這樣。

當時的校長是傅斯年（1949年1月20日到1950年12月20日），雖然我們相處約四個月之短，在校園內和女生宿舍都遇到過傅校長。他時常巡校園，光臨學生宿舍，親自視察學生的住食問題，發現營養不夠，立即由學校補助餐費，我住的第二女生宿舍就曾經得到一次補助費。這麼偉大的教育家，竟然在省議會被高雄市代表郭國基（永不會忘的名字）嚴厲質詢時腦溢血過世！全臺大，全臺灣文化界一片哀悼。

今日臺大校園內的傅鐘和傅園，是大家希望傅校長永在身邊的感念。他當校長的這兩年是中華民國變化最大期間，臺大因為有傅斯年校長，以及文法學院的世界級教授們的「站

崗」，外邊的風聲鶴唳無法滲入校園。校內頗為自由，政府禁止的報章雜誌和書籍，想看都看得到。因為校長在總圖書館內設置了「研究圖書典藏部」，政府不歡迎的報章雜誌，這些禁止刊物全放在那裡。尤其可貴的是總圖書館一直提供《華僑日報》，讓學生瞭解國際和亞洲情勢、韓戰現況，以及中共的動態。這種捍衛學術自由，培育對人類有用之才的教育家，當時的臺灣好像只有傅校長。他是中國現代史的偉人之一，我們怎麼會忘掉呢？

　　那麼學生們如何呢？臺灣省籍的有兩類，皇民化和非皇民化學生。後者平均志氣高昂，內心有強烈的民族主義，心懷建設富強、現代化中國的使命，於是他們組織的讀書會，偏向於研究社會主義和共產主義與資本主義的差異，有的甚至學俄語去了。

　　當時的臺大流行各種讀書會，同時流行著一種氛圍，那就是「做為知識份子而不懂社會主義或共產主義是什麼？」是落伍的。聽說，這也是當時全世界的年輕人的價值觀。皇民化學生則比較平靜，而非皇民化學生對他們也有警戒心。至於跟隨政府撤退來臺，曾經是大陸各地的大專學生，以及為了捍衛國家而從軍的青年軍，我們都相處得很好。臺灣省籍生對那些青年軍中，因為和日軍打過仗而受傷者，或家破人亡變成孤單一個人者，特別關愛與尊敬。

　　青年軍確實個個愛國，並且很能吃苦，節省到極點。例如高我兩屆的學長崔伯銓，住在離物理系館約 2 公里的男生第八

宿舍，為了修補宿舍靠山的圍牆，在校園內到處撿紅磚，如果上面有水泥，就把水泥打掉，帶回宿舍，而修牆使用之水泥還自掏腰包，要不是被我看到而問他，誰會知道呢？這種默默愛國、愛校的行為，奉獻給臺大及社會的精神是抗戰時自然養成之德行。

他 1952 年畢業後，留在系裡當助教，然後到瑞典進修，專研光學，尤其光譜學。教學研究之外，盡量幫系做事以省經費。尤其 1971 年當物理系所主任之後，積極整理物理系對全校服務的課程，並且是打科學基礎的普通物理實驗器材。和曹培熙、王嘉申老師，以及簡勝益、廖豐邦技術員，加上請到陳秋鴻師傅的協助下，物理系自製實驗器材，不但省下約 60% 之經費，而且品質好，同時增加學生的自信心。

另一方面在 1974 年左右開始計劃編寫《普通物理實驗手冊》，終於在 1978 年出版，執筆者是 1975 年入學物理系的大三學生：孫維新、熊秉綱、王玉麟等人。這期間崔伯銓老師付出無數的心血，才能使臺灣大學物理系有今日的普物實驗基礎。直到現在，我在臺大尚未看到可以類比之人士。目前崔伯銓教授臥病在床上。相信全臺灣類似崔伯銓的人不少，中國大陸恐怕更多吧。

至於其他外省同學呢？我覺得平均的比臺灣省學生成熟，並且基礎好，但我們相互間沒文明文化之差異，到底都是中國人。他們談到抗戰的大陸人民之生活時，有人眼眶變紅，食衣住行問題很嚴重。比起來，我們在臺灣的遭遇算什麼？最多在

路邊睡，路又乾淨又安全，吃也沒問題。他們在大場面、淒慘苦難的大環境中生活了八年，加上內戰四年，必然地比臺灣省的我們成熟得多。當一起分析國內外情勢時，比我們有深度，並且看得更遠又廣。他們由於不喜歡共產主義才來臺灣，不過只要外國侵略中國，他們表明必和中共站在一起。他們有些出自國民黨家庭，所以有機會聽到所謂的內幕消息，不過都能理性地檢討政府的所作所為、國民黨挫敗原因等。

大家沒省籍對立或仇恨意識，氣氛和睦，反而有著同心協力，建設現代化中國的共識。這就是知識份子的使命感嗎？不像現在的臺灣，意識型態對立，劍拔弩張，甚至有一部分人視外省人為外來人，中國大陸是麻煩製造者，是唯一敵人。如果這些人稍微看看亞洲歷史和世界歷史，就會心平氣和了。

1950 年代初葉的外省同學，常講我們聽不懂的四川話，而臺灣省的我們則習慣說日本話（因閩南人、客家人都有），當然外省同學聽不懂。但彼此相互瞭解尊重，本省、外省學生間沒有省籍隔閡，更沒有相互仇恨。學生平均來講都很關心國家、社會，以及世界情勢。

大概在 1951 年吧，臺灣省的年輕人發現二次大戰屠殺中國人的日本軍官在臺北，例如岡村寧次大將屬下的富田直亮少將所帶領的一批人，並且被國民政府重用。當時的臺灣省學生由於不高興而內心掙扎的不少。後來發現外省同學也同樣地掙扎，結果一起遭殃。重點是，白色恐怖是沒省籍之別的，請不要相信「白色恐怖是針對臺灣人！」我們必須就事論事，正視

歷史事實，國家才會健康富強，世界才能和平。

　　另一方面，韓戰的進展方向和開戰時大家預期的方向不同，雖是同樣的螞蟻對大象，但這群螞蟻實在太多，爬上整個大象，大象的四條大腳和威力十足的鼻子卻無計可施，已經看得出來大象必須請螞蟻們坐下來和談了，這是臺大教職員和學生們當時的共識。

　　光復後從大陸來臺的教師們，是個個嘗過被列強欺辱，經驗過抗日戰爭慘狀的中國知識份子，於是不但關心和愛護學生，而且一心想培養我們學生成器。所以大學內有各種自治會，自發管理校內安全衛生、宿舍經營等。例如我住的臺大第二女生宿舍，每一個房間輪流負責一個月，管理宿舍之清潔衛生，以及約早上 3 點起床到臺北中央市場買菜，張羅大家的三餐。這種訓練使學生：

　　　　負責任，有使命感，獨立且自主與自信，加上年輕人之
　　　　正義感，

　　這是臺大的最大特色，臺大學生自稱為臺大人，到世界哪裡去，都能和大家平起平坐，維持國家民族和自己之尊嚴。

　　我非常懷念大學時代的老師們，他們一方面盡全力教我們物理，一方面培養學生做人。這種全面性的教育，使我從不十分瞭解物理學是什麼而選物理系，隨著時間的嬗遞，對物理學的瞭解與日俱增，堅信當時的選擇是正確的，同時它也符合我

凡事要追根究柢，極端討厭作假、欺瞞和不負責任的性格。

　　同學們也不例外，尤其外省同學個個有特徵、個性強，對外邊的風吹草動感覺敏銳，很用功又很會玩。老師們的特色更是明顯，各位老師有自己的專門領域，大部分是留學歐美，留學日本是少數。例如在居禮夫人實驗室研究光學的鍾盛標教授，在英國倫敦大學鑽研統計力學，以及合金的秩序非秩序問題文明的朱應銑教授、宇宙線專家周長寧教授、專長於應用光學的方聲恆教授，以及蘇林官，劉燕溪教授，留學日本京都大學的戴運軌和許雲基教授。

　　還有一位，臺灣、尤其臺大物理系非紀念不可的德籍教授克洛爾（Wolfgang Kroll，1906 年 3 月 21 日至 1992 年 2 月 28 日）。他專研金屬熱運動和熱輻射，曾和創造、主宰今日高科技的核心之量子力學奠基人海森堡（Werner Heisenberg，1901 年 12 月 5 日到 1976 年 2 月 1 日）同事過。

　　當希特勒執政後，克洛爾不滿其做法而流亡出國，先到中國上海，再到日本北海道，在 1941 年來到臺北帝大，一直到 1992 年過世，他把一生的黃金歲月完全奉獻給臺灣。他在 1976 年滿七十歲退休，所以從 1946 年 6 月臺灣大學成立物理系到 1976 年的整整三十年間，臺大物理系的學生全受過他理論物理方面的課程，這些學生的物理理論基礎，全是由他奠基的。他主要教：理論物理、量子力學、相對論、統計力學。教學內容不但材料好，並且跟得上時代。

　　獨居的克洛爾教授晚年很淒涼，全靠教過的學生們的照

顧。臺大把他忘了，但做為學生的我們永遠懷念著他。於是在他誕生 100 週年的 2006 年舉辦了紀念大會。由他的學生發起，臺大物理系主辦、臺大總圖書館協辦，工作負責人是研究克洛爾教授生平的臺大歷史系畢業生張幸真博士。

　　紀念大會在 2006 年 11 月 3 日，於臺大總圖書館一樓舉行，接著是連續 17 天，到 11 月 30 日結束的「克洛爾之歷史影像文物展」。分布在歐美日的學生不但特地回來，並且攜帶上克洛爾教授的課所抄的筆記、所發的講義、所討論過的問題等。尤其從美國專程回來的林文寬和許仲平兩位的資料印象最深入、整齊，又寫了紀念文。臺大總圖書館把我們學生捐贈的資料和克洛爾教授本人的文物一起典藏在專櫃，以供大家閱覽。

　　很遺憾，韓戰不如美國預期，愈打愈嚴峻，自然地臺灣也受影響，社會出現不安，大學的研究環境無法改善，致使一些歸國學者不得意而再出國或離開臺灣大學。年輕人也萌生出國念頭──與其悶在小小的臺灣島，不如出去看看大世界。政府的反應也敏銳：

　　　　要出國留學，必須當完兵，從 1952 年的大專畢業生開
　　　　始，必受十個月的軍事訓練。

　　這是我快要升大二的 1951 年發生之大事，男生不爽，女生啞然，因為同時公布：畢業女生盡量到公家機構去服務，等

男生退伍後，一起拿正式畢業證書，畢業時只能先拿到臨時畢業證書。但有辦法的人還是出國去了，例如和我同班的吳其泰同學就是在 1952 年暑假末出國去了。臺大的美女帥哥們也漸漸地減少了，極少數是被關起來。

　　1954 年 6 月畢業的我，選擇到全臺灣唯一的男女同校的省立岡山中學去服務，教初中（目前的國中）三年級理化。該校學生大部分是海空軍將官子女，尤其是空軍，和少數無法到臺南或高雄去念中學的、大崗山區較貧困鄉村百姓兒女。絕大部分學生騎腳踏車，少部分徒步上學。學生樸實，認真做事又用功，真討人喜歡。

　　於是我很快地和學生打成一片，瞭解到將官們的艱困生活。豐富又便宜的水果，對他們不一定便宜，而且一個禮拜吃不到一個雞蛋，對正在成長的他們影響很大。我把這現象告訴家人，請大嫂做滷蛋時多做一點，而父親只要在家時（他住在魚塭較多）就早起到市場去，把運到各地剩下的食物全搬回家，讓我下課帶學生們來家裡吃東西，能看到學生們的快樂表情，身心放鬆地高談闊論。我聽到好多消息，個個和二次大戰時的青年軍一樣地愛國，甚至有人恨透了日本人。講到日本，全部口口聲聲「日本鬼子」，要讓日本好看！好多同學志願當軍人。

　　我教過的學生，後來有好多投考陸、海、空軍學校，產生了四位中將！我和這些空軍子弟成了好朋友，他（她）們和我相差七、八歲而已，是我的妹妹弟弟。本來服務一年就夠了，

但我愛上教育那群活力十足，有人性、有理念、有抱負的學生們。他們的吸引力太大，讓我無法立即離開，於是又教了一年。這一年收穫不少，更知道如何分析時勢、看報章，瞭解韓戰期，中共有那麼多志願軍之因。

雖然投降美軍的約有三十萬人之多，卻在 1954 年 1 月 23 日選擇到臺灣來的才約一萬五千名。那時我確信反攻大陸已經是不可能的了。我當時是臺大物理系四年級，我們以「反共義士」來迎接他們，並且訂 1 月 23 日為自由日。同時我瞭解自己非留學不可，出去充實學術實力，不然建設中國現代化就只是個夢而已。世界不浪漫，中國問題很艱難。

在岡山中學服務的頭一年，分到岡山空軍服兵役的臺大同學，週末有時會到我家玩，有時一起到父親的魚塭去吃虱目魚。聊起未來，不少人計劃出國。服第一、二期兵役的 1952 年和 1953 年畢業生已有人出國了。我在臺大時交的男朋友謝世輝，他大我兩屆，和崔伯銓同班，也申請赴日留學。除了臺大學生，臺中農學院（目前的中興大學）、臺南工學院（目前的成功大學），都有人志願留日，理由是費用低而語言通，同時想深入瞭解日本。

1955 年謝世輝要赴日時，我們有明確的約定：盡量學習，然後早點回臺灣來服務，臺灣缺科學方面的人才。我是在這種瞭解下送他出國，而我留在岡山中學任教。教完第二年，我在捨不得的心境下離開岡山中學，回臺大物理系當助教，準備到日本留學。但要專攻什麼呢？

　　1868 年日本明治維新成功後，送了一批優秀青年留學歐美，他們學成回國，一方面積極協助政府建設富強的日本，另一方面嚴格地培育人才，同時送優秀青年出國深造。在物理學方面果然出了一位有名人物，叫仁科芳雄（Nishina Yoshio，1890–1951）。他雖沒拿諾貝爾獎，但是是世界級物理學家。他學成立即回國，不但繼續做研究，並且很積極地培養人才。

　　培育期間，依需要送到該送的國家去深造。在他手下竟然培養出兩位日本人首次的諾貝爾獎。一位是湯川秀樹（Yukawa Hideki，1907–1981），他在 1935 年找到核力（nuclear force）的機制！以及研究量子電動力學（quantum electrodynamics）而提出重整化理論（renormalization theory）的朝永振一郎（Tomonaga Shin-ichiro，1906–1979）。他們又同樣地培育人才，代代傳承下去，竟然每一代都產生諾貝爾獎得主！

　　到今天（2017 年夏）日本約有 15 位和物理學有關之得主！這還不驚人，最屬害的是日本知識份子從明治維新開始，在短短的六十年間（1930 年代），使日本成為世界科學先進國。國家的科技基礎堅固，人民的科學水準高，科學家數目大！例如物理學家的數目，目前遠超過美國，日本人口才美國人口之半哪。日本物理學家的特質是，數學底子平均地好，因此日本的基礎物理、原子核物理和基本粒子物理位於世界前茅！

第 9 章
到日本留學
—— 1957 年 7 月到 1970 年 8 月

1957 年出國

　　我 1957 年 7 月到日本時，發現日本的物資不如臺灣豐富，尤其食物。社會氣氛和活動力也不如臺灣。由於謝世輝是在名古屋大學物理系，就坐火車從東京到名古屋，它比較寧靜。本可以用留學生名義入學（當時的理論組班主任，是在基本粒子領域有名的坂田昌一教授），但我婉拒，而加入該校研一生的讀書會，認真地念書。由於聽得懂日語，立即進入狀況，然而我也慢慢地體會到臺灣來的確實基礎不如日本。但我不管這些，只管好好念書，參加第二年（1985）初的入學考，果然沒考上，差在數學。

　　於是我決定離開名古屋到東京，計劃報考朝永振一郎教授在的東京教育大學（朝永是該校物理理論組主任，不久當該校校長，但繼續指導研究生）。選東京教育大學的另一個理由是，離該校徒步約 15 分的地方，有一個日本殖民臺灣時，臺灣人為了子弟到東京區域念大專時設置的「清華寮」，建在優

美的、高度 50 至 60 公尺的小丘上。其斜對面有一個日本用來教育拓展「大東亞共榮圈」，即以武力開拓日本殖民地用的學生專訓大學「拓殖大學」。

我在 1959 年 3 月進入日本東京教育大學念物理系的碩士一年級，是理論組。在日本，有一部分學者是反對日本侵略中國的，譬如朝永、坂田、谷光雄等物理學家就是。所以教育大學物理系的教職員不會稱我「支那人」或「chankoro」（是否有暗中如此稱呼我，就不知道了）。雖然 1950 年代末，朝鮮戰爭（韓戰）已經發生過了，但是在東京大學念研究所的、在臺大和我同屆的電機系同學，或屆數小我的劉兆禎、關英明等仍然被叫「支那人」或「chankoro」！除了極小部分人，大多數日本人依然看不起中國人（包含臺灣人），於是當時常會想：

> 蔣介石不該以德報怨日本！二戰日本人殺了大約五千萬中國人，並且毀了整個中國大陸，而臺灣的我們也過著悽慘生活，整個東南亞也不例外！

如果二次大戰結束時，戰勝國的國民政府和美國一起登上日本國土，同時拿戰爭賠償金來好好地重建中國大陸，就沒今天安倍晉三的言論，例如沒南京大屠殺、沒侵略中國、更沒釣魚臺問題、二二八事件等，不是嗎？

東京教育大學的頭一年生活

不久我就和日本學生一樣，能欣賞物理，且慢慢地進入情況。當時東京人仍然很節儉，冬天燒煤的量也受限制。但同時我也漸漸地不習慣日本學校的學生關係——低年級要服從高年級，一年級生必須洗「教室會議」（師生全體一起的討論會）時參與人用的所有茶杯，甚至由一年級女生來做！理論組一年級只有兩個女生，除了我之外，另一位是內山富美代（我們到現在仍是好友）。冬天在冷冰冰的水下洗十個杯，內山 san 不埋怨，但我卻無法忍耐下去。有一天教室會議結束，大家開始聊天時，我舉手站起來向主任朝永振一郎抱不平，同時說明臺灣如何如何，為什麼男生不洗？在原康夫教授等人支持我的看法下，朝永採決：

1. 一年級生，無論男女，一起洗老師用的杯。
2. 學生（一年級以上）自己洗。

當然大部分的日本男生很不高興，回到學生們在一起的自習室後，有一個同班同學叫稻垣 san，他不敢打我，但在我面前捏緊拳頭一面喊「畜生（shikusho）」，一面大力的打牆壁，把我嚇壞了！後來有些日本女生（含內山）問我中國的女性地位，在當時日本的女性地位遠不如臺灣。我向她們大談在臺大時代所受的「男女平等」，以及「獨立、自治、自強」的

教育。

　　對內山 san，我更有機會談中國文明文化的正面（當助教那一年在校時同寢室的外省人，以及在省立岡山中學時的學生教我不少中國歷史），同時鼓勵內山 san 到美國留學。碩士畢業後她真的留美去，後來拿到了柏克萊加州大學的博士。而我呢？有未婚夫在東京（1959 年拿到名古屋大學的博士後到東京來，沒住清華寮。據朋友的暗示，他好像有了日本人的女朋友），接著又有絆住我的臺灣留學生問題。慢慢地被捲入後來的「清華寮事件」問題。事件大約如下：

　　其一是光復後，在清華寮住的是日本華僑，他們大部分是從 1895 年甲午戰爭之際開始，主要是九一八東北事變（日本稱為「滿州事變」）後，陸續被抓到日本來當「苦力」（低級勞動者）」的中國人子孫。他們的父母、祖父母只被准許從事三種職業，叫「三刀」（菜刀→開飯館、剪刀→理髮、縫刀→做衣服）。他們的子孫有不少人很爭氣考上東京帝大或東京區域的好私立大學，分別住在東京三強由中國人建的房子。「清華寮」是臺灣人建的，「後樂寮」是東北人（滿洲國人）建的，還有一所非臺灣和東北的中國人建的「平和寮」。

　　1950 年代中葉後，就有來自臺灣的留學生住進清華寮，管理人是臺灣來的華僑蔡先生（名字忘了）。日本華僑只會日語，臺灣留學生會日、中、臺語。他們其中的一部分，竟然和拓殖大學的日本人聯合起來找日本華僑麻煩，最終目的要從清華寮趕走他們（他們有的家裡很窮，無法在東京租房子）。開

始時我不理，慢慢地使我不得不關心，類似在公學校一直到光復時經過的、那種被日本人欺侮的記憶重新浮現（因為我聽得懂日、中、臺語）。

有一天約 10 位拓殖大學的大漢和臺灣留學生正在和日本華僑爭論，尚未進入武鬥時，我毅然走出來，站在兩陣營的中間，立即向臺灣留學生用中、臺語，講日據時代的臺灣百姓如何如何……（我年齡比他們的絕大部分高），回頭向日本人講大道理，主要是：

> 你們不是堂堂的大和民族嗎？要打，就該正正當當的打，絕大部分的臺灣人沒忘記殖民生活和二次大戰！

糟了，我闖禍了。竟沒想到臺灣留學生裡面有中華民國大使館特派，專門看管，即監視者，後來我們稱他們為「黨棍」，之後才知那批和拓殖大學聯合的臺灣留學生是走臺灣獨立的，在廖文毅或臺灣青年（這個臺灣青年和二次大戰期間在臺灣的臺灣青年不同，他們用其名稱而已）的組織。監視我們的黨棍有腳踏兩條船者！複雜透了，中華民國東京文化參事甚至製造事件陷害，被日警抓走，宋越倫也被這批人騙！這批人稱我為「無可救藥之人」，當然亂講我是什麼什麼樣之人。

其二，一批日本華僑至今仍然記得。例如翁武振、翁武文兄弟、石嘉福、林伯貴兄弟、何水玉等人都被那些臺灣留學生陷害而進出警察局。臺灣留學生分成三類：支持中華民國

（右派）、支持臺灣獨立（臺獨）、支持中華人民共和國（左派）。我呢？只要對臺灣或中國（中華民國、中華人民共和國）有利的，就和他們站在一起打和外國勢力結合者。

「清華寮事件」發展到（互告）在法院相互對抗。有一次檢察官叫我去問，中間電話來了，檢察官暫時離開。我立即打開他的記事簿，很幸運，才一打開就看到密告我的四位臺灣留學生名字，然後我馬上坐回原位。原來密告都是我的親近朋友！

東京教育大學的第二年生活

東京教育大碩二（1960 年）秋天我和謝世輝結婚，便搬到在清華寮附近，由教育大學事務所介紹的今井莊。

房東今井 san 是東京青山學院（聲譽很好的專科學校）的副教授，她盡量租給大專學生或助教。若符合，除了教育大學之外，還有一個日本貴族（好家庭之意）好大學，叫做御茶水女子大學，所以今井莊也有家庭背景好的御茶水女子大學的學生，只有我們是非日本人。我從小培養出來愛乾淨的習慣，有點潔癖和公德心，因此今井 san 很喜歡我，把每月房資從四千五百元減為四千元。從「三從四德」的家教中長大的我，自然地煮飯、洗衣（手洗）全來，每天約 9 點半到 10 點離家（中飯各自解決）到學校。

選指導教授

　　我的指導教授叫「田村太郎」，他是原子核物理專家，選原子核物理的目的是，學成回臺大後要和許雲基教授合作，同時好好地培養學生。許雲基使用 Cockcroft 加速器，專研核反應。於是我把學習的重點放在核反應和核力。

　　當時日本研究核力的最好學校是北海道大學，而且是世界聞名的核力研究學校。後來到教育大學來念研究所的學生慢慢地增加，包括臺大學弟劉遠中（李遠哲堂弟，隨母親姓）來教育大學念原子核實驗。目前臺北福華飯店的開館主人廖欽福先生的兒子廖修平也是教育大學藝術科的留學生。

臺灣留學生的部分狀況

　　主張臺獨者愈來愈多，學生間錯綜複雜。清華寮事件一直拖很久，中華民國大使館也派人到教育大學來調查我，他們的一舉一動，朝永手下的重量級教授福田信之都會告訴我，且保護我（裡面有一個人叫「王力」，特別對我有興趣，查東查西）。

　　另一方面，不知為什麼朝永先生很喜歡我，告訴我：我隨時都可以去找他，只要到校長室，他有空，我們就聊起來。我發現他對中國歷史的知識遠遠比我好，中文大約看得懂約70%。因為老一輩的日本人，在高中到大學必須學漢文，中國經典文章他們念過部分，我除了光復後在高中國文念了幾篇（幾乎忘光了）之外沒念過。朝永又喜歡學生運動。我從他那

裡學到至今仍未忘的兩句話：

「政治是日常生活，一定要關心，但不一定需要參與。」
「支持有清楚口號的學生運動。」

有一天我經過校長室，在辦公大樓的二樓，看到朝永把手臂放在窗邊向外看，我就上樓問校長祕書，可不可以進去？校長沒客人，我就進去了。向校長敬禮後，他立即叫我坐下來，並且說：「最近有點寂寞，沒學生運動。」我問他：「為什麼沒學生運動就覺得寂寞呢？」他回答的重點是：「有組織、有清楚口號的運動，必須經過慎密的思考與卓越的執行能力才能發生，它證明這群學生有領導者，最重要的能夠看到他們年輕、有活力、有理想……」這使我受教不少，聊得時間不長，我就告辭了，一路回想他的想法，怪不得二次大戰期間，朝永這一代的日本物理學家使用寺廟教育沒被徵走的年輕人（朝永親自告訴我）。

朝永這一代已經出了兩位諾貝爾獎物理學者（湯川秀樹、朝永振一郎），他們是明治維新時被派到歐洲的學者仁科芳雄（日本物理界的第一代，朝永等是第二代），回日本後培養出來的物理學家。這種精神代代傳下去，所以才有今天日本的物理人才，同時造就了不少的諾貝爾獎物理學家。日本知識份子學成後大部分都回國，有的在國外出了名才回國，並且和本地人拿同樣的待遇、過同樣的生活，大家融合在一起，為自己國

家民族百姓服務，非常值得我們借鏡。仁科、朝永、坂田、武谷等人開創的公開、平等的民主作風，一直繼承貫穿到現在。在這種就事論事，不作假的優良傳統下，作假且耀武揚威的不良份子，在日本物理界遲早會遭殃，非改正不可。

　　我為什麼老早就會看大陸的簡體字呢？因為有一天朝永先生拿一篇大陸物理學家研究坂田模型（和後來美國夸克模型有關）的物理學報來，要我看裡面的內容。我完全無法看，全部是簡體字。告訴他我看不懂，因為臺灣都用繁體字。後來他拿繁簡體字的對照表給我。從那以後我就會看簡體字了。同學們知道了大陸學者的苦幹情形，怪不得在韓戰時期毛澤東大喊：「中國人當掉褲子，也要把原子彈造出來！」（在臺大總圖的《華僑時報》看到的口號）。經過兩千多位科學家的努力，真的造出原子彈來！

　　我很幸運，能在日本分不清是中國人的環境過日子。在其他大學，甚至東京大學，情況就不一樣，竟然有的教授不小心口出「支那人」，而同學們也滿口「chankoro」，看不起中國人的氣氛還在。約從 1800 年以後，中國就一直走下坡，而日本剛好相反走上坡，最後富有的中國變成世界窮國，甚至在十九世紀中葉（1842 年鴉片戰爭）亡國（我定義的亡國）。類似上述這種中、日，國與國之間的表現差異，在 1960 年代也出現在臺灣留學生與日本大學生的行動差異上！

　　1960 年代隨著時間的演進，日本學生慢慢地想脫離美國的支配（當時日本有好多美國海空軍基地），想建立健康的日

本國，種種學生運動都是往這個方向（不再有戰爭、世界和平），甚至標榜社會主義、共產主義的組織，例如「赤丸」、「赤軍」等。後來（1967 年到 1969 年）發展到反對《美日安全保障條約》（簡稱「安保」），1960 年代末期的全日本學生（高中到大專）大運動，反對美國扮演警察的功能與做法。

臺灣留學生呢？分成左、右和臺獨（勢力較大，因為有日、美部分人士支持）的對立。大家血氣高昂，不小心便會走極端，要刺殺對立者，我大學的電機系同學，當時念東京大學電機研究所的劉兆禎，差點就被刺殺！對方是和主張臺獨的臺灣留學生們聲氣相通的日本右翼學生，他們恨透支那人，即chankoro。主張臺獨的臺灣留學生分成好多派，走較健康路線的是「臺灣青年」組織，最糟的是和日本右翼團體連在一起的部分。我覺得中國人真悲哀！不但國家分裂，人民也分裂！被日本罵 chankoro 也應該！

在這種大環境下，自然地使我注意亞洲、世界情勢，因此更加覺得臺灣問題不簡單，（從中美的實力估計）五十年或一百年才能解決。1957 年 7 月離開臺灣時，我有很天真的想法：「學些先進的理論物理學，早點回臺灣和守著臺大物理系的黃振麟、許雲基、崔伯銓等先生合作，建設臺灣……」在東京看到留學生們赤裸裸的政治鬥爭與中華民國的內幕後，我就開始找和中國有關的日本人（反省二次大戰的人，或教授們）寫的書來看，同時更注意世界情勢的發展。決心好好地念書拿博士學位，將來萬一留在日本才能找到工作。我相當忙於研究

工作，但又被動地被捲入臺灣留學生們的對立活動中。

> 對臺灣問題，我常和朋友們（臺灣留學生）意見不合，
> 於是被誤會，被指責，但是我不理會，依我的物理腦袋
> 分析可能路線，默默地、且很孤獨地前進。現在回想起
> 來，我估計其中大約 85% 是二次大戰磨練出來的堅強
> 性格使然。中國非富強不可！不然依然會被列強凌辱宰
> 割，過著生不如死的生活。這種想法一直引導著我。

　　由於很忙，白天我幾乎不在家，而已拿了博士學位的丈夫
白天常在家工作，主要是寫文章，或到私立大學當臨時教授。
在二次大戰中戰死的日本男人約兩百萬，於是日本女性找不到
男性的至少多出兩百萬，他們特別喜歡中國留學生。對日本人
來說，中國男性比日本男性沒大男人主義，又是來自物產豐富
的臺灣，於是積極地接近臺灣留學生，不少人中彈。我的丈夫
也不例外，被同住在今井莊的御茶水女子大學的女助教攻倒，
是房東今井 san 暗示我，並且今井 san 也幫我找了房子，請我
們最好搬走。

　　在這種情況下，我更加決心念好書拿博士，迎戰萬一不幸
的事情發生時能夠獨立自主。這時我首次發現丈夫的性格比我
弱，雖然他過去表現得神神勇勇。同時有兩位臺灣學生，一位
是我的男性好朋友，他告訴我 1957 年我尚未到日本前，丈夫
就已經有日本女朋友了。我當然深受打擊，不過我盡量想原諒

他。「三從四德」的中國傳統思想下長大的我，當時仍然能忍住。最後一起搬到離今井莊走路約 40 分鐘，由教育大學介紹的一位大學退休教授泉先生家的一部分。

　　我繼續好好地攻讀博士課程，同時接觸臺灣留學生的範圍更廣，左、右、獨全有，不過從未偏離心中的想法，甚至出現了自己的原則。這些原則貫穿了我的人生一直到現在這一刻。我的個性愈來愈剛毅、強勢，甚至看情況會執行獨裁、下命令！碰到挑戰我的原則時絕不妥協。這時我更加確定自己學物理是對的，很符合我的性格。物理幫了我不少忙，當分析問題時，慢慢體會到「物理是活的」，它和我們的日常生活是一體的。它讓我活得多麼的美好，過著快樂的日子。我能看清楚冷戰對中國影響之深，而世界的唯一超級強國是如何自由自在地操縱玩弄世界各國。什麼「平等」、「自由」，都是外交口號吧！

　　我知道自己遲早一定會回臺灣，在丈夫謝世輝決定不離開日本的條件下，我們分居了。於是我不必顧家，有更多的時間和各派系的臺灣留學生來往，同時發現臺灣留學生有好多人都中了日本女子之「彈」！並且發現：

　　　　男性比女性不耐寂寞，禁不起女性誘惑！將來回國後必須好好地教育女性，女性的教育比男性重要。覺得使一個國家富強，女性比男性重要。

　　這時我已經拿到教育大的碩士學位，並且已在博士班念書。進入博士班時，碩士班的指導教授田村太郎先生被美國大學聘請，他離開之前介紹東京大學原子核研究所（當時東大有九個獨立研究所），簡稱「核所」的核物理、尤其核反應的專家吉田思郎教授給我，擔任我的指導教授，於是就轉到東京大學去了。

1964 年初轉到東京大學原子核物理研究所

　　由於東京大學原子核物理研究所離東京中心較遠，於是和臺灣留學生接觸機會變少了，最多偶爾和過去數年中自然地認識，且想法較接近的朋友們見見面之外，對象全是日本研究生或老師們。核研所很大，為了要趕上他們，非很努力不可。日本學者確實用功。二次大戰時，日本（德國也是）想製造原子彈，建立三所原子核物理研究所，仙台的東北大學、東京大學和大阪大學，設備好，經費豐富。

　　不久後，吉田先生被大阪大學挖走，負責大阪大學的核物理研究，於是我每個月非跑一次大阪大學不可。來回東京－大阪及住大阪的費用，全由大阪大學負擔，又給我一點零用錢。另一方面吉田先生走之前介紹東京大學研究核物理理論組的野上茂吉郎教授給我。因此野上先生是我在東大名義上的指導教授。在 1966 年 6 月 13 日我拿了博士學位後，一直到 1970 年 8 月離開日本，我都在他的研究室當研究生（博士後研究

員）。

拿了博士學位後不久，我就和丈夫謝世輝分居，反正他已
有另一位（不是在今井莊來往的女性，是東京藝術大學的畢業
生）女友，後來我們離婚，他就正式和該女子結婚，並且改名
歸化日本。從此我完全獨立了，非常自由。

野上茂吉郎研究室介紹我到私立日本女子大學（在東京吉
祥寺）當講師（日語叫「非常勤講師」）教普通物理。雖然學
生們全是女性，但是她們喜歡物理又會問問題，所以我想盡辦
法連結上日常生活，向她們說明物理現象，以及物理的奧妙迷
人之處。在這一段期間我歸納出研究科學時，非時時刻刻注意
不可的三個要素，我回臺灣後教物理時，學生幫我取名為「三
寶」：

1. 因次（又稱作量綱〔dimension〕）。任何物理現象，
   必有表示該現象之因次，例如：
   速度的因次 ＝ 距離因次／時間因次
   　　　　　＝ 公尺（m）／秒（s）
   　　　　　＝ m ／ s
2. 大小有限。發生物理現象的體系，與觀察對象大小有
   關，例如：量人的身高，不可能是 1 公里，太高了，
   也不可能是 1 毫米，太矮了。三十歲的男人該在 1.5 公
   尺到 2 公尺之間才合理，稱他為大小有限。
3. 實量（實數值）。可測的量必須是實量或實數值，不是複

數值（$a + bi$）或虛數值 bi。a 和 b 是實值，$i = \sqrt{-1}$，
例如：羊肉 5 公斤，不可能（$3 + 2i$）公斤，或 $5i$ 公
斤。

這三寶在念書或做演算時對我幫助不少，尤其第一寶很有用。

　　除了教普通物理，有時教日本人中國語（北京話）。當時
有些日本人開始學中文，因中華人民共和國慢慢地壓倒中華民
國在世界上的地位，臺灣獨立的聲音也愈來愈響亮，不但在海
外，尤其日本，而且臺灣島內也是。

　　另一面，日本的學生運動愈來愈激烈，箭頭慢慢地轉向美
國，追求日本的真正獨立，想結束二次大戰後美國的占領與影
響。日本經濟慢慢地復甦，社會活力康復上升。眼看著日本走
向富強之路，在這種大環境下，我更加決心回臺灣。同時我想
深入瞭解在東京的中國學生，於是我自然地回到了臺灣留學生
的世界中。

1966 年重回臺灣留學生世界

　　我在 1966 年正式加入東京大學中國留學生會，約有 150
名會員，主要成員來自臺灣，再來是「苦力」子孫的日本華僑
子弟和來自香港等地的中國學生。由於我已拿到博士學位，又
當博士後研究員，時間較自由，經濟也穩定，是沒家庭負擔的
自由之身，於是不久被選為該會的學術組負責人之一（1967

年 3 月到 1968 年 3 月），其他兩位是徐世傑和李宗仁，不過我在那之前就已經幫忙學術組的工作了。接著 1968 年 3 月到 1969 年 3 月擔任會長，下有 8 位幹事，負責學術、康樂、會計和總務。當時該會出版的會誌叫《暖流》，我積極參與《暖流》的封面設計。1968 年 4 月出版的《暖流》，是以臺灣海峽為背景，內涵是：

中國分成海峽兩邊互相對抗的狀態下，中國留學生及海外的中國知識份子，應扮演消滅對立角色，不再做冷戰的犧牲國、不再讓人民在兩岸鋼索上掙扎。兩位日本人小林洋子、伊地知康一起完成封面設計（圖 9-1）。而 1969 年 4 月出版的《暖流》封面則是我和幹事們想的傑作，如圖 9-2。如有一天海峽兩岸不再對立而在一起，臺灣和大陸有微妙差異。用拼圖方式表示，無法立即一致縱線的小塊和橫線的大塊，分別代表臺灣和大陸，兩塊構成完整的圓環，而其環心是縱橫線合成，表示過一段時光後，整個圓盤變成由縱橫線構成的圖，即海峽兩邊一致，完成統一。那以前怎麼辦？圖 9-2 的三塊表示如何進行這工程：

知識份子要扛起這個重擔！

圖 9-1 是當時我對大陸和臺灣（即中國問題）的看法，世界哪有「平等」？只有雙方達到「力的平衡」時才有平等！當時的中國大陸怎麼能和製造冷戰、扮演世界警察、隨心所欲運

圖 9-1《暖流》第 10 期。

圖 9-2《暖流》第 11 期。

轉世界的美國達成物理學上的「力的平衡」？做夢！不管來自臺灣、香港或日本的華僑子弟（以下簡稱為中國留學生或留學生），除了極少數不管事的人之外，每個人的政治主張愈來愈明顯，左派和臺獨人士的看法是：

五到十年之內臺灣問題會得到解決。

極左者說：「臺灣應該回到祖國的大陸。」

臺獨者想：「臺灣應該走上獨立之路。」

而我呢？和他們的看法不一樣（其實也有少數人和我的觀點一致）：臺灣問題之解決至少還需要五十到一百年吧？於是我常被部分人誤會，但我不理睬、不介意。

　　當時東京有樂町的電影院偶爾會播放世界重要新聞，同時由專家分析。只要有時間我一定去看，以瞭解世界發生了什麼？同時我比較自己的分析和專家們的分析，來肯定或修正自己的看法，甚至計劃將來該怎麼走，尋找可能的方向。為了保護將來要回臺的留學生，我把他們投稿《暖流》的文章稍微修改成中性些（不管左派或獨派），不然他們回臺灣後必定會被盯上，甚至可能被抓走！我的這種動作，更被一些人誤會，但我仍然不妥協，走自己的路，坦白說，還真有一點獨裁。等到1970年代後，我在臺灣遇到那些當年被修改成比較中性文章之人時，他們都感謝我。瞭解當時何必衝動？何必凸顯自己姓名？

　　另一方面，日本的學生運動愈來愈激烈，在1968年到1969年進入高峰，全國高中以上的學生串聯起來，反對《美日安保條約》，即反安保鬥爭。這些學生占領了在東京本鄉三町目的東京大學本部，東京大學的象徵「安田講堂」也被他們封鎖。在這一段時期，我剛好擔任東大中國同學會會長，這期間又不幸正在處理被燒死的「林昭義事件」（他在1968年4月4日正午12點44分被燒死）。

　　為了找開會地點和通知中國留學生來開會處理林昭義事件，我非穿越鬥爭學生群中不可（我以中國留學生之名進入，鬥爭學生就讓路或幫我如何走安全之路）。日本法律規定，沒校長的許可，警察絕不能進入校內。學校由鬥爭的學生接管，他們有頭有序，也不破壞公物，我因此實地瞭解了朝永先生曾

經告訴我的那句話：

　　健康的學生運動真好！

　　這批學生確實帶動了 1970 年代中葉到 1990 年代初葉日本產品橫掃全世界的成就，使日本成為世界第二經濟強國，工業蓬勃發展，使部分美國企業向日本學習。這就是日本學生和知識份子（學校老師們默認或暗中支持）的所作所為。日本的世界第二經濟強國地位（第一是美國），一直維持到 2012 年被中國大陸取代為止。

　　1969 年初葉的有一天，為了決定中國同學會的開會日期，我花了四到五個小時徜徉在領導全國學生運動的東大校園內，好好地觀察學生運動的情況，發現到處有學生筋疲力盡地席地而睡，於是覺得：

　　學生運動可能在半個月後會開始收縮，於是就決定通知第二個禮拜的某日子在某地方開會。當時沒一個留學生相信能順利開會，但我猜對了，同學會順利召開而且很成功！比我估計的半個月時間還要短，大約十天左右，日本鬥爭學生們開始慢慢地回到日本各地去了！這現象現在還縈繞在我腦中。這批學生確確實實地追求了他們的理想，為日本的崛起做了護航的任務。

　　我心中一方面佩服這批勇敢的年輕人，一方面湧出臺灣將來可能遇到的問題。1969 年我已積極地準備回臺了。聯合國的中國席位，很可能在二到三年內從中華民國變成中華人民共和國了，那時有多少人會逃離臺灣呢？臺灣會變成如何呢？回臺後我會遇到什麼事呢？當許多人想辦法逃離臺灣時，我卻逆向而行地回到臺灣，這可能會被臺灣當局懷疑嗎？

什麼是林昭義事件？

　　在東京大學，除了向學校正式登記立案的中國同學會之外，留學東大的臺灣各大學畢業生，都有各大學的沒立案的小同學會。林昭義是年紀比我小一點的臺大畢業生，攻讀東大醫學研究所腦外科。由於他很會開刀，除了東大醫學院，被日本警視廳附屬醫院聘請，常到該醫院開刀。患者有時送給他感謝禮物，他就帶來和大家分享。他的經濟狀況不錯，請了一位日本幫手，胖胖的，人非常好。他已結婚，太太叫許淑齡，有兩個小女孩。偶爾請我到他家去吃好吃的飯。他們很希望有男孩子。果真，在 1968 年獲得極可愛的男孩，滿月時還請大家吃紅雞蛋。

　　另一方面，他不但順利完成博士論文，而且投稿國際醫學會的論文也獲接受。1968 年 6 月，他準備到紐約參加國際醫學會，然後回臺大醫學院當客座教授。他開一部紅色小車，太太是臺中人，靜宜大學畢業生，英文好，日文也不錯，活潑開

朗，我很喜歡她。當時她的哥哥在日本北部仙台的東北大學醫學院研究所念書。林昭義是臺灣草屯人，樸實且平易近人又慷慨，有東西就分給大家，有個令人羨慕的美滿家庭。

1968 年 4 月 4 日下午約 3 點左右，我正在參與野上先生組織的研討會時，突然從東大校本部（東京本鄉三丁目，醫學院在這裡，野上先生是在東大教養學部，相距坐車加走路約需一個小時）來電話，是中國同學會洪毓盛幹事打來的，說：

> 同學林昭義在開刀房被燒死！！

我立即告訴野上先生，他叫我快點去（他知道我是中國同學會會長，我們無話不說）。我趕到醫院手術室前時，發現林昭義的小紅車停在手術房門口，不是停車場，一個想法閃電似的出現在我的腦海：

> 林昭義一定很趕！為什麼？

走進門，右邊是手術室，已被封鎖，有明顯的火燒痕跡。洪毓盛在門內左邊，他立即告訴我：

> 林昭義進入手術室，不到 10 分鐘手術室就爆發燃燒，內有四人，全被燒成黑色，是林昭義和他的老師及兩位病人。

我立即請洪毓盛

1. 多叫幾位同學來。
2. 通知中華民國大使館專管留學生的文化參事宋越倫（過去為了留學生的事和他接觸過好多次）。
3. 買所有的晚報。
4. 通知林昭義太太許淑齡，以及請她通知他在東北大學的哥哥。

各晚報的頭一頁上半，全用大字寫著：

臺灣留學生為了蒐集博士論文資料，安裝自動攝影照相機。

我滿肚子火，怎麼可能？沒老師的許可，學生做得到嗎？怎麼把責任推給留學生！我立即下定決心：

一定要讓事件內幕「水落石出」！追查過程必定和中華民國駐日使館有關，因為是國與國之關係，怎麼打這一仗？不僅東大中國同學會，而且留日的臺灣同學都要團結在一起不可。無論左、右、獨，必須協力才行。於是我打出的口號是：「為了臺灣，我們必須洗清臺灣留學生所蒙受的汙名」，即：一切為臺灣！

　　當天晚上不少東大中國同學來到現場，大使館文化參事也派楊秋雄來。昭義兄太太許淑齡，以及他的東大醫學院的同學都來了，後來淑齡在東北大學的哥哥也趕來。他尚未到之前，校方讓我們先進去認屍體，沒想到沒有人敢進去放四位焦黑屍體的屋內。結果是我排頭一個，其他數位同學跟著在後面。二次大戰末被磨練出來的膽量與方法，使我沒有畏懼地走到四位屍體之前。除了舌頭凸出來很小部分沒有焦黑之外，整個身體和木炭一樣，怎麼辨認？看起來全都一樣。我努力看頭部的形狀、身體的大小，全都失敗！我們帶著淚水，以無法形容的情感走回門口。

　　不到一小時，淑齡的哥哥來了，醫科學生的他，立即進入屋內確認，屍體最右邊的一位是林昭義先生，他是以沒被燒壞的褲袋的金屬皮帶扣認出來的。大家才鬆了一口氣，兄妹哭成一團，昭義的好友也不例外，自然地大家一致地決定「必須洗清晚報所登的汙名」。

　　接下來是實際行動，即「控告東京大學」。臺灣留學生來自中華民國國民，而對象是影響日本最大的東京大學，所以首先必須報備駐日大使館的文化參事處。過去由於留日學生常發生事情，因此和文化參事宋越倫有過幾次接觸，不過都是我一個人去。這次情況不同，必須留報備證據，所以就拜託洪毓盛和我一起去，做為報備證人。宋參事希望我們化大事為小事，不必用告的方法。不告的話，有什麼方法可用呢？同時從交談過程中也洞察出：洗清汙名是對的。最後我很清楚地告訴參

事：

> 我們一定要告東大，請放心，會盡量低調，絕不會做出
> 任何一個傷害中國的行為（中華民國、中華人民共和
> 國）。

　　離開大使館後，我一路和洪毓盛交換意見。反正留學生裡
有各種人才，我們應該動員所有能動員的同學，但結果積極參
與者僅十幾位而已。和法律有關，且在最重要時協助我的，是
當時中華民國駐橫濱領事館的法律顧問廖運和先生，他是臺大
法律系畢業的學長，至今難忘。他教我如何不違法。有次我被
警察叫去時，他專程從橫濱來東京陪我，除廖先生外，有一位
日本人來找我（他絕口不告訴我他的姓名），他講的重點是：

1. 絕對不能說謊（ウソを言わない事），這樣效率高又能
   理直氣壯。

　　我立即回答，這是我的性格，不可能說謊的。

2. 任何人請你吃東西，甚至喝一杯茶，絕不能讓他出錢，
   且必問清楚他是誰。

　　我說我怕被下毒，所以請放心，我不可能和不認識的

人，甚至是臺灣留學生，一起吃喝。

他是中等身材，大約四十幾歲的人，講完該講的話後就告別了。

提告前的具體行動

大家討論的結果是，不由東大中國同學會出面，而是由林昭義的太太許淑齡出面。這樣一來，淑齡非在日本不可。但是丈夫過世了，照規定只能滯留三個月。她的依夫簽證（husband dependent visa）怎麼辦？

第一，林太太必須下定決心提告。

那麼如何才能讓她留在日本？

我們想到的是要讓許淑齡在日本某大學念書。於是第一個工作就是要使淑齡下決心洗清丈夫的汙名。怎麼辦？很幸運，我和淑齡是好友，昭義過世後就和她偶爾一起過日子，甚至每天和她一起生活，於是我就跟她講：

她和昭義如何恩愛，昭義如何愛她……昭義的冤情不洗清怎麼可以……，小孩將來也會受影響，為了小孩也非洗清不可。

　　最重要的是我們確信昭義不可能接電路做自動照相之事。不久她果然決心提告了，同時決心考大學念藥劑科。她開始準備考試，日文和英文沒問題，而我負責教她物理和數學，不懂沒關係，死背就是。而吳欽敬同學（東大藥劑科的研究生）教她化學，同樣死背。她非常苦幹，而那位日本傭人超好，全力照顧小孩和做家事，讓淑齡能安心念書，無後顧之憂。

　　淑齡順利地考上東京私立共立大學的藥劑科，居留日本的問題解決了。

　　第二幸運的是，野上茂吉郎教授信任我，加上我們常交談從物理到政治，包括亞洲，尤其是中國之事。我老老實實地告訴他對林昭義事件我們的所做所為，沒想到野上教授是東京大學校長下的最高資策委員會委員。事件發生後不久，該會已下令學校當局查明真相（教授們當然懷疑學生在沒有老師同意下做出危險的事）。後來安裝電路的工人出來向委員會自首：

　　赤石教授在開刀的前一天下午，請他傍晚時裝設自動照相設備！

　　在做上述事情之外，我同時進行的是在淑齡家，由東大工學院留學生安裝設備錄下東大醫學院來的電話。東大醫學院要給淑齡一筆錢，讓她「帶小孩」平安地早點回臺灣！後來在淑

齡家幫忙的那位日本幫手也出來講話：

> 開刀的前幾天，甚至於當天上午，赤石先生常來電話，
> 請林昭義一定要來幫忙。雖然開刀的當天上午，昭義在
> 警視廳附屬醫院有開刀工作，仍務必請他準時趕到！所
> 以當天昭義的車才停在手術室窗邊！證明很趕，沒時間
> 停在停車場。

　　當時開腦用的手術室很特別，空氣含氧（O_2）量是普通
的 2.5 倍，並且必穿棉織衣，絕不能發生由摩擦而引起靜電反
應。門窗是密閉式，一進門就很難從外邊開門。昭義兄進入手
術室，據說不到 10 分鐘就發生爆炸，在高氧的空間，兩位醫
生（昭義和他老師赤石先生）和兩位患者就被燒成焦黑。

許淑齡女士正式告東京大學醫學院

　　當淑齡的居留問題解決後，她立刻控告東京大學醫學院。
不但東大中國同學會全力協助，而且東京其他學校的臺灣留學
生也來幫忙；加上東京大學本身也在積極地查明真相，於是一
切進行地順利。結果東大當局要求醫學院腦內科從主任（主任
負責）開始全部離開東大，到別的大學醫學院。學校暗中進行
的工作，我們一面小心配合，一面默默進行我們自己的計畫，
例如要求多少賠償，或怎麼賠償。最重要的是：

東大能不能公開說明林昭義的冤情，並且正式公開向昭
義兄道歉？

　　非常非常遺憾，最後一條沒有達成！淑齡確實勇敢且努
力，她順利進入狀況，家庭和求學都沒問題。另一方面官事
（提告事）則繼續進行。由於我早已計劃回臺灣，任期到的時
候我拒絕連任會長，堅持非改選會長和幹事不可。長期和臺灣
留學生來往，尤其是 1966 年之後的三年多一點，碰到大大小
小許多問題時，我已經看清楚每個人的性格、人生觀、價值
觀，因此在有關維護臺灣名譽的林昭義事件尚未結束前就離開
核心的責任，我非常重視接任東大同學會會長的人選，他必須
能繼續完成我的計畫。條件該是：

　　有原則、負責任，絕不會受利誘；有遠見和使命感且靈
　　活，經濟沒有問題，學業也沒有問題，以及有某種程度
　　的領導能力，緊急時能獨當一面。

　　當時我看中的是臺大化學系畢業的學弟張勝凱先生，無論
他是左、右、獨都可以，因為有上述條件之人，較不感情用
事，不會亂來，會理性地處理事情，公私分明。於是當選完幹
事之後，我執行獨裁，不許他們選會長，硬著指明張勝凱為會
長！果然反對和質疑聲四起，我立即向他們解釋：

為了我們每個人，為了臺灣，我們必須使林昭義事件順利完成，即洗清他是無辜者。這時需要經濟和學業狀況都沒問題的人才行。誰的經濟力比張勝凱雄厚，同時學業非常順利，有個美滿家庭……

結果大家雖仍然不十分同意，也就不吭聲了，就這樣地張勝凱當了會長，我也安心地積極準備回國的硬軟體事宜。最後接受將在 1970 年 8 月接替錢思亮校長，即將出任臺大校長的教育部長閻振興之請（1970 年上半葉他來東京時見過面），決定在 1970 年 8 月回臺北。而張勝凱很順利地結束了林昭義事件。

張勝凱的父親是 1960 年代臺灣十大有錢人之一，他在東京有一棟七層樓的豪華房子。他關心臺灣的未來、亞洲的未來，視野廣，人又大方，常請留學生到他家一面吃飯，一面交談臺灣、亞洲，甚至是世界情勢。他分析力強，腦袋清楚且靈活，又有果斷力，思想上傾向臺灣不靠任何國家的真正獨立。

在 1970 年代中葉，他洞察出臺灣不可能真正獨立之後，把東京的房子賣掉，帶著幾位看法相同的臺灣留學生移民到巴西去發展。經他們的努力，在巴西成功地開闢了新天地，還把賺到錢的一部分（五千萬臺幣），在 1997 年捐給他的母系——臺大化學系，希望臺大化學系建一棟較理想的化學館。臺大化學系也以張勝凱的捐款為基礎，朝著建造新館的使命努力募款，終於在約十五年前興建了目前的化學館，位於臺大校總區

的中心位置。化學系以紀念張勝凱而稱進入化學新館的大廳為
「勝凱廳」。非常遺憾，勝凱在 2006 年癌症往生了。

第 10 章
回國服務
——1970 年 8 月 17 日到 1972 年 7 月 16 日

母親

　　我的母親從 1969 年開始生病，身體健康一天不如一天，到了 1970 年，我急切地盼望回臺灣看望她。1970 年 8 月下旬（8 月 17 回到臺灣）回到岡山時，我很慶幸十三年不見的母親沒什麼大變化，病情還算穩定，我們擁抱在一起，久久不能平復思念的心情。和她生活數天後，我就到臺北，好高興看到了克服一切困難、守好臺大物理系的老師們——方聲恆、克洛爾、許雲基、黃振麟、崔伯銓，大家都很好，而且沒變！

　　我住進黃振麟老師幫我借的溪州街民房，準備迎接開學，同時粗略地遊覽一下久違的臺北市中心、新公園（目前的二二八紀念公園）、衡陽路、西門町，以及臺北車站附近。我發現在 1957 年時遠比日本好的臺灣，現在倒過來了。1970 年的日本，比臺灣不知進步多少！

　　短短的十三年，臺灣與日本的活力，經濟、社會氣氛完

全顛倒了！這對我打擊不小，要如何重建呢？

離開日本時，我大約預估了臺灣、中國大陸、日本、亞洲和世界的可能發展，同時就慢慢地計劃將來應該如何走，以及可能遇到的問題。相信在物理系的老師們（尤其是黃振麟和許雲基）的信任與支持下，我不但能度過難關，而且能做出想做之事。

由於母親生病，我必須經常在短時間內來回臺北與岡山之間。當時的岡山是快車不停，只有平快才停。所以一趟火車費時約八個小時。我坐的是夜車，利用晚上睡在火車上以節省時間。母親看到我平安地回到她身邊，也許是太興奮了，病情反而加速惡化，在我回國一個多月的 9 月下旬便過世了。我有難以形容的遺憾與悲傷，責備自己為什麼沒有早一點回來？

等母親的喪事結束後，許雲基和黃振麟（下面稱許、黃先生）便給我龐大的工作：「從臺灣光復到 1970 年，物理系累積下來非做不可的工作！」我立即回答：「天啊！我怎麼可能做這麼多事！」許、黃先生說：「不是叫你自己做，妳不是很容易和學生混在一起嗎？我們只是要妳來計劃，而實際上讓學生工作！」好吧，就答應了。工作是：

1. 整理物理系圖書館約一萬八千多冊的日、中、英文書和雜誌。

2. 打開本來要運到大陸各大學去的儀器房間。這些實驗或

裝備儀器是來自美國的先進儀器，由於大陸赤化，無法運去大陸。我大一（1950年）時堆滿整條椰林大道和兩邊道路。學校下令收到各建築物的空間儲藏。

3. 整頓二號館物理系的硬體，使它上軌道（許、黃先生知道我會設計，又會分類安排）。

於是我動員我的全班學生（1972年6月畢業的學生）開始工作。那時候他們剛升上大三，師生幾乎生活在一起，一有時間就做工。大三這一班平均小康家庭子弟，內有少數家境較困難者，各個努力做事和念書。他們是將來要扛起國家的主人翁，一定要讓他們智力和體力雙壯，於是我就找時間，以導師會的名義請他們吃飯，從中飯吃到晚飯的機率也不少。如果目的是餵飽他們，就到「僑光堂」（現在的「鹿鳴堂」）或臺大校門口的館子去吃飯。我懂得，也很注意食物的營養。當然學校給的導師費不夠，沒關係，就用自己的薪水，萬一錢不夠，就向父親開口（父親很偏愛我，他當時的經濟能力還可以給我一點零用錢）。

同時利用一起吃飯的時間，我告訴他們國際情勢，以及可能的發展。我們無話不談，只要學生有問，我必知無不言，言無不盡。該班非臺北市籍的人約有60%，全班都是第一志願進來，且臺大物理系只收30名，即每年臺灣約十八萬高中畢業生的理科志願者的前30名，各個天賦高，又勤快，做事認真又負責，有緣教導這批年輕人，太幸運了。

　　臺大物理系約從 1958 年到 1976 年，每年收當年高中畢業志願理工的頭 30 名，全班都是第一志願是物理系，這現象是 1957 年李政道和楊振寧獲得諾貝爾物理獎帶來的結果。和這群充滿活力、衝勁十足、高智慧，又肯吃苦的學弟妹們生活在一起，每天雖忙死了，但是非常快樂，活得多麼有意義！

臺大物理系 1972 級學生，如何整理圖書館？

　　這是一件非常繁重的工作，持續兩年多，他們未完成的部分由下一屆，即 1973 年畢業的那一班接手，還好大約再一個學期就完成了。系圖書館的圖書編號有日、中、英文系統，目錄也是一樣，甚至有的書已經破舊不堪。還好，當時臺大總圖書館（目前的臺大校史館）在物理系館二號館對面，相隔不到 20 公尺，學生隨時可到總圖參考如何編號，以及修補書的工作。

　　整理書時發現老師們不但借好多書，而且借期甚長，學生們便去老師家，自掏腰包用計程車帶書回臺大。同時乾脆把系圖由他們來看管，從上午 8 點開到深夜 12 點。怎麼辦，晚上睡在哪裡？於是就拜託看管物理館的老謝（他是退伍軍人，住在二號館一進門的右邊房間），讓系上放一臺如宿舍用的上下雙層床供深夜無法回家的學生睡，洗澡和老謝共用一個房間，因此我們和老謝變成了好朋友。

　　系圖不見的書，如果是學生借的，這班的學生很厲害，都

有辦法讓書歸還回來。我叫學生們絕不追究處罰，只要書回來就好了。我絕對相信學生，他們真可愛，系圖完全由他們自理自治。發生問題或困難時，師生一起討論解決，或請更有經驗的人幫忙。我們心連心，同時也大約瞭解臺灣和大陸、亞洲和世界的可能未來，於是無形中的口號是「團結」和「視野廣、眼光遠」，以及「身心必壯」。於是非臺北人的宿舍生有時想打牙祭，就買食物到我住的房子來自煮大吃，我就有免費的好吃料理吃，有的把女朋友也帶來。

我很希望跟他們的女朋友們也成為好友，因為我深知女性的重要性：

1. 小孩的教育，主要在媽媽，丈夫會受太太的影響。
2. 如果太太之間是好朋友，丈夫們雖不很好，但有一天丈夫會成為好友。
3. 反過來如果太太之間互不順眼，雖然丈夫們本來是好朋友，結果只好偷偷地來往。

所以我都找機會讓學生帶女朋友來，並且變成好朋友。果然，1972 年畢業同學的太太們都成了很好的朋友，互相幫忙，分享家家的喜怒哀樂，創辦定期的餐會，大人小孩一起同樂，互相談好，各家帶不同的食物到場。我也有機會參與了好多次他們在美國矽谷一帶和洛杉磯一帶的同學會，結果在美國比 1972 年早畢業的或晚畢業的也來參與盛會。等到他們經濟

有基礎後，在美國有時到餐館聚餐，留在臺灣的學生嘛，大部
分還是到餐館，除了少數幾位才邀請到私人家，因為在臺灣幾
乎沒有人有大房子。他們在臺大將要畢業時，就有了長遠的全
盤未來計畫，當時我都無法相信的如下計畫：

畢業二十週年的 1992 年在臺大傅園會合！

　　二十年後的 1992 全班在一起？他們真的實現了該計畫，
地點不是臺大傅園而是美國的太浩湖（Lake Tahoe），一百多
位（夫妻和小孩）來自亞洲和北美洲，他們邀請我參加，也答
應了，但很遺憾，我岡山家發生事而沒去成。後來黃天來回臺
灣時帶了他們在太浩湖的照片來給我，同時考我試，要我把參
與的同學名字全說出來。哇！我完全通過考試，但誰是誰的太
太的考試則不及格。他們的驚人地團結，每年都選出一位總負
責人來聯絡班上發生的大小事，有難必相救，有福必共享，一
直到現在，他們有自己班上的聯絡網，立即知道班上同學及家
人的各種消息。

使物理系的硬體初步上軌道

　　物理系 1972 年畢業班，一面整理系圖，一面整理本來要
運到大陸各大學用的實驗儀器。它們從我大一時的 1950 年起
就一直睡在系館的五、六個房間裡。雖然已經過了二十年，這

些儀器絕大部分仍沒有損壞，完好如新。這是我首次看到四面玻璃的影印機！其他電學、光學、熱學用的儀器全都完好，於是就拿來充實大學部學生的實驗之用。

　　如果非物理系用不上的，就送給工、醫學院等有需要的系。拿走儀器後必整理房間，以供物理系使用。既然做了這些硬體工作，學生們也就順便整頓起系館來。該粉刷的粉刷，該修繕的修繕，有的是由學生們自己來，有的是請學校做。由於儀器內有偵測輻射用的儀器，後來學生們拿來玩，在物理館內到處測「有沒有輻射物」。結果竟然有，而且是最危險的「中子」！有一天陳文進（1972 級）同學跑來告訴我：

老師：「物理系有『中子』，中子偵測儀在系館 2、3 樓都有反應！」我當然不相信有這種危險物，我回答陳文進：「不可能，不要亂講，讓大家不安。」我太不應該，學核物理的我，竟然沒去查過！

　　在 1981 年我當物理系主任時，發現了相當強的中子源！（請看下面的中子源事件）不知已經傷害了多少人！當時每天和學生不但生活在一起，又要準備教書，又要應付其他事，忙死！同時我想：如果有中子源，只有許雲基才有可能。但性格非常小心又負責任的許雲基先生，不可能亂放會傷人的中子源，於是也沒問他，我犯了不能原諒的錯誤。

保釣運動

　　從 1960 年代末葉開始，國際情勢已慢慢地對中華民國不利。我在 1970 年 8 月回臺後，不難體會到臺灣社會的氣氛微妙。不論省籍，有不少人想辦法離開臺灣。到了 1971 年 2 月尼克森總統訪問中國大陸後，民間的氛圍更是微妙。中華人民共和國成立（1949 年 10 月 1 日）後二十一年，美國總統首次訪問中國，這個世界史上的大事，很吸引我。

　　由於我的身分是客座教授，較容易申請出入國許可，於是我就申請回去日本的許可，又剛好是放寒假，就到日本東京，住在念教育大學時認識的學藝術的留學生林登山先生家。尼克森訪問中國大陸的電視畫面裡，在北京迎接他的是周恩來。看完整個訪問過程後，又去買日本新聞來看日本對這件事的評論，然後看看東京朋友後回臺。回臺後學生們當然不會放過我，問東問西，我就老老實實地告訴他們所看到、所讀到的一切，我的結論是：

> 臺灣問題不簡單，會拖很久，請他們更加團結，同時做長期計畫。為什麼？因為世界沒什麼所謂的平等，那是外交口號，是騙術！（當時的）中國和美國的國力相差太遠了，平等是在力的平衡時才能成立的，不是嗎？物理學的力學一清二楚地告訴我們！

　　之後我和學生們的感情更加堅固，有種永遠一起奮鬥的默契，感覺他們好像是我的兒女或弟妹似的。尼克森回美國後不久後，中華民國在聯合國的席次就被中華人民共和國取代，而日本政府也在 1971 年改為承認中共。中共和日本建交時，周恩來也不能違背 1945 年二次大戰結束時，中國政府的領導人蔣介石所做的「以德報怨」的做法。

　　雖然沒向日本重複說：「以德報怨。」但是要求侵略中國的戰爭賠償或要求公開道歉！臺灣呢？有錢和有辦法的人紛紛離開臺灣，去美國的最多，而此時政府已經非下定決心不可，除了跳進太平洋，已經沒地方可去了。這可說是光復後首次認真地計劃，好好地建設臺灣。在這種大環境下，誕生了蔣經國的十大建設計畫，其內容是：

1. 南北高速公路（中山高速公路）
2. 鐵路電氣化
3. 北迴鐵路
4. 中正國際機場
5. 臺中港
6. 蘇澳港
7. 大造船廠
8. 大煉鋼廠
9. 石油化學工業
10.核能發電廠（第一核能發電廠）

　　於是十幾年來，臺大物理系站在每年聯考招生的龍頭地位，就被臺大土木系取代。1970 年代變成土木系最紅，到了臺大物理學系甚至有學生要轉系。我立即向物理系大學部學生分析說明：

> 請不要轉，物理人才非常重要。第三次工業革命，即電子時代將要來臨，政府必定會投進這個領域。這樣至少穩住了下一班，即 1973 年畢業班，尹明潭、蔡力行、左大川、趙丰等人的這一班，不過還是有人離開物理系！另一方面 1970 年代初，美國物理博士比過去難找工作也是一大原因，因為世界的能源問題已出現。

　　還好，我做導師的 1972 年畢業生沒受任何外界影響，更加努力用功，自發的組織「讀書會」輪流報告學術心得。我的核心指導是「團結、身心強壯，最好有使命感建設富強的祖國」。我鼓勵他們：

> 能念書的拚命念，且必出國拿學位；較不喜歡念書的準備賺錢，政府一定會抓住進入電子時代的機遇，那就有機會賺錢！請和工學院的學長姊、學弟妹們聯合起來，一起前進工業生產界！將來產學合作突破所有可能的難關。只有自救一條路。人家害你都來不及了，怎麼會救你？做夢！大清帝國不是這樣滅亡的嗎？害得臺灣變成

日本殖民地，過著慘痛的日子。臺灣問題不簡單……

　　果然，他們往未來產學合作的團結路走，又有使命感。例如想辦法提高臺灣的基礎科學水準，1972 級那班在大四時由許世興帶領，組織編制《中英物理名詞典》（1972 年 5 月出版）。當時的他們真是苦幹，很能吃苦！留學海外的學長姊回母系來，也會為他們加油打氣。1960 年代畢業於臺大物理系的系友們也很團結，想使臺灣能更好。除了想辦法提高臺灣的基礎科學的水平外，他們也想探索宇宙的祕密。自掏腰包買製造望遠鏡的材料，合作一起磨鏡頭，然後裝設在物理系館的屋頂，以便觀測天體變化。他們畢業後雖然各奔前程，但回臺大時仍然跑到屋頂去觸摸心血製作的望遠鏡，一直沒忘記探索宇宙祕密的初衷。

　　中華民國退出聯合國後，美國對亞洲似乎制定了一個長遠計畫，例如原本屬於臺灣一部分的釣魚臺島（簡稱釣魚臺），先諮詢臺灣政府「要不要？」（這件事是否真實，不可考），聽說政府沒有明確的回答（真的？），於是美國把釣魚臺交由日本來管理，但是並沒正式歸屬日本（這是明確）。美國的這個聲明立即受到當時在美的臺灣留學生的大力反對，並組織了「保釣運動聯盟」（1971 年）。

　　發起人是 1960 年代臺大物理系畢業的林孝信，他也是發起「科學救臺灣運動」、創辦《科學月刊》雜誌的人，該雜誌到現在仍然持續發行，幾十年來對促進社會對科學的認識及興

趣貢獻卓著。林孝信在美國發起的保釣運動迅速傳到臺大物理系，本來已經夠忙的他們，只好熬夜！以陳丕燊、李豐裕、陳文進、梁次震等人帶頭（宣言文是陳丕燊執筆）發起全臺大學生的保釣運動，主軸人物是 1972 年畢業的臺大學生，例如法律系的馬英九等。物理系同學在二號館二樓走廊寫大布條、印宣傳單等。有時候臺大學生到美國大使館去抗議，我就跟在隊伍後面，以防萬一。政府當局雖抓人且取締，但不久便放人，於是我們就知道政府的苦衷。結果運動無疾而終，不過保釣運動精神依然深刻地留在學生，以及部分百姓的腦海裡。釣魚臺會演變成今日的狀態，美國是最大嫌疑者！

> 我們一定要拿回釣魚臺，日本歷史學家京都大學教授井上清著書聲明，釣魚臺是屬於臺灣的一部分！日本怎麼演賣島戲！向誰買？釣魚臺距臺灣 150 公里，卻距日本最南端的九州大約 1,000 公里。臺日漁民到釣魚臺群島附近捕魚，當然有時需要休息的茅屋，就在釣魚臺的茅屋休息，晚上臺灣漁民當然回到臺灣的家，而相距甚遠的日本漁民，就有可能留在茅屋過夜。臺灣漁民沒趕他們已經夠友誼了，怎麼是日本漁民的島呢？難道在 1971 年美國和日本或日本自己就開始想要占有該島而在該島蓋房，且宣稱是自己的島？

> 在 2011 年 8 月底到 9 月日美演賣釣魚臺戲時，該島的

所謂所有人，不是較靠近的九州人，而是還要隔約 500 公里，更遠的東京都附近埼玉縣人！從地理位置、演劇過程，都充滿不可思議，演得太幼稚了！世界最富強國的美國，竟然和從十九世紀末葉到 1945 年破壞世界、尤其亞洲和平，並且侵略亞洲各國，同時在二次世界大戰時宣戰過的日本，聯合起來演一齣公然欺辱弱者之戲！

　　奮鬥兩年的這班，1972 級學生要畢業了。大部分計劃出國深造，小部分留下來創業，於是為了讓他們好好地看看臺灣，我計劃兩禮拜的環島畢業旅行，同時請他們邀請其他系的女生同遊。該班只有四位女生，本省和僑生各兩位，沒人轉出，反而歡迎轉進來，加上十幾位僑生，故畢業時有 50 名。畢業旅行絕大部分都參加了，訂了兩部遊覽車可坐 120 人。我們一路上瞭解臺灣的地形與生態，或訪問同學家。先到東部，繞過今日的南橫到鵝鑾鼻、高雄。

　　到了岡山我家，父親很高興的請大家在空軍俱樂部吃飯，材料大半來自父親經營的魚塭。然後在臺南到張懋中女朋友高麗芳家。同學們瞭解高麗芳的父親尚未十分同意他們兩人成為情人，於是聯合起來找機會說些麗芳父親想聽的懋中的優點與特色，當麗芳父親請大家吃飯時，場面溫馨極了，至今難忘。果然，他們最後成為夫妻。你說同學們團不團結呢？是充滿快樂的兩禮拜畢業旅行，同時外系女生雖然沒和該班男生來電，

卻有機會和物理系其他班同學結為夫妻，是該班同學牽線。

與馮纘華教授結婚

　　1971 年開始籌備的經濟「十大建設」是在一群能幹且沒有私心，要為國家做事的政府官員，例如孫運璿、李國鼎、尹仲容等人。他們甚至連絡海內外真心愛這塊國土的人士來協助。除了建造臺灣有史以來的第一條高速公路、建設港口、完成中橫公路等，最重要的是推動高科技領域的石化、半導體、通訊等工業，那麼就需要培育人才了。於是增加教育經費，方便優秀人才進出臺灣，甚至積極聘請海外學者，當時的國科會主委吳大猷先生及中研院院士們實在功不可沒。

　　1971 年 8 月後，臺大物理系就增加了三位教授——陳卓、張國龍和黃暉理，他們全都是系友，以及數位半年或一年期的訪問教授，其中有位葉湘濤也是系友，他的夫人是丁肇中的妹妹丁肇民。王亢沛和我同時在 1970 年 8 月到物理系服務，是東海大學物理系第一屆畢業生。

　　我、王亢沛、陳卓、張國龍一直到現在都是無話不談的好朋友，雖有微妙的立場差異，但是都互相尊重，共同為物理系做事，被稱為「四人幫」。這和 1970 年代末葉的中共四人幫名稱無關，我們的四人幫名稱是從 1972 年就開始的。臺大其他系也同樣設有訪問學者，這些人和我們都常到僑光堂去吃中餐，於是不同系所的教授們便有機會互相認識。

丁肇中父親丁觀海是臺大土木系教授，兼工學院院長。1971 年 8 月土木系來了一位在麻省大學阿默斯特校區（UMass Amherst）任教的客座教授名叫馮纘華。他來臺大的目的除了貢獻專業外，想要找結婚對象，於是丁觀海自然地幫他忙。剛好他女兒丁肇民的丈夫葉湘濤在臺大物理系當訪問教授，於是葉湘濤就聯合陳卓、王亢沛，以及常在僑光堂見面的化工系教授們，只要我一到僑光堂，就通知馮纘華來，製造機會讓我們談話。

一無所知的我，就陷入他們的圈套，連我在僑光堂開導師餐會時都想辦法插進來。於是我有機會瞭解馮氏是何種人，尤其是他的價值觀，從他回答學生們有關美國或美國大學的問題時，更容易瞭解。當馮氏要我嫁給他時，我給他的條件是：

1. 我無法在國外生活，因為無法愛不是自己的國家。
2. 短時間可以，我幫你把在美國的一切結束後，就連根拔起一起回臺灣。

他回答：「給我一段時間考慮。」沒想到不到二十四小時的第二天上午他就來找我：「可以接受妳的條件。」理由是他：

1. 從未建設或為自己的國家貢獻過。
2. 二次大戰時由於會講上海話，學的是土木，於是從上海

到重慶時，送走逃難的百姓後，就破壞所有的交通道
路、橋梁等。

　　馮纘華是杭州德清人，二次大戰快要結束前，國際紅十字
會和美國為了重建中國，在大陸招募留美學生。一方面為了路
程順利，他們一批一批地躲避日本轟炸，經印度坐船到美國西
岸。馮氏是第二批考試及格、由中華民國政府送到美國的中國
留學生，拿諾貝爾獎的楊振寧是第一批。這些留學生，大約在
國民黨被趕出大陸的 1949 年前後拿到學位，於是大部分留在
美國。有一部分，甚至並非公費出國的在美留學生，當時都想
盡辦法回大陸參與重建中國。

　　馮氏有兩位舅舅，大舅是康乃爾大學機械系教授錢壽華，
而小舅則是麻省理工學院土木工程系教授，是美國 New Jersey
Turnpike 公路的設計者，他們也不例外。但是美國反對，並且
也阻止在所謂的自由民主國度的中國學者菁英回去共產主義的
中國大陸。無庸置疑，我們有大約相同的世界觀、人生觀，認
為應該可以互相照顧，於是答應了他的求婚。同時我要求他去
美國不要直飛，我想好好地看歐洲的義大利、法國、德國、丹
麥和英國，他答應了。

　　我們在 1972 年 7 月 16 日離開臺灣，這是他的第二次婚
姻，前妻（肺癌過世）是波士頓華僑，姓黃，只會講英語，對
中國很生疏，生有四個小孩，三男一女，女孩最小，當時讀國
中一年級，老大已經讀大一了。我們就一直在歐洲觀光，8 月

下旬才到達波士頓，我發現美國真富有！如果這個世界真的有神存在，那神實在太不公平了！相對於美國，當時臺灣人民的生活仍然很辛苦，但這更令我決心將來一定要回臺灣。我答應和馮氏結婚時，舅舅向他及四個小孩說清楚（他帶四個小孩來臺灣，他們都很高興我能和他們的父親結婚）：

1. 她不是生母，比你們母親年輕，應該叫她「阿姨」。
2. 她會負責教你們成為獨立自主之人。
3. 每個人必須念大學，甚至是大學以上。
4. 她會好好地教你們數、理、化。

果然大家一起努力，除了已經大一的大兒子 Harry 無法補救外，國中一、三及高中二年級的三個孩子，全被我救了，數、理、化都補上。比較聰明的老三 Bruce 以幾乎滿分的成績單畢業，大學念土木工程（老二和女兒全都念土木工程，只是不同領域），尚未畢業就有公司要他，不過他選了老大 Harry 在的洛杉磯市政機構。

我 1972 年 8 月離開臺大物理系時，告訴系裡我一定會回來，於是每年暑假必回臺大將近三個月，和系裡的師生生活在一起，而纘華就到臺大土木系、國科會等處去幫忙。他在 1971 年 8 月到 1972 年 7 月已看過臺灣最初的加工區，注意到「高雄縣楠梓加工區」汙染嚴重，於是建議臺大工學院成立「環境工程研究所」，並且指導如何籌建等事宜，它就是今日

座落在舟山路 71 號「臺大環境工程研究所」的起點。

　　纘華是美國麻省大學阿默斯特校區的環工所主任，是 Head 不是 Chairman，是永久主任之意，經驗豐富，在美國環工界有不少朋友，隨時可以找到人來協助。既然十大建設內有高科技領域，環工就更為重要了。回臺次數愈多，他就愈覺得在臺灣過日子比在美國有意義。有一天他告訴我：「當初我答應妳的要求，『將來必回國』是正確的。」因此 1973 年暑假回美後，他就著手找房子，讓我能好好地念書和研究，以備將來回國之用。我就告訴他：「我要看看美國為什麼有今天如此的富強，簡直是不可思議的美好之國，環境如公園……」

　　我們非常幸運地找到叫 Granby 的白人區，其內的一個社區叫 Granby Heights，而四個孩子仍然住在原來的 Pomeroy 有游泳池的大房子。1972 年 8 月我開始整頓那個大房子，使它效率化。同時教小孩們，像教學生一樣地教他們如何煮飯，維持清潔乾淨，如何獨立生活。當時他們的生母過世大約三年，所以他們已經相當獨立了，於是很容易訓練。另一方面，他們的功課也漸漸地上了軌道，尤其是老二和老三，最高興學業上的進步。

第 11 章
旅居美國
——1972 年 8 月到 1976 年 7 月

美國大學以外的在美生活

　　Granby Heights 是由 76 戶組成的小社區，面積約 22 甲，
周圍不是草地就是樹林，有好多種鳥和兔子、老鼠等小動物。
房子大小和居住人數成比例，即每人需要有最小的居住面積，
這是社區的管理規則之一。另一個規則是，房子必須自己擁
有，沒有租借的房子。房子內部自己來，但房子外部不許自己
動手，必須由社區請人來整理，簡直是住在公園內之公園，大
環境相當優美，加上屬於寒帶，四季分明。我們是唯一有色人
種，在這裡看到不少白人的優點，以及人性的共同點，即中國
文明文化是可和他們平起平坐的！

　　纘華要買 Granby Heights 不容易。他是麻省大學的有名教
授，較沒問題，但太太是從亞洲小島臺灣來的，這是何種人？
一般白人對中國人的觀感是「髒亂」，例如當時（現在已經不
是昔日了）的中國城（China Town）。經過一段調查和纘華向
Granby Heights 的負責人說明後，才批准買賣房子。當時我很

有自信一定能住進 Granby Heights，我的「潔癖」及經驗，相信能供白人看到中國文明文化。

買到房子後，就立即進行設計（我喜歡設計，從自己穿的衣服到房子環境）、思考如何放東西和修改門口進來的玄關。除了廚房，房子全鋪滿我喜歡的乳黃色地毯，於是把門口約 1.5 平方公尺的地毯拿掉，改成配合乳黃色的有色石頭，並且到波士頓去買高雅的房屋內用拖鞋和放他們的豎立鞋架、高級泡茶用器整套，以及一些中式用品。

等我們搬進去安頓下來的某天，社區委員之一的一位德國移民的後代 Mrs. Schawer 帶著一盆種在小花圃的花來訪問。她一進門，我很有禮貌（中式）的歡迎她，同時說：

This is Chinese custom.

Plesase change your shoes to slipers.

就從拖鞋架拿下拖鞋給她，一面把她的靴子放在鞋架上後，請她在房子內坐。她送我那個帶來的花盆，我請她喝茉莉花茶。我看到她在摸茶杯下部，好像在檢查乾不乾淨，當然沒問題。她代表社區居民歡迎我，以及簡單的介紹社區的設備，也不忘問我是否要移民美國等。我的回答的主要是：「我第一次到美國，想來學習一些和東方不同的文化，以及貴國的優點，東西文明文化之差異等，之後就會回臺灣，不會移民。」最後我讓她看看我的家。似乎當天給她的印象還不錯，之後偶

爾遇到的社區鄰居也相當友善，也很幫忙我，例如有天丈夫不在（出差去了），深夜溫度急降，第二天看到我起來後，有位社區男士來訪，說：

Do you have water this morning?

我說：「一開始是有，但馬上就沒水出來了。」他要我讓他進來看，並且一面幫忙解決，一面告訴我原因，以及今後如何應付溫度急降的問題：

1. 必須注意氣象報告。
2. 溫度低於「負 15 度」時，第一個接外水管的水龍頭不能關緊，讓水一直流。
3. 這樣外接水管才不會凍住。

又有一天，同樣丈夫不在，下大雪，社區小孩幫我鏟除門前的雪。我要給小孩禮物時，他堅絕不收，並且說：「這是我的榮譽，能幫助別人做好事。」我很感動這種教育，類似我小時候（一直到現在），打掃大門前的馬路和水溝時，媽媽要我們教小孩，必須從路頭一直清到路尾，約 100 公尺長吧？而這一段共有三戶人家，我的公德心就這樣養成了。接著的第二天又是下雪，我早點起來，在屋內等小孩拿鏟子來時，我立刻請他給我鏟子自己除雪。那小孩很驚奇的看著我，最後問我：

「您怎麼會用鏟子呢？」就告訴他原因，以及二次大戰時的生活，用不好的英文勉強說明。後來我們自己買了鏟子。

接著的幾天都很冷，社區太太們知道我丈夫不在，怕我無聊（實際上我天天在家看書），有一天晚上，六位太太們到Mrs. Schawer家，同時請我也去。大家一面聊天，一面打毛線，我一看到這個情景立即緊張，因為除在小時候媽媽教我打過毛線（媽媽的三從四德教育，我是被逼的，一面和她吵架一面學），其後從沒有機會打過毛線或棉線。

這時我突然靈機一動，用一根有勾的長針好像還可以，反正讓線一根一根連起來就行。果然他們問我打過毛線沒？我就老實回答，然後向他們借來勾針和毛線試試，竟然成功了，打出一條線鍊，接著是應用物理學和幾何學的融合法，慢慢地，失敗就重來，打出一條長約30公分、寬約6公分的東西，就這樣地和他們相處了兩三個小時。他們好奇的問我一些婦女們應該做的一些事，很幸運我都可以做，例如做衣服、做菜、整理家等等。她們還不會繡花、設計衣服呢，我首次深深地感謝媽媽的三從四德家教。

在Granby Heights的生活，讓我對中國文明文化更加瞭解與自信。之後這個自信愈來愈強，尤其是在麻省大學，俗稱UMass的生活（請看下面）。於是我和太太們的距離愈來愈小，最後是不必打電話約時間，隨時都可以去訪問。為了滿足自己的好奇——「她們每天都在做什麼？家的整潔如何？如何接待客人等等」，我就看她們在家時突然去訪問。結論是：

1. 家家乾淨整潔，家事全部自己來。
2. 有些家的窗簾依四季更換，餐桌等更是發亮。
3. 協助丈夫，尤其有關他的升等、他的衣著，以及兒女的衣著。
4. 很節省。冰箱內有幾種飲料，是客人來時才會用的，平常自己喝的是自來水。
5. 有的愛看書，平均至少每天看報，關心國家大事。

只要有人需要幫忙，或鄰近村莊發生問題，無論男女都自動立即開車去協助解決。有一天下午，離 Granby Heights 約 100 英里的地方發生龍捲風，社區的大人們立即開車出去救，因為大家都開車出去，我就問隔壁的人：「發生了什麼事呢？」才知道有龍捲風發生。因為我在家很少看電視，這種博愛心，在美國的短短四年（1972 年 8 月到 1976 年 7 月）經歷好多次，我特別注意到美國人的優點。

1972 年底，我第一次在白人社會過聖誕節。這一帶以天主教為主，家家開始裝飾自家門口。那我怎麼辦？我在臺灣，除了拜祖先、關公、岳飛等人之外，等於沒任何宗教信仰。想到的是用中西合璧的方式來裝飾寬約 2 公尺、高 1.5 公尺的窗，方法是：

1. 到社區後院去砍松樹枝。
2. 到賣聖誕禮物的店去買裝飾聖誕樹用的小燈泡鍊，以及

一面是金屬、一面是紙的彩色包裝紙。

3. 到書店去買摺紙書，因為小時候學的摺紙，已經忘得差不多了。想辦法摺幾種鳥、雞和鴨，以及幾種花。

我大約花了四天，摺從小到大的鳥、雞和鴨，以及幾種花，最後是極漂亮的孔雀，其中有一部分是我自己想出來的。我把它們掛在松樹枝上，加上會一閃一閃的小燈泡，在 24 日深夜完成後。我就上樓睡覺。12 月 25 日早晨醒過來時，就聽到樓下有好多小孩，當我打開窗簾往下一看，他們全被我的裝飾吸引住，在窗外探頭觀望。我高興極了，穿好衣服下樓，打開門，白人小孩們在恭喜聖誕快樂後，他們就爭著向我要買那些摺紙，當我搖頭說不時，他們出的價錢愈來愈高，這時丈夫剛好下來，我請他告訴小孩們：

1. 聖誕過後，全送給他們。
2. 如他們想學，每禮拜五我回家後打電話來，翌日的禮拜六（因他們禮拜天都上教堂）下午如果有空，到我家來，我會教他們。
3. 所以請他們先去書店買已經剪好的摺紙用紙。
4. 由於家中的木桌子不大，一次只能來 7 位，於是請他們相互商量分組，免費教。

小孩子們高興地全跑回家，於是我的電話響個不停，要我

收學費，經我丈夫說明才罷了。我的摺紙傳到別社區，甚至 UMass 學生會去了。學生要求我在慶祝國際節日時向大家做摺紙表演，在大布條上我要他們寫：

日本	中國
Origami	Tzotzu
折紙	摺紙

一開始我先說明：

> 你們所聽的名詞是日語，叫 Origami，漢字寫成「折紙」，這個漢字「折」是「斷」的意思較濃，但其實並不是斷，而是「摺」，即把紙一層一層的加起來之意。摺紙是中國的民間傳統藝術之一，還有剪紙哪。摺紙傳到日本後，日本把它發揚光大，並且傳到歐美的民間藝術。

然後我就開始摺，以「對稱性」和「幾何學」來說明摺的過程，並且慢慢地進行，請有興趣的觀眾跟著摺。

在阿默斯特的美國麻省大學之生活

麻省大學有四個分校，在阿默斯特的最大，於是簡稱

UMass。從 Grenby Heights 到 UMass，開車約半小時。當時我不會開車，只有丈夫到學校之日，我才能到 UMass。丈夫是該校環境工程研究所主任，沒有任期（叫 Head，有任期的叫 Chairman），相當忙，常常開會或出差。於是到 UMass 的時間類似浮動式，不過他盡量想辦法讓我能到 UMass，例如請朋友順路帶我等。

UMass 物理系離工學院不遠，研究原子核物理的教授有三位，都和過去我研究的領域不同，即中能（intermediate energy）核物理，我是低能（low energy）領域。非常好，這樣可以擴充我的研究領域。我主要是和 Peterson 教授組一起做研究，使用電子被原子核散射，來探討原子核的電磁性，以及原子核內的核子運動機制（mechanism）。電子與核的相互作用是電磁相互作用。我和 F. J. Kline 著手分析 G. A. Peterson 以磷（P）做為靶核的電子散射，獲得 3 磷（$^{31}_{15}P_{16}$，15 是質子數，16 是中子數，31 = (15 + 16) 叫質量數〔mass number〕）的新結構，於是順利地在 1975 年發表於《核物理》（*Nuclear Physics*）雜誌的第 A31 卷。

同時我也繼續做離開日本後仍然維持和日本朋友之共同研究的核反應工作，所以我把這方面的消息與他們分享。後來核物理組的另一位教授 Sternheim 也來要我幫他推導 π 介子（pion）在核內傳輸情形的數學方程式。這樣地，我和核物理的同仁們過著愉快的日子。

另一方面，我找時間接觸物理系和數學系。數學系有兩位

在臺大的同屆朋友，一位是畢業於臺大數學系的劉登勝，另
一位是臺大的同班同學，到美國後改念數學的蘇競存，他們
在 UMass 都表現得很出色。在 UMass 還有一位來自臺灣的電
機系教授湯廷尉，是我弟弟的同班同學。加上丈夫是工學院環
工所主任，於是有機會認識一些工學院的教授，尤其環工所教
授全都認得。他們好像很注意我，有一天環工所的一位教授
Linse 問我丈夫：

　　你太太信什麼教？

　　丈夫知道我沒信什麼宗教，只是和中國的大部分人一樣
地：拜祖先，拜對社會或國家有貢獻的人。當時美國東北部信
天主教為多數，人人有信仰，沒信仰的就是怪人。於是丈夫回
答他：

　　請你自己問她。

　　Linse 真的有一天問了我，大約的內容是：

　　當你遇到困難時，會不會禱告？
　　普通做事，根據什麼心靈判斷？

　　我嚇了一跳，就慢慢地用不流利的英語向他說明，我的所

作所為是根據成長過程所學的方法吧。我是在傳統中國文化文明的鄉下長大，不必特別禱告或考慮。他好像一直注意我的行動：「乾淨、整齊、有公德心、謙虛、肯幫人忙等。」因為環工所的一位教授 Adrain 的博士生問我物理及微分方程問題，我立即把我所知的告訴他，同時解決了他三個多月來無法解的方程式，大約用了數天時間，以分析性方式解出來了。這件事後來好多人知道了。而且我沒要求任何報酬，就是幫忙，因為我做得到。

Linse 教授和我交談後，就到圖書館去找和中國文明文化，甚至是中國哲學的書來看。過了一段時間他又來找我，而且對我豎起大拇指說：「中國文化文明是極高超而極奇怪的！」我閃電似的回答：

　　　這是人類共有的「人性」的結果。

　　當 1975 年 7 月到達日本的時候，我已有對中國文化文明的自信了，因為在日本所看的，不就是中國文明的傳承嗎？寺廟、名勝、古蹟的說明牌等，不是漢文嗎？好多日本的習慣不都是我在鄉下所經驗的嗎？到了美國，我對中國文化文明的自信，好像超過了 100%。不但在 UMass，且在 Granby Heights 所看到的美國人之優點，我們的文化中統統都有，即：

　　　人類共有的「人性」表現

　　在阿默斯特周圍有五所大學，除 UMass 之外還有四所私立名校。男子專校有安默斯特學院（Amherst College）和漢普郡學院（Hampshire College），女子專校有曼荷蓮學院（Mount Holyoke College）和史密斯學院（Smith College）。除了週末，每天都有環行五所大學的聯絡車。於是我找機會坐那種交通車去參觀各大學之特色，確實各校都有其特色。於是我的好奇心更大了，利用丈夫到波士頓出差，一起到波士頓去參觀哈佛大學和麻省理工學院。

　　我對哈佛的印象超過麻省理工學院，尤其圖書館及其前面的廣場。坐在圖書館的階梯上看著學生們衝來衝去，有活力，令人聯想到這個國家的人未來「有實力」，希望他們能對世界有正面影響。萬一他們的自我意識太強怎麼辦？1960 年代末，在東京看到的「反安保」鬥爭湧現在我的腦中，就待在石階上一陣子。

　　在校內很少看到有色人種，想到波士頓有個區域不歡迎有色人種之事，到底在哪裡？很想去體驗一下，於是當天回 Granby 的路上，一面欣賞美麗的風景，一面問丈夫：「曉不曉得波士頓內有一個不歡迎有色人種去的區域呢？如有，能不能有一天帶我去看看。」首先他不答應，經過我的懇求與說明要去體驗的理由後，終於答應了。機會來了，我穿得端正一點，準備在咖啡館內寫信。

　　丈夫找了一家咖啡館，約好大概兩個半小時後來接我。由於法律規定民族平等，所以不能明目張膽地拒絕黃種人的我進

入館內。小姐很有禮貌地說聲「歡迎」，我當然也說聲「你好」。就找個桌子坐下來，裡面另有兩桌白人。等了一陣子，小姐都不來問我要什麼？但也不趕我走，因此我就問小姐說：「我可不可以在這裡寫信？」她不回答，反正她不趕我，我就開始寫信，是給日本朋友的信。寫完不久，和丈夫約好的時間快到了，便向小姐說：「謝謝她，改日再來。」就離開咖啡館到和丈夫約好的地點去等他。那確實是我一生難忘的經驗。

從這一件事之後，我更加好奇，要求丈夫找機會去看看白人的高級住宅區，連普通的白人都不許進去，甚至不准靠近該區，不然警衛就開槍！丈夫答應了。我們繞了一個高級住宅區的周邊，只看到優美的樹林，聽到鳥叫聲，和警衛打打招呼，然後去看給遊客參觀的白人豪宅。天啊！有一天一定要去看中國貴族或皇帝住的宮殿來比較比較。能不能看出：

「人」這種動物是什麼？

在不同物種間有什麼差異？

侵略、戰爭為了什麼？

為什麼貴族、有錢人與奴隸有如此大的差別？

我好像能瞭解「革命」之因了，因此很想去不同種族混在一起的紐約看一看。

1974 年 8 月底從臺灣回 Granby 不久，丈夫帶我到紐約，一面參觀，一面介紹一些值得看之地點。首次坐紐約地鐵，覺

得很亂，車站的牆壁、車廂外邊都熱鬧極了，有各種作畫，乘客確實和牆上的畫一樣地顏色不同，五彩繽紛。到了中國城，發現比波士頓的中國城活躍，逛了一下就離開，只買了一張紐約地圖。在回 Granby 的路上，丈夫說：

以後一個人逛紐約必須不能讓別人一看就知道是外地人，身邊必須帶約 10 元左右的錢，萬一有要錢的人隨時能給，其他的錢則需要另放一個安全的地方。黑人區絕不可以去。除了警察，不能隨便問人，也不能在人的面前看地圖。最好走大馬路，人少的地方不可以去……

我很瞭解他所說的，於是我只選幾個重點看，例如：

帝國大廈、時代廣場、自由女神和她面對面的世貿中心、象徵世界金融主軸的雙子星（傍晚在夕陽下，從自由女神看過去，它像兩大根金柱子）、中央公園、商業區，以及哥倫比亞大學。

我從阿默斯特坐汽車去了紐約三次，每次出發前都和丈夫先研究好，利用大白天參觀，天未暗之前，約下午 4 點半到 5 點一定回到阿默斯特，等丈夫來接我回 Granby。帝國大廈確實雄偉，建得堅固極了，可和 1972 年夏在義大利看的建築物媲美。時代廣場是出入紐約到各地的汽車樞紐中心，可以看到

各色人種。我想像他們的生活，很想站著一陣子看他們，但是不敢，實在可惜，只能在附近店鋪看看而已。

為了傍晚回程時，能看到夕陽下的雙子星，我坐船到自由女神像，只看看她，沒什麼特別的感受，但回程在船上看到的世貿中心一帶的建築物群之龐大，尤其金黃色的兩根大金柱之雙子星，真的令人感歎！正負面都有！

> 資本主義的大龍頭美國，能席捲全世界！！像自由女神所揭示的帶給全世界真正的平等、自由和民主，或不顧各國的文化文明與國家實況，而以統治者的心態強施，符合美國利益的戰略戰術。

我在殖民地長大，經歷過二次大戰結束後的亞洲。美國帶頭和所謂的共產主義國家間的冷戰，以及二次大戰結束後發生在美國的麥卡錫主義（McCarthyism）等，是我在看著這個夕陽下的紐約時，心中所湧現的感觸，一路不平靜地坐車回阿默斯特，也在回 Granby 的路上吐出來講給丈夫聽，他不吭一聲，只默默地開車。世界歷史上的蒙古成吉思汗、阿拉伯、羅馬、鄂圖曼帝國等，都不知殺了多少人，第一和第二次世界大戰，約五千萬華人喪命。

這些悲劇完全來自一個人的一念之差，發動大屠殺的戰爭。如何清除這種狂人？想到當時世界上任何一個國家都不是美國的對手，蘇俄雖在人造衛星上顯出威力，綜合實力遠不如

美國，但是兩國間的冷戰仍然打得轟轟烈烈！

1975 年秋天帶父親出國旅遊

　　1972 年 7 月離開臺灣時，我被告知不能離開臺大四年，於是我必須在 1976 年 7 月年飛回臺大物理系。在這之前，想讓從未離開過臺灣的父親看看不同的世界。我們先到日本，走訪京都、奈良和東京。在京都，父親說：

> 這裡好像有點眼熟，因為有的建築物的裝飾是來自中國古代建築。

　　到了奈良大佛寺，更是類似臺灣的古寺廟，尤其像那座本來在大崗山上的寺廟，它不幸在二次大戰中，日本為了在大崗山上建設面向臺灣西岸的大砲，把它毀了，非常可惜！我三舅曾帶我去玩過，從寺廟前庭能看到西海岸。天氣好時，從岡山鎮也看得到該雄偉之寺廟。奈良大寺廟的漢字說明，更使父親有親切感。後來到廣場去餵鹿，以及看看奈良，有中國文化味道。到了東京就有點不同了，從東京火車站到日本皇宮，父親到處摸摸建築物說：「蓋得好，堅固結實。」看著圍繞皇宮、游著白天鵝的大渠，以及周邊廣場時，父親突然說：

> 那中國皇帝住的可能更大了。萬里長城那麼長，很想去

看，但我已經八十五歲了，可能沒有福氣去了……

　　坐東京地鐵時，他大吃一驚：這麼深又這麼快！他照樣東摸摸西看看，我只好帶他多坐幾條地鐵線，並且讓他好好地看看不同地鐵線在交會站的建築。也帶他去坐山手線繞東京一圈，最後在東京池袋下車，先看站旁的西武百貨店，讓他看看一般百姓吃什麼，衝來衝去的人群，平均都不那麼富裕。最後帶他到附近有條地道的風景，看到「乞丐」，他大為驚訝！

　　我們在東京住了兩晚三天，就飛到美國波士頓。丈夫來接我們，不走高速公路，而是走漂亮的小路，讓父親看看優美的美國環境。父親說，他小時候的阿公店也相當美麗，只是一小點而已。我告訴父親，美國的面積約為臺灣的 300 倍，地大人少，很多地方看不到人。到了 Granby，他慢慢地感覺到不同了。我已經事先告訴鄰居，我回臺灣會帶父親來美國玩。Mrs. Schawer 向父親揮揮手，露出表示歡迎的笑容，父親也向她揮揮手。離開臺灣時，我幫他準備的衣靴（中式布靴）全是中國傳統式樣，扣子是布條組成的，Mrs. Schawer 好像注意著他的衣靴。

　　我們先讓他在 Granby 住一個禮拜，教他幾句打招呼的英文，沒想到他每句都用日本片假名寫發音。白天出去散步遇到白人時，便從口袋拿出來唸，這是 Granby Heights 的朋友告訴我的。有一天他迷路了，被鄰居帶回來之後，父親很厲害，找了一條乾大樹枝放在自己門前，做為辨識的路標。Granby

Heights 的朋友們都說：

> 你父親很可愛，會比手畫腳來和我們交談。

有一天我和丈夫一起到 UMass。告訴朋友們：明天會帶父親來學校和大家見面。當天出門時設定好自動開啟電燈和電視的時鐘，但忘記告訴父親，時間到了電燈會亮，電視會響。結果電燈亮了、電視響了，他很震驚，就跑到隔壁請人來處理，他們竟然能夠互相溝通！這場鬧劇是當天我們回家時鄰居們告訴我的。

波士頓和華盛頓特區是我坐車帶父親去的，而紐約則是丈夫帶我們去的，而且在紐約住一個晚上。我把自己曾經看過的地方全帶父親去一趟。他的大致意見是：

> 這麼多人，和東京一樣多，但東京沒這麼多種類的人。
> 東京地鐵乾淨，而這裡髒亂，不好！

丈夫帶我們看看紐約周邊城市後，送我們坐車到華盛頓特區，住在曾和丈夫（他出差時）住過的靠近白宮的飯店。當時我利用丈夫白天出去做事的時間到處看，於是我照著過去的路線帶父親出去參觀。他雖然已八十五歲，好奇心超強，又健康，遠遠看到好玩的就往前衝，害我只好在他的後面跑。到了白宮也是一樣，不顧警衛就衝進去，結果被警衛帶出來，只好

站在門口等我。警衛看他的穿著，知道他是東方來的旅客，就叫我們就地休息一下。父親說：「這位警衛很好，能不能和他照相？」同時另一邊的警衛也走過來，他站中間，左右兩邊各一位警衛，我立即照了，且謝了他們。父親還不滿足，要到白宮裡面去看。警衛准許了我們進去，但只能看規定的地方。這是我第一次進白宮。父親照樣東摸摸西看看，立即說：

這些桌椅是美國總統用的嗎？

怎麼這樣簡陋，房間這麼小？

美國是世界最有錢的國家啊！

一面講一面衝，最後又被白宮內部警衛帶來交給我。

我告訴他：「從這裡是不能進去的。」說明理由後，他失望地跟我出來。他還不錯，到了門口和兩位警衛各自握手，且請他們來臺灣，他會帶他們出去玩。出了白宮，他東走西走，看到老遠的地方有火焰，他就在大馬路上往火焰處衝。我在後面半跑步似的追他，有人好意停車在他旁邊，只看他揮著手表示「不要」之意。他終於爬上階梯站在火焰旁看火。等到我來了，他問我這是什麼意思？我回答：

我也不知道點火焰之真義，只知那在甘迺迪總統墓上，可能代表甘迺迪總統像是一個永恆的火炬，表示美國國民永遠的懷念吧。

　　至今我尚未研究那火焰之真意。回程父親的腳步就慢了，我們可以一起走了，走不到 20 公尺，就有人停車要帶我們，我立即答應他的幫助，因為很疲倦了。在車內交談了一下，我告訴車主：

　　父親是大約三禮拜前到美國來玩，西方的一切對他都是新鮮而神祕的。

　　他帶我們到飯店，父親向他深深一鞠躬道謝，同時握手。那天晚餐我想給他補點營養，讓他吃肉。那裡只有烤牛肉，但他不吃牛肉，一輩子從來沒吃過牛肉，所以不知道牛肉的味道。於是我就騙他，訂了一盤羊肉來一起吃。

　　臺灣人不吃牛肉，是因為臺灣的牛是耕種用牛，一輩子為農民服務，到了無法耕種時才殺了牠，賣牠的肉，於是大家都不吃牠的肉，以表示感謝。小時候媽媽告訴我：

　　當老牛被帶往屠宰場時，是會掉眼淚的，非常非常可憐，不該殺牠！

　　我就找機會在路邊看被帶往屠宰場的牛，真的會流眼淚！於是我也跟著流眼淚。

　　一直到我 1972 年來美國後才試吃牛肉，美國的牛肉是專門養來吃的牛肉，雖然如此，在美國我仍然大部分吃雞肉。那

天餐館只有烤牛肉，是不得已的選擇。大概是餓了，加上烤得好，確實好吃，我們吃了一大半，一面吃一面叫好吃。從那一天開始，在美式餐館他都要吃「烤羊肉」。翌日帶他去看自然博物館，讓他看看西方科學古物，我們在禮品部買了六個陀螺，各分三個。最後一天很早就起來，坐車到紐約，再轉到阿默斯特。

　　父親在美國的最後觀光點是尼亞加拉大瀑布（Niagara Falls），是丈夫陪我們去的。到大瀑布之前，我們一路參觀大小湖泊、美麗的草原、遊客的賞鳥區，坐下來吃東西時，鳥就飛到桌上來要東西，父親高興地餵鳥，甚至是伸手，要鳥停在他手掌上，並且說：

　　　　怎麼這裡的鳥不怕人？和在臺灣養的白頭翁一樣。白頭
　　　　翁是我們從小一直養到能飛，才會停在手掌上，這裡的
　　　　鳥好像不是人從小養大的，只是遊客給東西吃而已。

　　另一方面他一路不斷地說：

　　　　美國人太浪費土地和水了，土地、大水這麼多為什麼不
　　　　種農作物，也不把水儲存下來而讓它流走！

　　等他看到大瀑布更是大呼可惜，那麼多的水沖下來，不建水庫儲存，又不像臺灣那樣用來發電（他看過日月潭的水力發

電所和阿公店水庫，農漁民多麼愛惜水，因為經歷過旱災）。
從不同的角度看瀑布，更是雄偉景觀！我也是頭一次，凝視一
陣子，確實壯觀，此時父親待著不動，連說：「美國太浪費水
了！這些水可灌溉幾百甲田！」

　　沒機會帶他去看美國中西部的大農場，實在可惜。父親是
漁民，又住鄉下，深深知道臺灣農民的甘苦，以及水對他們的
重要性。回 Granby 之後，一有時間我就帶他去看美國普通百
姓的生活。他們利用自家附近的空地種蔬菜，然後和臺灣鄉下
一樣排在路邊賣的實況。他最喜歡美國玉米，適當地甜，質地
又軟。我帶他去看阿默斯特鎮廣場的農民市場，他看到了美國
農民和臺灣農民一樣的樸實善良。他一家一家地看，摸東摸
西，而我只好坐在附近椅子等他。然後我帶他到高我兩屆，臺
大農工系畢業的學長張作誠開的餐館去吃中飯。結果是張先生
請客。

　　一轉眼，父親來美國就快要五個禮拜，非回去不可了，我
送他到紐約機場，交給航空公司小姐，同時拜託同飛機回臺灣
的臺北人幫我照顧一下，他很高興地單獨坐飛機回臺灣。他確
實平安地回到臺灣，和哥哥一起從臺北打電話給我們。

　　我終於完成了我的願望之一，至於帶他去長城的願望，
恐怕難以達成；臺灣問題不簡單，因為美國領軍的資本主義
國家，一心一意地要消滅共產主義。無論如何，我承諾 1976
年 7 月一定會回臺北和許雲基、黃振麟等共同奮鬥，培育生力
軍。

第 12 章
定居臺灣
——1976 年到 1986 年

　　依照 1972 年 7 月離開臺灣時的計畫，丈夫陪我在 1976 年回臺北，住在溪州街，那是哥哥為了在臺北念書的小孩買的房子，在現在（2016）臺灣師大分部附近、羅斯福路五段 150 巷，有小三房。整理好其中空置的一間以及周圍之後，我們每天到臺大各做各的事。丈夫積極和臺灣一些單位合作，準備五年後連根拔起回臺灣服務。在 8 月底他就回去 UMass，而我留在臺大物理系。

　　我在 1970 年 8 月到 1972 年 6 月教的學生，除了少數留下來苦幹創業外，都出國深造去了。僅有少數幾位，包括目前（2016）交通大學校長的張懋中，他拿了清大材料所碩士後到交大念博士，其他拿了碩士後，也到美國去了。懋中同班的同學葉炳輝，他不但是超快閃記憶體（Super Flash Memory）的發明者，並且帶領班上同學梁次震、陳丕燊等人磨天文望遠鏡。他在念研究所時就創造了好多種電動玩具，甚至生產，創造出當時的臺幣將近八十萬元的產值。

　　其他有的和工學院電機系朋友們一起研發明信片大小的小

型計算機，還有研發記憶體的勇士們也都陸續地開始賺錢。其中至今（2016）最出色的是廣達的林百里（電機系）和梁次震（物理系，比百里小一歲）。而從事貿易工作的也都順利上軌道。他們之所以成功，除了本身的團結，太太們或女朋友們之間的互動，也扮演了重要的角色。加上政府的十大建設和培養人才計畫已上軌道，年輕人看到亮晶晶的未來。雖然中華民國相對於中華人民共和國在世界上的地位持續往下滑，但整個臺灣社會是有活力的。臺大學生都很努力且很用功，我教起來很有成就感。

　　1968 年，政府把六年義務教育延到九年，即從小學到國中[1] 是義務教育。1968 年整個臺灣的教育設備尚未齊全，所以國中第一屆學生在 1974 年入大學。1976 年他們剛好升大三，臺大物理系這一班學生特別不一樣，花樣之多，害得我、許雲基、黃振麟團團轉。不過我滿喜歡這種調皮搗蛋的小孩，男孩子玩的難不倒我，我小時候和弟弟，以及他的朋友們都經歷過，結果反而成為好朋友。

　　他們和我相處不到半年，可能是 1976 年丁肇中拿諾貝爾獎的影響，不但一切正常，而且很用功，對物理玩出興趣來了。因此 1978 年畢業後，跟他們上下一兩屆的畢業生相比，留在物理界的人數最多。例如在臺大物理系任教的就有陳政為、蔡爾成、高涌泉、闕志鴻四位。我再教一年，到了 1979

---

[1]　原叫初中，教改後稱為國中。

年 8 月，丈夫要我到美國幫他忙，結束美國的一切，連根拔起回臺灣。我就向學校請兩年假，從 1979 年 8 月到 1981 年 7 月。

休假兩年到美國

這是我第二次暫住美國，以後可能沒機會了。於是我把焦點放在看美國的優點，因為要勝過對方，必須讓自己的優點勝過對方的才行。我一方面幫丈夫整理在美約三十八年的生活與職業上的事，一方面更加注意美國學生、一般百姓的生活，以及學校與系所之運作。美國高中生比當時臺灣高中生獨立，法律上滿十六歲就可以開車，不過保險費特別高，零用錢則想辦法打工賺，朝著自己能經濟獨立之路走前進。大學學費有好多人是自己賺來的，於是很珍惜也就很用功，同時也因此監督教授們的敬業負責情況。

當年美國已有教學評鑑制度，學生相當公正，因為自己辛苦賺錢來學校，學不到東西怎麼可以，不是浪費時間與生命嗎？學校收那麼高學費，教師們的薪水不低，怎麼不相互尊敬呢？學生平均看重成績，競爭壓力不小。其他如學校的職員、工作人員也都很敬業。例如掃廁所、管理校園等，不會讓你老遠就聞到味道，或是把垃圾丟進水溝裡吧？

令我印象最深刻的是，學校有個校園規劃與維護的機構。規劃是長遠且全面性的，不會受校長的更換或其他校內任何團

體的影響。於是全校的建築物協調得很好，停車、種樹也不例外，樹是種得深深地，不容易歪倒，同一排是同種樹，而且配合周圍建築物。至於維護，那就更周到了，所有建物、景觀都必維持原狀，馬路不會有小洞或積水，水溝暢通，因為經常在清除淤泥。我很少看到建築物內外有堆積廢物的情況。

　　第二印象深刻的是，較大的建築物，即人數多的建築物，設有婦女休息室，它往往設在女廁所隔壁，在臺灣大學，個人曾經建議過，但沒成功，不過在我的建議下，「臺大梁次震宇宙學與粒子天文物理學研究中心」的主任陳丕燊（他也是我回臺大教的第一班 1972 年畢業的學生）承諾明年（2017）秋天將要落成的「次震宇宙館」一定會有婦女休息室。

　　這時候世界也進入一個新局勢，世界能源危機已經克服，而傷透美國年輕人的越戰（最嚴重時在越南作戰的美軍有五十萬人）也已結束。越南是法國殖民地，二次大戰後爭取獨立，和法國打了約九年（1945 年到 1954 年）獨立戰爭。分割成南北越後，法國撤離。

　　美國從 1955 年進入南越，但沒派軍。到 1961 年美國甘迺迪總統正式派軍，漸生摩擦，到 1965 年兩國正式打起仗來（但美國從來沒有正式宣戰），一直到 1973 年美國才撤軍，1975 年南北越統一，世稱越戰。最嚴重時美國在越南有五十萬軍隊，美國國內的青年幾乎群起反越戰。在越戰期間，中國正在文化大革命，越戰時紅衛兵最多。美國在中國大陸上空的 U2 偵測機攝到在中國大陸移動的紅衛兵數約有一千萬人之

多！毛澤東像在韓戰時一樣警告美國：

不能到中越邊界，不然中國一定出兵！

　　美國看到一千萬青年在移動，加上已不是韓戰時的中共，眼看著中共以物資積極支援越南，但不敢輕舉妄動。

　　另一方面，當時整個世界正在迎接半導體時代的來臨，於是整個氣氛蒸蒸日上。東方的中國與臺灣、日本同樣地在往上升。兩個強人，蔣介石（1887-1975）和毛澤東（1893-1976），相繼離開人世去了天堂，各接班人統統走改革開放路線。臺灣在1975年決定建設新竹科學園區加強工研院功能，1980年科學園區就出了產品，而中國大陸的接班人鄧小平推動經濟改革，其有名口號「讓一部分人先富起來」果真有成效，終於在1978年底，逼美國不得不承認中華人民共和國，當時美國總統卡特（Jimmy Carter）還邀請鄧小平訪問美國和聯合國。

　　1979年醒過來的東方睡獅，鄧小平在美國訪問時引起了旋風。他回國後就開放兩國學者來往，從未看過西方的中國大陸學者，想去美國了，UMass土木系也來了兩位，上海同濟大學和復旦大學各來了一位。而1949年中共建國後，想盡辦法從歐美回去的學者們，都經歷了文化大革命的折磨。依我丈夫所說，他當年所認識的卻沒人再到美國來，都理性地留下來繼續完成他們回國時的願望，參與國家建設。那些二次大戰末期或剛結束時來自大陸的菁英們，還有不少仍然在美國工

作，他們之間都有聯絡，分成美東、美中和美西三大「斐陶斐榮譽學會」（The Phi Tau Phi Scholastic Honor Society of the Republic of China）[2]。

丈夫由於決定最遲 1982 年初才會回到臺灣，於是美東團每次集會時必定帶我一起去參加。這使得我有機會首次在波士頓看到首臺電腦的創造者王安、國際天線大將朱蘭成，他是使上海交大在新竹復校的推動者。他們個個有特色、有氣質，使我敬佩，和那些從大陸撤退到臺灣，1950 年在臺大椰林大道遇到的教授們一樣。我的腦海裡自然地湧出一種強烈的感覺：

中國有希望！

當一個國家的年輕人或知識份子站起來時候，國家必定有希望。從這個角度，可以預估將來的日本、中國和美國。日本直追美國，在 1980 年代中葉成為僅次於美國的世界第二大經濟體，直到 2012 年被中國大陸趕過為止，不過目前（2016 年冬）仍然居於世界第三位。這個力量起源於 1960 年代末葉席捲全日本，放眼全世界的高中及大專的學生大運動。而臺灣有 1971 年底到 1972 上半年的保釣運動，他們注入臺灣無限的能量，一直燃燒到今天。如今他們雖已六十四到六十六歲了，

[2]　「斐陶斐」代表三種學術：哲學 Philosophia（科學之母）、工學 Technologia（應用科學）、理學 Physiologia（純理論）。

仍然在高科技產業的第一線奮鬥，其刻苦耐勞的精神和使命感，令我低下頭來說：

　　謝謝你們，不但對臺大物理系，甚至是對臺灣的奉獻！

　　丈夫從 1944 年赴美國後，從未好好地看過美洲大陸，所以計劃開車穿越往返美國東西兩岸。1980 年 6 月 1 日學校學業結束後，我們從 Granby 出發，走美國最北邊的東西（90 號）公路，一路訪問朋友、參觀古蹟，以及想看的地方。經過芝加哥時，我們去看了我弟弟的太太和三個小孩，弟弟當時在洛杉磯。我們一直開到西雅圖，然後沿著美西岸的 5 號公路南下到洛杉磯去看弟弟。他是遙控專家，被芝加哥的美國公司派到洛杉磯去訓練一批來自日本的工程師。

　　他帶我們到處去玩了約三天。我們就改走美國中間的東西公路往東開車。先從洛杉磯走 15 號公路到美國最大賭城拉斯維加斯，見識一下什麼是賭場，以及如何吸引客人的設備等。開賭場當然是非要賺錢，所以客人最後必輸，於是我們已約定好，最多輸 20 元，只是玩一玩而已。沒想到竟然先賺了 5 元，但我們沒被它誘惑，解釋成賭場的心理戰策略。果然接下來就是一直輸，但輸不到 20 元我們就不玩了，於是去看一些表演，確實到處都是人山人海。

　　在賭城過了一夜，第二天走 70 號公路，沿路經過美麗的科羅拉多州、經過密蘇里州、經過俄亥俄州。一路彎來彎去參

觀，看看內華達州的荒野、猶他州的鹽湖，有的地方開四到五小時都看不到民房，美國真大，人口稀少。沒看到沙漠，卻有陰森森的樹林和流著豐富水量的大而長之河流。有人說內華達是沙漠州，不是！它只是戈壁灘而已。美國整個國家太富有了！在俄亥俄州經 71 號公路到克里夫蘭後，再沿著 90 號公路回 Granby，到家時已經是 7 月 4 日了，來回花了三十四天。我們休息一天之後，立即開始做事。丈夫累積了一個月的文書不少，需要處理，祕書忙著打字，也給了她在路上買的小紀念品。我到了物理系，大家問我：

　　有沒有看過這個、那個？可惜好多都沒看，最後回答他們：「美國真富有且非常大，將來有機會必須再橫越美國東西岸一次。」

　　轉眼間冬天來了，11 月底突然弟弟的太太從拉斯維加斯明年（2017）秋天將要落成的附近來電話，說我弟弟出了問題，發高燒，可能「中風」，我立即叫他住進醫院，同時告訴她：「不是中風，中風不會發高燒！」

　　那個深夜，我和丈夫都急死了，因為當年（1980）6 月底我們才開過 15 號公路，路上根本沒有大醫院。我們在 6 月看過弟弟，那時告訴他我們要如何從拉斯維加斯開車回東岸，於是弟弟他們才開 15 號公路。最後弟弟被送到德州最北端的一個醫院去了，而三個小孩（七歲到十四歲）留在芝加哥。我只

好先去芝加哥安排好小孩，請鄰居協助，然後到德州醫院去看弟弟。發現一切都太晚了，只能開始準備後事，同時命令似地教弟弟的太太屏雀如何處理。弟弟在洛杉磯時已經不舒服了，但是他沒立即住入醫院，反而勉強開車出發！

在弟弟最後的時刻，我對他說：「放心，你的三個孩子我一定把他們帶好。」他就平安離開了。之後我也完成了對弟弟的諾言，三個小孩都大學畢業，而且成家立業，都有幸福的家庭。二次大戰期間，1944 年 12 月和 1945 年 6 月，我和兩個哥哥告別，而 1980 年 12 月 6 日又和弟弟告別，六個兄弟姊妹只剩下三個！這次打擊非常之大，因兄弟姊妹當中，弟弟和我的感情最好，血型同屬 A 型，同樣是臺大物理系。他升大二時我叫他轉電機系，因為比較符合他愛動手做東西、善於設計和畫立體圖的個性及天分，而且我們將來仍然可以合作。他本來計劃等到他的小兒子升大學時就回臺灣來，可惜這個夢碎了！

進入 1981 年，和丈夫開始積極整理家產。四個小孩中的前三個已順利地大學畢業，老大以非常優秀的成績畢業，到洛杉磯市政府的土木工程組工作，而最小的也已經上了大學，之前他們住的 Pomeroy 巷的大房子沒人住了，於是賣掉房子（在 1981 年 6 月 9 日賣掉），加上其他可換成現金的全換成現金，平分給小孩們，並且鼓勵他們買房子，而 Granby 的房子則暫給老么住。至於我們，是空手回臺灣的，反正有薪水領。我不會管錢，直到現在（2016）還是如此。丈夫在世時由他來管，

他過世後，我只有把錢存在銀行，所以很不方便。

離開美國

　　丈夫在美國把應該處理的事大約完成後，就正式向
UMass 提出推早退休申請，並且向他的朋友們說明 1981 年夏
天以後的聯絡方法，以及他將來要做的事。我就在 5 月底開始
打包，大件行李請搬運公司負責，他的所有和環保有關的書籍
及雜誌全運回臺灣，捐贈給臺大環境工程研究所。

　　橫越美國及太平洋搬家不容易，於是我就早一個月離開，
在 1981 年 6 月 19 日從美國東部的布拉德利國際機場，經芝加
哥到美國西北岸的西雅圖去看弟弟的三個小孩和屏雀。弟弟過
世後不久，我和丈夫勸他們從寒冷的芝加哥搬到西雅圖定居。
我和孩子們住了三天，教他們數學，在 6 月 24 日離開西雅
圖，6 月 25 日抵達東京，住在朋友家，一方面訪問老朋友們，
一方面參觀大學，以及探望老師們。

　　日本進步飛快，例如 1960 年代中葉才計劃的筑波科
學園區，到了 1981 年已經成型。筑波大學（University of
Tsukabu）建設得非常好，它的前身是東京教育大學。1960 年
前後，我念的東京教育大學很小，那時已經想找地搬遷。筑波
一帶是一片沼澤濕地，是農業不看好的鄉下。不過教育大學的
物理系教授們，尤其專業基本粒子理論、衝勁十足的福田信之
帶領的一批物理學家選筑波為新建校址。

　　在制度上，他們想要改變日本國公立大學不正式聘任外國
人為教授的保守傳統，計劃建構一所國際性大學，以及迎接將
要來臨的第三次工業革命，主張創設電子時代的大科學園區，
將之稱為筑波研究學院區或城市。為了達到這個理想，福田信
之等人積極向日本政府，尤其是向科學技術廳和教育部說明世
界的未來趨勢，以及「科學建國」為目的的建國理念。

　　另一方面，當時的東京市人口激增，中小企業無法擴大，
如果政府有個願景，要建立富強的國家，就應該協助那些有未
來性的企業找地建更大的工廠。福田信之其實是暗中想得到大
批的政府補助，而他果然成功了。我在教育大學時，福田信之
是朝永振一郎的左右手之一，我和他們很熟，在 1969 年底曾
經拜訪了他們，同時向福田信之要了他規劃筑波大學的藍圖，
他印給了我。我在 1970 年 8 月回臺灣後想交給臺大物理系，
後來這份資料被鄭伯昆拿走，一直沒有還給物理系。

　　看到規模龐大又現代化的筑波科學園區，我就想好好地請
教福田信之。我在筑波大學他的辦公室見到他，主要是問他的
願景。他暢談：

> 如何建設筑波大學的過程與現狀；日本經濟正在起飛
> 中，未來會更好（很有自信的表情）；1960 年代初葉
> 開始的教改成功 [3]，青年的科技基礎不錯，將能實現「頭

---

[3]　從小學一年級開始到大學，有系統地教育教學。

腦輸出」的計畫！

　　最後他叫我回臺灣後，別忘了 1960 年代末葉和他談過的話：

　　　　好好地教書，培育學生。

　　他又問我，在 1969 年我回國時向他要的建築資料有沒有幫助？日語的「頭腦（zuno）輸出」是這樣的：日本沒天然資源，為了彌補這個缺點，唯一有力的辦法是使住在這個土地上的人，個個成為資源，即個個聰明，能發明創造，輸出智慧，以及其附帶來的產品！日本人不但輸出自己的發明與創造（專利），甚至把美國人的發明與創造變成產品，賣給全世界。在 1980 年代，日本人賺夠了全世界的錢，像一隻羽翼豐滿的大鷹，自由自在地在天空飛翔，尋找所有的獵物。

　　　　當時的日本人賣專利和科技產品、搜刮他們所需要的資料，甚至是外國人的國寶！扎扎實實地建設日本。

　　首當其衝的是中國大陸，它靠近日本又有豐富的稀有金屬，於是日本高科技製造過程或過期的廢物全丟到中國，中國變成日本的垃圾場（dumping yard）。另一方面，日本大量但便宜地買中國的稀有金屬、國寶等，帶來極大的汙染與環境生

態的破壞，就是說，中國大陸又遭到日本人的大破壞與浩劫！
二次大戰，日本人用刀槍殺害中國人，這次是用環境汙染和生
態破壞的化學物殘殺中國人。呼吸道、皮膚、地下水、食物全
受影響，受世界環保人士的嚴重譴責，這是活生生的弱肉強食
現象！

　　離開東京的前一天，6 月 28 日是好好地看看東京的日子。
我先和黃振麟從東京火車站逛到日本橋，逛書店及看街景，同
時一路交換彼此對日本、臺灣，以及世界的可能走向的看法。
然後和留在日本、沒回臺灣的老朋友們見面談天，他們問我對
美國的觀感，我則問他們對日本和亞洲，主要是臺灣和中國大
陸的看法：

　　　　多麼艱困的臺灣與中國大陸的未來啊！

　　世界一貫都被富強國家操縱，讓征服者任意的屠殺和破
壞，更覺得這次和丈夫回臺灣，未來的日子可不簡單，真是任
重道遠。尤其做環保工作的丈夫，以及在臺灣的好朋友們，對
環境、生態、水和空氣汙染問題，怎麼去解決？它和經濟成長
一不小心就相剋！在第一線做環保工作的人很容易受到高汙染
之害！我坐最後一班公車回朋友家，一路上腦袋充滿掙扎與矛
盾：我怎麼可以把丈夫從美國這個世界公園中之公園的環境中
連根拔起，帶到可能傷害身體的環境去呢？打好包、洗完澡想
睡，但是徹夜難眠。

　　第二天早晨是朋友宇井千沙叫我起來的，她是我 1966 年到 1970 年 8 月在東大當博士後研究員時的房東，家近東大研究室。她成長於日本武士郡主家庭，做事嚴謹，學藝術，是個獨居老人，很喜歡我，只要我單獨到東京，一定要我到她家住。當天她煮了很好吃的送客日本料理給我。飯後我打掃房間和廚房，然後提早出門，去見昨天來不及見的老朋友劉進慶和他的家人。他們請我吃中飯，然後送我坐上到羽田機場的巴士。我在 6 月 29 日下午 7 點左右到達桃園機場。哥哥林榮國、姪兒林坤俊和同事陳卓來接我。

在臺大安頓下來

　　剛好是夏天，每天都很熱，但是仍然必須打掃我的辦公室及住的房間，加上大環境確實不如美國，社會氣氛也不一樣，好像有些緊張。果然在 7 月 3 日發生陳文成命案，他的屍體是在臺大的「研究圖書館」外牆樓梯下發現的。我到校較晚，什麼都看不到了，只看到一小群一小群人在談話。我不管這些，回物理系做我該做的事。閻振興校長和環工所所長於幼華不但辦好丈夫來臺大當客座教授之事，而且積極安排我們的住宿。

　　客座教授本來就有很好的宿舍，不過我不想去住，怕小偷光臨，因為 1976 年 8 月底到 1979 年 7 月初，我被小偷騷擾了幾十次，所有的書和筆記、衣櫃、抽屜等全被搜查，且順便拿些有用的東西，好像在查我平時的生活似的。這種行為的人，

一般稱為政治小偷，煩透了。

於是我告訴學校，要和普通的教授們住在一起，房子不必大，只要每天能夠安心地上下班就行。在長興街有兩棟臺大教授宿舍的「八角樓」，它面對大門，同時從男生宿舍很容易看到，因為很少教授要住，所以房間是空置的，於是我就挑了它，理由是最安全。它就是長興街 60 之 1 號二樓。

丈夫馮鑽華依既定計畫，在 7 月 20 日下午 7 點 50 分到達桃園機場，我和哥哥林榮國去接他，精神不錯，他說：「美國之事全結束了，行李有兩大貨櫃，用海運。」於是他在飛機上一路睡，第二天就到臺大環工所，因此我們各自每天上班，將來住的房子定了，他就請人打掃，以及粉刷和裝潢。該宿舍離環工所 200 公尺而已，他常去監工，一切由他自費修理。

另一方面他到處跑，先去見閻振興校長，知道他的校長任期到了，於是大家計劃舉行歡送大會。鑽華回來的消息傳到臺大土木系、中華顧問工程公司、中鼎公司、國科會等，他告訴他們他定居臺灣了，臺灣的經濟起飛，必定也會帶來環境汙染問題。

此時（1980）臺灣的經濟建設漸上軌道，新竹科學園區已正式開幕，進入生產。7 月 28 日臺大舉行閻校長的歡送會，新校長雖尚未公布，但傳言是土木工程系的虞兆中教授接任。他是臺大環工所好幾位教授的老師，丈夫和他也很熟。大環境正需環工專家，而臺大未來校長可能是曾經參與環工所成立的虞兆中教授，於是環工所的士氣高昂。而臺大物理系呢？有點

相反，教授們分成好多派，各持己派立場，很難一起合作，積極培育臺灣正需要的科技人才，加上系館有點髒亂，連學校也頭痛。

擔任臺大物理系主任

在 1976 年到 1979 年 7 月我要暫時離開物理系期間，大家曾經努力訂的系所管理章程，不但沒有嚴格執行，甚至沒有公布，仍然按照過去由幾位聲音大、活動力強的教授們來安排，類似人治而非法治。加上大環境的政治力影響，省籍情節作祟，真是等於無法有解的物理多體問題。整個物理系的硬體和軟體都亂，甚至有的老師的教法類似師徒制！這怎麼能培育有雄心、願景，敢講、敢做、敢負責，且有使命感的年輕人呢？連聘請兼任老師也得靠關係！真的非大刀闊斧地改革不可。此時正好遇到改選新的系主任，但都無法產生，最後系裡問我的意見。過去我一直沒有興趣，因為我的性格不適合處理有關人事的行政工作，我的個性是

> 潔癖、喜歡完美、做事徹底。只要是正確的事，不管是朋友還是骨肉，一律公事公辦。我不但注意現在與短期的未來，也必考慮到未來十到二十年的可能性。

於是為了大原則和未來最大的可能性，必堅持原則來努力

實現未來最大的可能性。我的這種個性實在很難玩所謂的政治遊戲和磨角藝術，所以無論周邊的人怎麼勸我接系主任，我都沒有點頭。最後丈夫勸我答應，並且承諾「他會積極協助我，使物理系變好。」

最後我們討論的結果是：

> 好，我接。但是學校和理學院必須同意我經營系所的方法才行。如有一天上面有意見的話，我就立即辭系主任，可以嗎？

丈夫同意了，於是我就告訴物理系的朋友們，尤其是許雲基和黃振麟。在學年的最後一天 7 月 31 日上午 9 點半和黃振麟一起到理學院院長室去見院長羅銅壁。在院長室我們三人交談了一小時半，發現學校當局對物理系的一些教授有偏見。從我的角度來看，學校以為比較好的教師，其實與事實有些落差。那些很會包裝、嘴巴甜的人，私生活可能不是那樣的。如果是，物理系怎麼會軟硬體都這麼亂呢？總而言之，最後說明了我的立場和做法後便告別院長，同時拿了系主任聘書。

回物理系的路上，我一直告訴黃振麟我對好人壞人的看法，並且承諾我會負責任，公事公辦，對長遠的臺灣和大陸的不利因素，絕不妥協。夠了，我不能再生活在任何形式的殖民地下。過去的日本是用武力殖民臺灣，現在則是用文化、科技，經濟等的方式殖民。你有沒有看到高雄楠梓加工區拆工業

船的淒慘場面？我們類似賣血賣命在賺錢。我在中午前回到物理系，這時蔡尚芳在等我，要請我吃中飯，我們一起到僑光堂（目前的鹿鳴堂），一面吃飯一面交談，一併回答他的問題。

回到物理系後，我上任的頭一件事是：徹底查看物理系的每個房間。

> 天啊！物理系如此的髒亂、腐敗、加浪費！尤其連結二號館和三號館的新建系館的地下室，裝有馬達抽湧出來的地下水。來不及抽（湧出來之水太多）時，地下室就淹水。放在地下室的普通物理實驗儀器就會遭殃！怎麼沒人管呢？

於是我就去請崔伯銓教授帶我去調查地下水的來源和歷史經過，才知道建新館的建築經費被鄭伯昆教授挪用，偷工減料所帶來的結果。事情既然已經發生了，只有解決。我和崔伯銓都沒辦法，只好立即請和臺大土木系，以及中華顧問工程公司有關係的丈夫來。於是我們三人再次徹底地看了水源，丈夫答應負責解決這件事。**最後解決問題的是中華顧問工程公司，並且純協助不拿任何費用。**當時嚴重時，從地下抽出來的水有一噸之多，排水口在二號和三號館之間的水溝，這個大量排水景觀，在當時被稱為：

臺大十景之一，

相當有名！

　　那天晚上我向丈夫說明下午所看到的物理系實況。他問我，你打算怎麼做？我回答：

> 既然接了系主任，同時也向院長說明了我的做法，不論對方是誰，一定會鐵腕執行能實現理想的方法。所以必須法治，並且對學生、物理系所的大事必公開，同時人人平等，工友、職員和學生都有機會參與系務會議，大家一起同心協力奮鬥。設意見箱，讓有意見、批評或建議之人自由投書，如發現犯錯，立即公開道歉，該改的就改。為了趕上世界先進國家，物理系計劃向非理工科系的學生學點科技方面的起碼知識。萬一無法執行自己的理想，院長不是同意我隨時辭職嗎？

　　7月31日晚上很難入眠，想到將來要住的長興街宿舍問題，還有物理系的軟硬體問題之大，而距離開學僅四十天了，最後在想著處理順序時睡著了。第二天是8月1日，很早（6點）就醒，那時和家人住在溪州街房子，姪女他們已做好早餐，丈夫出去散步，於是我自己先吃早飯後就到物理系，不久中華顧問公司派來一位結構專家洪辰雄，他一見到就叫我老師，以為他是我曾經教過的物理系畢業生，問他是哪一屆畢業生，他回答是在1954年我大學畢業到省立岡山中學教初中三年級理化課時，同一個學年但不是我教的甲組空軍子弟。

　　我們好高興地交談了一陣後，我帶他去看新館地下室的地下水問題，他非常仔細地檢查一切，從地下室一直到三號館靠二號館這一面的中間處，大約花了兩個小時多。他從省立岡山中學高中部畢業後，到日本早稻田大學專攻建築結構學，是一個四十二、四十三歲的菁英。他將要離開時陳卓和蔡尚芳來了，於是我們的討論更完整了，就這樣中華顧問公司徹底地解決了問題，不但是物理系新館地下室的地下水問題解決了，也解決了一直通到農化系三號館中間後門的地下水問題，皆大歡喜。送走洪辰雄之後我們三人便到僑光堂去，一面吃中飯，一面交換如何整頓物系之事。

　　物理系當時的師資有做實驗的是：

許雲基、黃家裕、崔伯銓、曹培熙、鄧力夫、許武雄、
王嘉申、鄭伯昆、方聲恆、盧三彥、彭忠朝、莊樹源。

做理論的是：

黃振麟、黃暉理、王亢沛、張國龍、蔡尚方、蘇德潤、
楊信男、陳卓、甘桂翹、林清涼、鄭以禎、楊忠喜、
黃坤洸、閻愛德、蔡義本、張鏡澄、許裕柏。

除此之外，還有能幹的技術人員：

林松雲、許玉釧、周木春、林進成、廖豐邦、楊啟珊、
石東成，

以及教普通物理和特殊課的兼任教師。

　　臺大物理系並且分別在 1962 年和 1969 年成立碩士和博士
班，於是空間擁擠，不夠用，不過有的教師卻很會霸占空間和
器材！至於研究用的實驗設備有：

1. 許雲基領導的原子核物理研究組：除了在物理系二號館
   左側的 Cockcraft-Walton 加速器，還有和原子核有關的
   重要設備，例如：用碳 14（$^{14}_{6}C_8$）來檢定年代，研究宇
   宙線的 Wilson 雲霧器，以及自己研製的氦氖雷射（Ne-
   He/He-Ne laser）等。

2. 崔伯銓領導的專研游離原子光譜的光學實驗室：是在二
   號館左邊的二樓，有各種攝譜儀器，以及雷射和種種
   光學儀器，如全息影像（photogarphy），是學生最愛
   玩的。

3. 方聲恆及鄭伯昆創辦的固態物理實驗室：在二號館右邊
   的三樓，開始籌備是在 1960 年左右，一直到 1968 年
   還是沒有什麼規模。自 1968 年秋天起，鄭伯昆才開始
   積極動作，因他以公費到美國密西根大學做研究，學
   了不少技術，研究霍爾效應（Hall effect）、磁阻變化
   和 Mössbauer 效應，經費主要來自國科會，加上教育部

分給物理系之費用的一部分。

那麼培育學生的實驗設備如何呢？相當好，有：

1. 物理系專用發電機。
2. 液態氮製造機：不但物理系自用，且可提供給它系用。
3. 微電腦：JPS1/25、PA 800、EDU 80，當時最好的。
4. 計算機：HP 9820、HP MX21。
5. 金工廠：隨時能自造零件。

這些設備全給物理系師生用。除此之外，還有每學年供全校約 1,500 名修普通物理學生可實驗用的各種儀器，由崔伯銓教授負責。特色是，除了少數外國儀器，其餘全由崔伯銓教授帶領曹培熙、王嘉申、鄧力夫、盧三彥和許武雄等老師，以及專門請來做技術工的陳秋鴻先生自製。這些人真有奉獻精神，有時工作到很晚，假日也來工作，於是儀器的維護沒問題。

至於實驗指南，是師生（大學部三到四年級，以及 1979 年畢業的孫維新帶領）合作編寫，內容親切易懂。物理系學生，到了二年級和三、四年級就有電磁學、熱學、光學、近代物理等，各種專業的實驗，其教學品質和給學生用的儀器，就受到負責教師的影響。有的教師有師徒教育的心態，加上他又愛收藏東西，便有了問題。

物理系有號稱當時全臺大最好的系所專用圖書室，建在二

和三號館東邊連起來的新館二樓和三樓（內部分為三層的書庫），其圖書是 1972 年畢業班費時兩年多（最後約三個月是 1973 年畢業班接手）整理而上軌道的。要建新館時，我負責設計學生閱覽室和放雜誌的部分，一樓閱覽室是多功能設計：

1. 周邊設置小櫃，讓學生可放自己天天用的書籍和必需品。上面放大家共用的書籍、雜誌。
2. 桌上的分隔是活動的，以便學生娛樂活動用。
3. 和三號館農化系間隔的牆壁可以放各種大小的映膜。
4. 電路、電線配備使用明管，方便修改。怎麼做？在地板上設有一條放電線和開關的小溝，在小溝上蓋上活動地板。
5. 光源依個人需要，有來自天花板的，而柱子上也有插頭可以來裝自用桌燈。
6. 閱覽室是開放式的學生館，可以二十四小時使用。
7. 椅子堅固且坐多久都不會屁股痛。

完成這項桌子和椅子工作的是熊秉綱，同樣是 1979 年畢業生。他花了不少時間，先研究人體工學和醫學，非常科學，非常好用。後來當時臺北所有著名的圖書館，例如：中央圖書館、臺北美國學校圖書館等，他們的椅子都是由他和崔柏銓去臺大水里木工廠親自說明和製造的。我們叫這種椅子「熊秉綱椅」。雖然是 1979 年製造，到現在仍然堅固如初，坐在上面

不容易疲勞，這是負責做事的鐵證。「熊秉綱椅」的設計圖在今年（2016）春天，請目前臺大物理系教授普物實驗的陳育霖教師交給臺大校史館保存。

當物理系在校園北側辛亥路旁興建十二層樓的新館時，竟然沒有把物理系在二號館圖書室的那些桌椅移到新物理館使用，而令其散置！於是自然地，留在二號舊館的普通物理實驗室拿了其中大部分去使用，剩下的不知道流到哪裡去了。同樣地，日據時代的臺北帝大使用的檜木書櫃、資料櫃等，大部分流向不明。後來有人在臺北市舊家具店發現 1928 年臺北帝大的資料櫃。在 2000 年 2 月從物理系舊館搬到新館時，我搬了一個書櫃，直到現在一打開來還能聞到木頭香。反而新作的書櫃早就出了問題，不但無法撐重量，而且會分開或關不緊。

那麼當時物理系空間有多大呢？它包括二號館全棟，以及現在舟山路旁的華南銀行，當時是中華民國原子能委員會使用，其樓上是物理系大學部二、三年級學生的實驗室，而現在舟山路的「小小福」學生吃飯或買便當處，是鄭伯昆專用的儲藏室。此外還有連結二號館和三號館東側、在 1970 年代中葉蓋的新館（annex），和三號館後面的平房中的一部分。其使用狀況是：

1. 原子能委員會樓上是二、三年級實驗室之一部分。
2. 目前「小小福」在的實驗室，是由鄭伯昆使用。

3. 新館地下室放普物實驗器材，其上面是學生閱覽室，雜誌室和書庫。

4. 二號館各樓層的使用如下：

一樓	東半	（二號館的右半）是，原子核、碳 14、玻璃器材製造室、許雲基、黃振霖辦公室，後來隔出一部分給方聲恆，以及許玉釧、林松雲、周木春使用房間。
	西半	系館管理員室、三號教室、普物助教和技術員廖豐邦、簡勝益室，以及普物實驗室。
二樓	中間	三號教室。
	東側	物理系辦公室，老師辦公室和光學研究實驗室。
	西側	學生二、三年級用實驗室和老師辦公室；二樓走廊西端小房間是物理系系學生會。
三樓	中間	五號教室。
	西側	除蘇德潤辦公室和研究生自習室之外，全是鄭伯昆、方聲恆固態物理實驗室。後來方聲恆被鄭伯昆擠出，於是許雲基和黃振麟才在一樓東側隔出一部分空間給方聲恆用。
	東側	兩間老師辦公室，接著的兩間是鄭伯昆放學生實驗要用的儀器和器材，剩下的一大間是大學部學生的近代物理實驗室，其走廊東端間又是鄭伯昆儲藏室，東邊廁所旁邊的小房間是暗室，屬於固態研究實驗室管理。

5. 三號館後面的平房是普通物理實驗用。

6. 二和三號館西側，靠近二號館的約三分之二，設有發電機室和普通物理實驗器材的製造室。

7. 三號館後面西側有物理系專用金工廠、液態氮製造室。

除了 2、5、6、7 項，其餘到處都堆著廢棄物，連屋頂都有！於是決心動員物理系的能幹技術人員和學生，整修、整頓和大掃除二號館，以及其周圍。

8 月初開始整修二號館，從屋頂到水溝、館內的教室、廁所、學生實驗室、公共使用空間等；土木工程部分由學校來負責，學生能幫忙的請學生監工，重要部分我自己監工，例如破爛的一樓走廊，三樓到一樓垃圾箱的通道由我監工，從使用材料到施工過程，沒有通過的必須重來。於是臺大事務處人員都說：「物理系出了一個凶女。」

我不理會，照樣嚴格。二次大戰時我看過好多建設工程。當時年紀雖小，但好奇心強，常問工程人員：

沙與水泥的混合比率為何？施工過程中為什麼要灑水？如何加壓？每個階段為何必須要等一段時間？……

因此施工一樓走廊的工人問我，你為什麼知道這些細節？

　　一樓走廊我看特別嚴，因為它是使用人數最多的地方，結果施工單位做了三次才通過。它是從 1981 年到現在都沒修補過的一個土木工程，後來一號館和三號館維修走廊也模仿二號館施工。至於電路和電線，物理系有當時最好的技術人員，就請林松雲先生帶領，負責修好。他負責買材料，施工則是技術員和學生，全部使用日據時期已經埋在壁內的電線管道，以及壁上的開關箱。修繕工程完成時，房間也好，公共空間也好，真是整潔，看不到類似蜘蛛網的電線或插頭。

　　由於物理館修繕工程品質好又便宜，總務處非常信任我，我不必先向學校申請批准才進行修理，且由學校請人來修。我隨時可以自己修，然後把買材料的收據給學校，拿回錢，所以我做系主任時這方面的效率很高。當時的總務長是土木系教授毛聲濤，他是虞兆中校長的愛將。林松雲能完成那些漂亮的工作，多虧總務處給了我日據時代的二號館結構藍圖影印本。我一直保存著它，在今年（2016）春天和熊秉綱椅的設計圖，以及 1981 年 8 月我規劃二號館的空間使用圖等，一起請陳玉麟交給了臺大校史館。

　　從 8 月 1 日開始，我每天都過著非常忙碌的生活，不過很幸運有能幹的技術員和學生的協助，二號館的整修工程順利地進行。在 8 月 14 日，虞校長突然邀請我和丈夫一起吃晚餐，一方面問我物理系的現況，一方面再三再四地叮嚀我：

　　以和為重。

　　我當時內心覺得，校長可能聽到「物理系出了一個凶女」，以及對工程品質的高度要求。我答應校長，會保持系裡的和諧。同時也告訴他，該走的路我還是會貫徹到底。

　　約一禮拜後的 8 月 22 日，從美國運回的兩大貨櫃行李到達，全是自用品，但是竟然要付高價稅 11,858 元。於是忙上加忙，幾乎每天團團轉到月底，8 月 30 日從臺北市現在的羅斯福路五段 150 巷 41 號搬到長興街 60 之 1 號的二樓。8 月底的物理系整修工程也進入尾聲，照這個進度，在 9 月初就能開始二號館內外的大掃除。於是我通知將升上二、三、四年級的物理系學生來幫忙大掃除，希望大家協力合作，在 9 月 15 開學之前完成。

　　學生也許看到和過去不一樣的系館，引發了一起努力打掃乾淨的動機，好多學生從上午 8 點左右就來，一直到傍晚仍然依我的計畫進行打掃工作，有時我沒看到的地方，學生發現了，就來商量處理。至今難忘的同學是：將升四年級的陳義裕帶領的那一群，尤其是陳義裕，穿著短褲和襯衫、冒著大汗，不缺席地每天準時報到。還有一群是很聽高年級學長姊話的升二年級的學生們，如高怡萱、王名儒、葉正容、姚祖文、簡憲志、郭子文、曾振隆、周祥明等 8 位，他們在放有 20 mCurie 中子源的小房間內竟然連續工作四到八小時！

臺大物理系中子源事件

　　陳義裕和高怡萱等同學，分別是臺大物理系 1982 年和 1984 年的畢業生，他們從屋頂到水溝，掃出四、五臺大卡車的廢棄物和垃圾，堆放在二號館和三號館西側的空地上。在大掃除期間，掃出一大塊熔化過的蠟片，當林松雲技士在垃圾堆發現該蠟片時，匆忙地跑來問我：「這是從哪裡搬來的蠟片？它應該是用來保護 20 mCurie 的中子源用的，而中子源在哪裡？」我完全被嚇住了，幾乎失神，怎麼可能？於是我們兩人就到處問正在大掃除的學生：「蠟片是從哪裡搬來的？」結果是：

> 這是從二號館西側二樓到三樓的樓梯間堆滿廢棄物的地方，和廢棄物一起清出來的，但沒林松雲先生所說的，內放有中子源的很重的鉛罐！

　　林松雲說：「天啊！那中子源在哪裡？」它是大約在 1960 年左右，鄭伯昆硬從許雲基那裡拿走的，是管制品，只有做原子核實驗的專家才能使用。鄭伯昆拿走之後，無論許雲基怎麼要回，都一直沒還！不幸當時鄭伯昆在日本，無法問中子源在哪裡。這時林松雲說：「曾經在三樓學生做近代物理的學生實驗桌上看到內有中子源的直徑約 10 公分、高約 20 公分的鉛圓柱。」（圖 12-1）。林松雲一看到它，立即叫：「啊！

這就是中子源！」正在做實驗的女生當場大哭。林松雲叫鄭伯昆馬上收好！

接著我再問在三樓大掃除的將升大二的一年級同學。有人說好像看過，但忘了現在在哪裡。於是我們繼續大掃除，同時請林松雲寫一張可能有中子源的布告，並且封住一到三樓兩側的樓梯。西側二到三樓的樓梯分成兩階段，頭一階段是鄭伯昆堆放廢棄物處，上到第二階處鄭伯昆設了門，無法進出。當時物理系沒有中子檢測器，於是中子源在哪裡，只能等 9 月下旬鄭伯昆從日本回來才能知道。

負責大掃除三樓的一年級同學，從鄭伯昆用來儲藏大學部實驗器材的兩大房間中，取出未開封的新儀器和零件紙箱好多個，以及上好的器材。我們把能用的全部集中放在三樓東側放儀器的儲藏室，不能用的則全部清掉，同時清潔房間，以供重新分配使用。整理三樓走廊端儲藏室 313 室由我指揮，8 位一

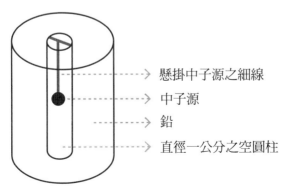

圖 12-1　裝有中子源的鉛圓柱。

年級同學幫忙。該儲藏室分左右兩區，從地板到天花板，分為三層。開始時我們把重的東西非常整齊地先排滿地板，學生非常努力地協助。

在 9 月 24 日發現的放中子源的鉛罐，是我雙手（很重）捧著它放在門口左側的第一層牆壁處。周圍放的也是重的器材，大約指揮完畢，我就離開了，剩下的全由一年級的同學負責整理三樓。所以在三樓那間儲藏室整理的學生，就因此受到中子源的影響！我也是，是眼睛！9 月 24 日找到的中子源，就是我用雙手捧著放置的那個重罐。我把當天在該房間工作的 8 位同學名單，以及臺大必須負責他們今後二十年的健康問題的公文，一併交給院長羅銅壁和校長虞兆中。我下決心，要所有在三樓做實驗、尤其做近代物理實驗的學生，檢查身體的輻射劑量，進入有輻射霧房間，或做有輻射線，如 X 射線（X-Ray）實驗者，身上必須有「輻射劑量卡」，違者重罰！同時想看看臺大其他系如何處理輻射問題。

在學生同心協力的合作下，大掃除在 9 月 14 日下午完成，整個物理系煥然一新！真是謝謝連續工作約十天的一到三年級（他們 1982、1983、1984 年畢業於臺大物理系）同學，以及技術人員。剩下的工作是等鄭伯昆回來，問他中子源在哪裡？九月中旬，鄭伯昆從日本回來，我、林松雲等都問他：「中子源放在哪裡？」他答不出來，不知去向也！又看到他獨占的三樓東側的大部分改觀了，他心中應該有數。

在 9 月 24 日上午約 9 點，我正在 4 號教室教大掃除出過

力的大二同學理論力學時，看到鄭伯昆帶了約 5 位手拿著東西的人士上三樓去尋找中子源，發現肯定地點是 313 室！鄭伯昆向系辦公室去拿鑰匙，系辦告訴他，313 室的鑰匙是系主任專管。於是鄭伯昆不得不來向正在上課的我要鑰匙，我立即的反應是：

> 完了！中子源在 313 室！暫時停課。我拿了鑰匙和他上313 室，天啊，中子源就在我放置的那個重罐內！課堂上的學生好像也有第六感，我回來時極為安靜。我告訴他們：「中子源就在你們整理能使用的儀器等的那間儲藏室，313 室！」我沒有多談，靜了一會兒，就繼續上完課。

　　林松雲打電話給許雲基，許雲基坐計程車來了，立刻指揮如何處理中子源的事。我站在他旁邊，從未看過中子源的我，又緊張又好奇。今天和鄭伯昆來的那些人是原子能委員會輻射問題專家，穿的是防輻射衣。許雲基請他們把中子源從 313 室搬到一樓增建的地下室去。我們站在距中子源約 5 公尺的地方。許雲基教他們：

1. 先找罐子中央處，直徑約 1 公分的圓柱洞。
2. 再找一根細線。
3. 勾住那根細線，其末端就有黃豆大的 Ra-Be 中子源。

　　這過程我親眼看了，旁邊還有一些人在看。結果只找到了一顆。許雲基說：「應該有兩顆，另一顆到哪裡去了？」許雲基和我當場決定：

1. 請原子能委員會帶走那中子源。
2. 同時請他們徹查整棟二號館，希望能找出第二顆，但是結果沒有找到！

　　於是物理系館從此沒中子源了，但三樓、二樓都仍然有強烈的輻射線反應！9月24日上午約9點，當原子能委員會人員從二號館東側門內進入系館時，他們攜帶的中子檢測器就有反應了，請想一想那顆中子源的輻射力吧，真可怕。因為那個中子源正在他們頭上的313室！

　　　這就是1981年9月21日發生在臺灣大學的中子源事件！

　　這種事發生在非物理系還可以原諒，但是不該發生在物理系！不少物理系同仁都要我把事實真相公布，所以蔡尚方、陳卓、王亢沛、張國龍和我商量公告文，由陳卓執筆。
　　於是臺大物理系的中子事件轟動了當時的臺大，紛紛有人來告訴我：

曾經有物理系學生在清華大學大門口倒下來，到醫院檢
　　查是得了白血病；也曾經有物理系學生身體不舒服，但
　　查不出任何病，卻大約一個月後就過世了；還有人無緣
　　無故，總是沒有精神，卻查不出毛病。

後來報章都登了臺大物理系的中子源事件，於是海外的系
友也知道了。我陷入沉思，因為我很瞭解鄭伯昆，我們是同班
同學，他有武士道精神：

　　名譽第一，什麼都要爭第一。

他一定會動員所有可以動員的力量抗爭到底，同時會找我
麻煩。他在政治家庭長大，父親曾任新竹市市長，所以他有政
治細胞。他表面是社會主義者，實際上左右通吃。臺灣在二戰
末期就流行社會主義、共產主義，這些人被視為比較先進，於
是在我們的大學時代，學生間也流行這方面的讀書會。例如李
登輝曾加入共產黨組織，李遠哲不是還讀俄文的共產主義書籍
嗎？李遠哲是新竹人，逃不過新竹幫的影響。當時的臺灣實施
戒嚴令，鄭伯昆的內幕我死也不能講，否則會害了他。明知他
可能會動員什麼樣的組織來對付我，但左右組織的「左」我絕
對不能洩漏！「右」則是大家都看得到，且他們會幫忙他的。
我唯一的武器是：

喚醒知識份子的良知，因為臺大教師都受過高等教育。

我告訴自己好好地發揮這個武器，貫徹自己的理念進行系務。於是非常冷靜地對付中子源事件引起的社會轟動：

不直接處罰鄭伯昆，不然我回臺灣的計畫會受到嚴重影響，不小心可能泡湯！臺灣問題不簡單，為了未來，不玩沒把握的戰爭。

我在當時的臺大物理系孤軍奮鬥，唯一可商量的只有同意我、連根拔起離開居住美國三十年，一起回臺灣的丈夫。

那中子源事件為什麼會引起那麼大的轟動與臺大學生的不安呢？因為中子（neutron，n）是構成原子核的兩種核子（nuclear）之一，另一種是質子（proton，p）。中子不帶電，作用力又強，什麼地方都能進去。同一種原子，如果它的原子核的質子的數量相同，但中子的數量不同，則我們稱之為該原子的同位素（isotope），會使該原子的功能稍微改變，因而影響物質的組織。

物理系的中子源是鐳（Ra）原子，它的原子核是不穩定的，會時時刻刻放射 α 粒子（氦〔He〕原子核）。從鐳射出來的 α 粒子帶有很大的動能，於是會衝擊任何原子。利用此 α 粒子去撞擊鈹（Be）原子，鈹原子就會放射中子，所以稱為鐳鈹（Ra-Be）中子源。不穩定的原子核會放射不同種類的粒

子，有的放射電子，有的放射正子（帶正電荷的電子），還有的放射 α 粒子。也有的不放射粒子，而是射出比 X 光波長更短、穿透力更強的射線，叫做 γ 射線。

X 射線也好，γ 射線也好，都是電磁波，它們沒有靜止質量（rest mass）或慣性質量。而電子、正子和 α 粒子則是有靜止質量的粒子，所以我們才稱之為放射（emissoin），而稱沒靜止質量的為輻射（radiation），不過一般人常把前者也叫輻射。不穩定的原子核的傾向是想變成穩定，於是原子和內部的核子相互作用，擠出電子、正子或 α 粒子（由兩個中子、兩個質子構成）的現象稱為蛻變（disintegration）。每一克某種類的原子核單位時間的蛻變量是以居禮（Curie）為單位，縮寫符號是 Ci。那 1 Ci 有多大呢？是

$$3.72 \times 10^{10} \frac{1}{g \times s} \equiv 1 \ Ci$$

所以 1 克（gram，g）物理系中子源的鐳，每秒鐘因蛻變而放出的 α 粒子有：

$$3.72 \times 10^{10} \frac{1}{g \times s} \quad 個$$

但不是每個 α 粒子撞擊鈹都會成功地放出 1 個中子 n，機率會降低 10 ～ 100。於是 1 Ci 放射中子的數是：

$$\frac{1 \text{ Ci}}{10 \sim 100} = 3.72 \times 10^{8 \sim 9} \frac{1}{g \times s} \quad \text{個}$$

物理系的 Ra-Be 中子源是 20 mCi（m = 毫，即千分之一），所以 1 克中子源每秒應該產生的中子數是：

$$\therefore 20 \text{ m} \times \text{Ci} = \left(20 \times 3.72 \times 10^{8 \sim 9} \frac{1}{g \times s}\right) \frac{g}{1000}$$

$$= 7.44 \times 10^{6 \sim 7} \frac{1}{s} \quad \text{個}$$

中子事件發生後，我仔細地分析它對人體的傷害，計算具體數值，公布給全系師生。後來我把其中技術性的內容轉寫在我寫的教科書中：

啟發性物理學《近代物理 II：原子核物理學簡介、基本粒子物理學簡介》，第 96-99 頁（五南圖書出版，2003年 3 月初版，2010 年 12 月第二版）

Ra-Be 中子源除了放射中子之外，同時會輻射強烈的 γ 射線，因此物理館必有嚴重的輻射汙染，果然如此！二號館西側二和三樓都檢測到強烈輻射，竟沒想到三樓的鄭伯昆固態物理實驗室，好多地方隨便放著強烈的輻射源物質。於是告訴他，把要的依規定收好，不要的全部移走！一旦發現了這種不負專業責任的情況，我立即查他在三樓最東端的近代物理實驗室。

我們發現：

大學部三、四年級學生做近代物理實驗用的 X 射線儀
器，它的輻射劑量是規定的 800 倍！會嚴重危害健康！

這樣地，Ra-Be 中子源從大約 1960 年到 1981 年 9 月 24
日一直在二號館遊蕩，帶來中子和 γ 射線汙染。所以這段期間
在物理系館二號館生活過的人，依他們所在的位置和時間的長
短，全都受過輕重程度不一的輻射傷害。我首先請大掃除時在
三樓待最久的剛升二年級生，全做身體檢查；同時要求**進出汙
染區，以及做 X 射線或輻射線實驗的人，必須配戴「輻射量
記錄卡」**。另一方面，**物理系會請技術人員做不定期學生實驗
室檢查，因為定期檢查等於沒查，負責實驗的教師一定會過
關**。要確保輻射安全，必須制定系所的管理規則，即系所憲
章，並且制定各教師的教學課程大綱，這兩樣全公開。這樣才
能去除師徒似的人治教育法，以及確保教課內容達到某種水
平。

「公開」是非常厲害的武器，這是我的法寶，我擔任系主
任時一直用它。因為和大家有關之事，不但人人關心，並且都
是監督人，於是公開透明就能夠不必費心費力地獲得較公平的
判斷或處理該件事的方法、結論。例如經費公開，徵求教職人
員以公開方式來申請，而各職員們的工作，為了避免有的人做
很多事卻相對低報酬，對這種人必須多給獎金，才能讓大家心

服口服。

輻射問題告一段落之後，立即要處理的事是學生的實驗器材。過去竟然要學生自掏腰包到中華商場去買零件，而大掃除時從三樓東側兩大房間中清出大量的學生實驗新器材，這是怎麼回事？於是請技術員和部分學生，把他們從大掃除時保管在313室的實驗器材拿出來，分到各學生實驗室去，萬一該實驗室還缺什麼，再請負責的助教寫下清單，由系裡出錢購買，最終決定：

> 不再讓學生自掏腰包去買零件。因為臺灣的經濟建設成功，國庫年年大量黑字，同時政府積極培養人才，教育經費不可能減少反而應該增加才是，研究經費也該如此。

果然讓我猜對了，開學後教育部發下來的錢不少，各系分到的費用充足。當時的中華商場（目前的中華路）充滿了賣各種便宜貨，或者二手貨的平房零售商店。

在整個物理系館的安全，以及教室、教師辦公室、學生實驗室與實驗器材的事情大致滿意後，下一個重要工作就是制定管理物理系所的章程，不然無法推動法治。這些章程早在1976學年到1978學年就在系務會議中分別通過，卻沒公布，甚至沒有執行。這些章程包括：

1. 國立臺灣大學物理系暨研究所「系（所）務會議」組織及議事章程
   1977 年 10 月 6 日系（所）務會議通過

2. 國立臺灣大學物理系暨研究所常設工作委員組織章程
   1977 年 10 月 6 日系（所）務會議通過

3. 國立臺灣大學物理系暨研究所提聘新專任教師辦法
   1978 年 6 月 26 日系（所）務會議通過

4. 國立臺灣大學物理系暨研究所專任教師升等推薦辦法
   1976 年 8 月 23 日物理系（所）教授會議制定

　　於是在 1981 年 10 月 9 日由林清涼、崔伯銓、王亢沛、陳卓、張國龍、鄭以禎、蔡尚方整理和校對後印成小冊，分給教職員工。後來我們四人幫（林清涼、王亢沛、陳卓、張國龍）又討論了提升教學品質問題，尤其是研究所和打科學基礎的普通物理，其實驗部分有崔伯銓負責了，而普通物理的教學，則是聘請了好幾位兼任老師，該怎麼辦？最終決定在每學期期末，由學生來做教學評鑑，以供改善之用。至於教研所的教師，必須在學生註冊前公布課程大綱，最好向同學們公布教學內容、進度和評量法，以便提供學生充分的資訊及準備公平的評量標準。這些我們全做到了。

　　最後一件事則是牽連校長、教務長到教育部，那就是物理系要開現在通稱的通識課。開這門課的動機是為了趕上世界先進國家國民該有的最起碼科學知識，教育大家有懷疑、分析、好奇之力。這件事我和好友沈君山學弟早有共識，但一直遭遇到很大的阻力，連物理系教師都有人反對，只好暫擱置，先處理中子事件所引起的臺大全校性問題：

> 臺灣大學對危害物品的管理情況如何？結果發現臺灣大學沒有管理危害物品的機構，也沒有對危害物品該遵守的規則。

　　虞校長非常關心這件事，請使用危害物品的系所合作設立臺灣大學危害物品管理機構，以及制定遵守規則。我們大約努力了一年才完成工作。參與制定遵守規則的過程中，原子能委員會的黃呈元先生不但給我不少資料，而且來物理系檢查汙染實況，並瞭解過去的歷史，以他的專業和經驗給了我許多寶貴的建議，再次謝謝他。新竹清華大學核工系也給了我好多資料，包括清華大學的輻射管理規則，非常感謝他們。於是在虞校長的努力下，臺大在 1982 年夏天成立全校的管理體系，制定務必嚴守的規則。

　　這個管理委員會定期開會，報告全校的實況，並且檢討分析發生的事故，或預防可能發生之事等，運作得很好。

設置系所管理章程

　　任何組織的負責人，必須有管理該組織的理念才是。我的個性喜歡心安理得地快快樂樂過日子，所以應該怎麼做一個負責人呢？我給自己的答案是：執行自由民主的制度就對了。我個人對自由民主的看法是：

　　自由：在不傷害任何組織成員的前提下，能做自己想做的事，或做自己快樂的事。

　　民主：人人都是主人，但行為必須受該組織的規範或制約，且對所做之事負責任。

　　所謂快樂、規範或制約，是受到傳統及文化影響的，所以各民族不可能有百分之百相同的規範或方法。國立臺灣大學物理系是個組織，它的傳統是研究基礎科學之中的物理學，所以成員該遵守的規範不可能和外系（例如法律系）完全相同，例如物理系必須有對危害人體的輻射物品管理規則。要達到自由，人人必須能判斷是非才行。而民主呢？人人必須對自己所說所做負責任才行。同時該組織必須有一個機制，能夠一起反省檢討、一起面對新狀況，這就是系（所）務會議。它關係到全體成員的自由與民主，所以除了教師、職員、工友，以及學生也該參與。於是決定：

1. 職員、工友、和學生（各年級）有權派代表列席；
2. 系務會議之前，先請大家提意見或評語；
3. 開會之前一禮拜，把過去和未來的系務，校方通知的重要事項，以及同事們的提案，印好分給每一位參與系務會議的人，請他們先好好地看看。

　　為什麼要提早，並且必須好好地看呢？因為大家都很忙，非提早不可，至於為何非好好看不可？如果沒有花時間經大腦思考分析，只是在開會時才去想議題而做決定，往往得到常識性的結論，會欠缺深度，缺乏長遠性及通盤性，是輕率而不負責任的做法。這是我的價值觀。所以系務會議經常討論激烈，而從討論中衍生出來的問題，如果與會者不提，我就暗示它可能帶來的後果，請教大家如何處理。經系務會議決定的事，必定嚴格執行。系裡還設有無記名投書意見箱，於是對突發事件，或過去沒想到的事，便能夠隨時處理。

　　我非常信任學生，學生時代是人的一生當中正義感最強烈的時代。加上我發現學生很喜歡做有意義的事，因此只要學生能做的，就請學生幫忙。這樣就拉近了師生感情，也使學生們愛物理系，又能自我成長，甚至能訓練領導力或其他發掘潛能。所以，請相信學生，同時關心他們，讓他們做公共事務，或幫忙系所做事。例如讓學生管理圖書館，保證不會丟書。請學生維護系的清潔，絕對乾淨。系有教育經費，系主任有總導師費，都能用來獎賞那些學生。不過在方法上需要相當用心，

找時機，且能使學生有榮譽感，加強自信心，條件是：「真愛學生。」

這種愛，學生是會感覺得到的。教師對學生無形中的影響是很大的，教師的一舉一動，學生都看在眼裡。學生真是可愛，所以能讓學生做的盡量讓學生做，或請他們幫忙，有時會做出意想不到的好結果，老師也能從中學到新辦法或新想法，真是教學相長。所以我非常喜歡教書，即使到現在（2016），除了特殊的原因，我每天都到辦公室。

轉眼間就要迎接 1982 年的新年，學生忙著準備期末考。每次遇到他們，我自然地說出口：「謝謝，加油！」他們有的也回：「老師加油！加油！」或者說：「老師還有要幫忙的嗎？」真是溫馨。這學期來了兩位聞名的核物理學家：

西雅圖華盛頓大學物理系的懷萊茲（Lawrence Wilets，1981 年 9 月 25 日來訪）與被稱為氫彈之父的泰勒（Edward Teller，1981 年 11 月 27 日來訪）。

他們不但參觀了物理系，而且仔細看了原子核實驗室的 Cockcraft-Walton 加速器。許雲基回答了他們所問的一切問題，同時給他們看了 ^{3}H (p, n) ^{4}He 的漂亮實驗結果，加速了質子到 14 MeV（14×10^6 電子伏特）的瞬間和氘（Deuterium）[4] 碰撞

---

[4]　一個質子和一個中子的氫同位素。

的過程，受到高度的評價和稱讚，在場所有人都笑容滿面。11
月來訪的泰勒帶太太來，於是物理系送給她一個超越日本品質
（日本電鍋是直接式易焦）的臺灣大同電鍋（大同電鍋是間接
式，絕不會發生焦的問題）。我向她說明日本和臺灣電鍋的這
些差異點，她立即問我，在美國到哪裡去買？我回答：「請到
中國城。」

多事的 1982 年

在煥然一新的物理系二號館，以及規範行政的《國立臺灣
大學物理系暨研究所系（所）務章則選輯》（1981 年 10 月公
布）的導航下，嚴格執行著法治，學生也有明確的方向，各自
努力奮鬥。大環境普遍看好，經濟建設不但成功，而且加速向
高科技工業化邁進，年年賺大批外匯，只要有能力，年輕人不
怕沒職業，教育經費和研究經費都充足。不過物理系和臺大仍
然瀰漫著對中子源事件的不安，加上肇事者鄭伯昆不但不承認
犯錯，反而聯合系內外他的死黨，動員他的政治細胞和左右通
吃的組織，積極地到處打游擊，甚至造假、說謊和欺騙全來，
箭靶是四人幫。

根據我在 1960 年代末，在日本東京處理林昭義事件的經
驗，我非常清楚他的組織和內幕，但是為了更大環境與更遠的
未來，回到臺灣的我，不可能花時間來對付鄭伯昆的無理取
鬧，因為這樣反而掉進他的陷阱。反正他們絕對找不到我有私

心或不正當的行為。最後他竟然要我遠離四人幫的其他三位朋友！干涉我不要和比他講理且公正的人來往，企圖孤立我，用這種戰術！把學生和教育變成私有物和執行無理想的幫派教育，我當然做不到。他最後在 1982 年 4 月 30 日，拿來一封絕交信，從今和我斷絕朋友關係。他先簽名，然後要我在他後面也簽名。

想想中國近代史，那麼強大的清朝，在乾隆皇帝死後的 1800 年開始走下坡，在錯綜複雜的既得利益者盤踞之下，大清帝國遭到世界強國的剝奪、侵占。1895 年日本發動甲午戰爭，不但搶走中國財富，而且奪取臺灣，以及附近島嶼，這些歷史教訓永遠在我的腦中。

　　所以絕不許輕舉妄動，何況臺大知識份子不少，他們眼光銳利又有良知。

做不做系主任不重要，重要的是準備長期戰鬥，因為臺灣問題不簡單，需幾十年的時間才能解決這個大問題。於是我繼續執行接下系主任時的理念。

不幸的是在大約一禮拜後（1982 年 3 月 29 日），物理系的能幹技師周木春在橫越和平東路時發生車禍，當場過世。還未舉行周先生葬禮，光復後創設臺大物理系的首任系主任戴運軌，於 4 月 5 日過世，我從此失去一位商量的好友和請教的老師。戴教授能說日語，1950 年代初葉，為了怕我們聽不懂他

的國語，常用日語和我們溝通。於是我一有問題就去找他，而有了很好的感情。尤其是中子源事件發生後，我也請教過他。現在他離開了我們，少了一位強而有力的長者請教，對我的打擊很大。

是因戴教授已經不在人間了嗎？４月中旬之後，鄭伯昆變本加厲地製造麻煩。例如在深夜，四人幫全接到騷擾電話。有一次丈夫接電話，他很有辦法，反過來恐嚇對方，後來我就再也沒有接到這種電話了，但其他三位——張國龍、陳卓和王亢沛仍然連續接到怪電話！因此他們三位告到了學校。怪電話事件暫停約兩個月，到了學期末的６月中旬，除了我，他們三人又在深夜接到怪電話。這些稱為「物理系的電話事件」。

通識教育的開端

如人人有某程度的科學知識，則邁向工業化的速度會更快，於是在 1981 年夏天，我和沈君山就有共識，向非理工科系的學生開授科學方面的常識課。這件事不但四人幫，而且物理系部分教師和絕大部分的學生都舉雙手贊成。於是先請沈君山為本系的兼任教授，接著獲得校長的全力支持。前者在人事會議順利通過，後者則不簡單，因當時的教育部不歡迎，故臺大教務長不贊成。怎麼辦？四人幫、沈君山和我丈夫討論的結果是：

只要虞校長贊成，並且堅持就行，就做得到。

方法是我和丈夫一起邀請虞校長來家吃便飯，邊吃邊討論。於是在 1982 年初，我到臺北南京東路的兄弟飯店去訂菜，請他們送到臺北市長興街 60 號大門，再由張國龍夫婦從我住的宿舍後門把菜拿進廚房，然後我就進廚房端出來供校長、沈君山、丈夫和我食用。討論焦點是：

> 開這門課的重要性，教育部和有關單位的阻礙，沈君山負責解決，物理系負責開課之雜事。

沒想到校長竟然也有這種想法，並且說：「理工科系學生也該上非理工科系的課。」於是討論不但順利，且又深又廣。不久沈君山開始積極運作，遭遇不少困難，有一天他請那些阻礙開課的人在圓山飯店集合討論，仍然不順利，但他不放棄，最後以他的人際關係與智慧想出妙計：

> 邀請當時國科會主委吳大猷先生、聞名的生命科學家譚天錫先生，和資訊與自動化專家謝清俊先生，一起開課，同時把原來課名「自然科學概論」改成「自然科學大意」，臺大教務處才通過。

這就是今日大專院校執行的通識教育課之起源。該課受到

學生的廣大歡迎，堂堂爆滿，還塞滿了沒選上課的學生。當時
沈君山如何努力的資料，現在我還保存著，準備交給臺大校史
館。

可敬的克洛爾教授

　　1981 年秋天發生中子源事件之後，物理系系友及師生有
關之人士，紛紛來探視究竟，順便帶給系裡一些消息。其中最
引發我們關心的是，造就了臺灣物理學界許多人才、貢獻非凡
的德籍教授克洛爾。

　　他於 1976 年 7 月退休，整整教了三十年，退休金當時拿
了五十萬元臺幣，由早年受業之學生協助經營與照顧，但生活
依舊寂寥。於是系友和系內師生（1976 年以前畢業臺大物理
系者，全是他的學生）發起慶生會。在 1982 年 3 月 21 日於今
日的「臺大第一學生活動中心」舉行慶生會。同學募款，來了
不少人士，也募了約二十萬元做為他的生日禮物。

　　克洛爾在 1906 年 3 月 21 日誕生於德國北部的格賴夫斯瓦
爾德（Greifswald）。在布雷斯勞大學專攻理論物理，1930 年
獲得了博士學位後，立即到創造量子力學的海森堡研究室工
作。由於不滿希特勒的時政，遂流亡出國，經倫敦、上海、日
本，於 1942 年到臺北。

　　因為當時的臺北帝國大學（臺灣大學的前身）沒物理系，
於是只能在臺北帝大預科——臺北醫專（目前的臺大醫學院前

身）教授德語。臺灣光復後，1946 年臺灣大學物理系創系後，戴運軌系主任聘他為副教授，講授所有和理論有關之課，例如理論物理、統計力學、量子力學、電動力學、場論、相對論等課程。

很明顯，早期（1976 年以前）臺大物理系畢業生的理論方面的基礎都是克洛爾奠基的。克洛爾對臺灣貢獻之大，可想而知。受過教的我們，一有機會就去探望他。女生們往往幫他打掃房子，有時洗衣服。我當系主任時，幫我完成這些事的是張國龍的太太徐慎恕，她甚至自掏腰包買克洛爾的必需品，後來她也和我們一起關照克洛爾，直到他 1992 年 2 月 28 日逝

Eine Tischtennisrunde im Physikalischen Institut der Universität Leipzig, ca. 1931. Mit dabei (v. l.): Georg Placzek, Werner Heisenberg, Fritz Sauter, Georg W. Kellner, Felix Bloch und Wolfgang Kroll. Foto: Universitätsarchiv

圖 12-2　1931 年克洛爾和量子力學創始者海森堡等人打桌球。左起第二人（打球者）為海森堡，右下角為克洛爾。（林清涼提供）

世，以及舉辦隆重的葬禮。

1992 年的臺大物理系主任是王亢沛，他做事負責並且周到。他想盡辦法讓受教於克洛爾的學生們知道克洛爾離開我們了。於是克洛爾在日本教過的學生來了約 10 位，讓大家有機會見偉大的恩師最後一面。其骨灰安葬在淡水北新莊慈安福音山基督教墓園。

徐家鸞教授與投奔自由

1982 年臺灣經濟建設正進入巔峰期，從人民到政府，每年都有不少經濟成長。政府有充分的錢，使軟硬體建設全上軌道，正是所謂的欣欣向榮。同時整個世界從二次大戰後開始的冷戰，也同樣地進入巔峰期而帶來以美國為首、稱為自由民主的資本主義國家，與被稱為一黨專政，以蘇聯為首的社會主義共產國家對立，互相醜化對方，加油添醋擴大宣傳對方的負面。久而久之，對立變成仇恨，於是各自失去了理性和同理心，產生殘忍心理，失去寬容與關懷。還好美蘇沒有開戰，最終只是使二戰失去了十分之一人口、國土的最精華地區成為戰場的蘇聯，在 1991 年政權垮臺。從此美國成為世界唯一超級強國，能隨心所欲左右全世界，向全世界強推美式自由、民主和人權。

在 1980 年代之前，全世界都被美蘇兩大漩渦捲入，臺灣是在美國大漩渦中旋轉，而中國大陸則是捲入蘇聯大漩渦中。

中國的量體很大，所以雖然身處蘇聯漩渦，但並沒有同步。
1976 年毛澤東逝世後，過了不久（1978 年 12 月）鄧小平就掌
握了實權，走改革開放的中式社會主義路線。不到三年，他的
政策雖然已經上路了，但每個人的經濟能力、社會風氣、國家
整體建設仍然遠不如臺灣。於是臺灣利用人性的弱點：愛錢、
愛名來動搖敵對的大陸民心，例如：

> 大力宣傳自由、民主、人權，共產黨是獨裁政權。駕飛
> 機投奔自由到臺灣來，賞一千兩到五千兩黃金。學術專
> 家學者投奔者，賞獎金之外，還安排好的職位與住所。

　　果然在 1982 年 5 月 16 日，響亮迷人十足的自由與民主加
上利誘，騙了一位大陸派到美國深造的未來在核融合（nuclear
fusion）領域棟梁之一徐家鸞教授到臺灣來。5 月 17 日上午到
學校不久，就接到邀請：

> 今天下午 2 點半到國科會參加徐家鸞教授的歡迎大會。

　　我坐計程車，早一點到國科會會場。臺灣物理學會的幹事
們和一些我不認識的人，以及好友沈君山已經在現場。我聽了
些想像得到的歡迎詞和一番熱鬧之後，在「自由之家」舉行晚
宴。整個過程我都很沉重，只想：「怎麼辦？又增加了一件麻
煩事。」過了幾天學校來函：5 月 24 日上午九點半徐家鸞將

到物理系來參觀。

我立即通知全系教職員來參加徐氏歡迎會。我帶他看看物理系，然後給他臺大、物理系，以及理學院的資料及課程、系（所）章程等，最後請他到僑光堂（今日的鹿鳴堂）吃中餐。除了徐氏和帶他的劉先生，系裡有 8 名教師參加。不久我接到古正綱夫婦歡迎徐家鸞投奔自由的宴會邀請函，宴會是 6 月 5 日，參與者 20 位，包括徐家鸞和幫他忙的劉先生、同樣投奔自由的大陸音樂家李天慧、李政道的弟弟李根道夫婦、臺大教務長姚淇清、盧人鳳、陳志強、王品義、國科會國際合作組人員等。晚宴後臺大教務長姚淇清帶我回長興街宿舍，一路上要我好好接待徐家鸞。

接著是忙期末考、畢業典禮、大學聯招、學年末的大掃除。尚未完成全系的清潔工作，7 月 5 日徐家鸞透過王紀五表示希望到臺大物理系來教書。物理系的行政已經法治化，必須依系（所）務章程進行審議，系主任不能自行決定聘請任何人。申請人需要直接提供該章則上需要的資料，正式向物理系申請。這些是我向王紀五先生說明的內容。徐家鸞照做了，於是在 1982 年 9 月 1 日的人事會議通過聘請徐家鸞為臺大物理系兼任教授，並且提供 203 室做為他的辦公室，希望他教授他的專長，與核融合有關的電漿物理（plasma physics）。但他對此並不積極，反而喜歡開授「理論物理專題」。

他在 1982 學年第一學期的開學第一堂，9 月 17 日正式在臺大物理系上課。於是他就自然地和臺灣學生，以及教師們來

往，有機會較客觀、同時較深入地瞭解臺灣，以及所謂的自由和民主。我們四人幫也常請他一起到僑光堂吃中飯，對他的提問知無不言，言無不盡，交情不錯。我們瞭解他對經典力學（classical mechanics）有自己的一套，因此勸他寫書，他本人也有這個計畫。後來他果然完成了計畫，由臺北正中書局出版《經典力學》（1986）一本。同年 9 月 17 日，沈君山在臺灣大學講授「自然科學大意」的第一堂課，也就是臺灣目前稱為通識教育的第一堂課。

徐家鸞對臺灣認識愈深，他的情緒愈不穩，終於在投奔自由半年後的 1982 年 11 月 17 日向我說出他的不安情況，以及種種困難，怕因此生病。我們交談了約兩個小時（上午 10 點 15 分到中午 12 點過一些），我盡量地安慰他和提出如何突破困難的可能方法。我請張國龍和 1982 年新聘教授趙挺偉加入我們一起去吃中飯，四個人邊走邊聊到僑光堂，慢慢地吃中飯，以瞭解徐家鸞的沉重心情。

吃飯中張國龍好像已感覺到徐家鸞有點不對勁。後來不但張國龍，而且王亢沛、陳卓都要我講今天徐家鸞和我的談話重點，我只適當地向他們說明，但私人的部分我還是沒講。何必呢？他們也解決不了，何況人家信任你而說出的話，怎麼可以向第三者轉述？我心裡也很難過，明知徐家鸞是一時糊塗而被誘騙的政治犧牲者，但這種人不知有多少！

自由？民主？

當你不是那種體質時，就絕不能盲目地相信！

　　我常以「喝牛奶」來回答我對自由民主的看法。牛奶確實是對身體好的營養食物，白種人對牛奶沒不良反應，但東方人不一定，有人喝了會瀉肚子，他必須經過一段時間，使自己的腸子產生的酵素能適應牛奶才行，有的人需要好幾年才能適應。喝牛奶雖然有益健康，但牛奶溫度高低，以及分量多少，則人人有不同的適應度。如以牛奶當作自由民主，則每個國家都不能平移他國自由與民主的模式。每個國家對自由的規範，對民主該負的責任和義務都不一樣，才是正確。

　　每個國家都有自己的文明、文化，人民的生活習慣，社會組織，各有其實質上的不同，怎麼可以執行同樣的自由與民主的模式呢？不是嗎？所以中國大陸和臺灣當然會有不一樣的做法。不過別忘了，中國是世界四大文明發源地之一，有自己堅強的文化傳統。一旦覺醒，追趕起來的力道是可怕的。

　　1978 年 12 月鄧小平出來領導，短短的四年後，1982 年 8 月 17 日美國和中共簽了影響臺灣的《八一七公報》。在 1984 年 12 月 19 日中英簽署《中英聯合聲明》，英國把香港主權歸給中國。香港事件對臺灣內部的無形影響很大，臺灣經濟上升曲線因此而稍微動搖，這些因素都會影響投奔自由者的神經，使他們不安是自然現象。所以做重大決定時：

　　必須看遠一點，至少十年，甚至愈遠愈好。考慮臺灣

時，格局要大，最好放眼全世界，至少要有整個亞洲之格局。

腦炎

從 1981 年 8 月 1 日開始努力，經過學生的積極協助，和大部分教師的合作，臺大物理系的軟硬體大致上了軌道。1982 年 6 月中旬期末考結束，學生自動發起系館內外的大掃除，令我非常感動。我只請他們不要太疲倦，因為在臺灣發現了日本腦炎，請他們千萬不要亂跑，吃好睡飽。但還是有人騎腳踏車出遊時，染到病菌。7 月 16 日下午三年級同學跑來：「報告老師，李漢波生了怪病，被送往臺北醫學院。」我立即和該生坐計程車趕到病房，直覺糟了，可能是腦膜炎！我跑到醫院負責人室詢問：

請問他是什麼病？是不是日本腦炎？

沒得到肯定答案。接著追問：

你們有沒有醫腦炎的病房？或傳染病房？

回答是沒有！於是我立即趕回學校，直奔校長室，向校長說明後，請校長安排臺大醫院病房及醫生，校長當場答應，安

排了一位楊醫師。接著回系，招集學生，準備長期作戰，因此需要組織強壯健康的學生輪流在醫院看護。學生們的行動之快，7月17日上午和兩位學生到臺北醫學院辦好轉醫院手續，移到臺大醫院的傳染病房，楊醫師和一些物理系的學生已經在等我們了，我五體投地地感謝學生們。

檢查結果的確是日本腦炎！還好病毒尚未進入腦部，還可救！從此刻之後學生組織負全責看護，任何費用由系負責。經一個月的長期抗病，李漢波在1982年8月18日出院。李漢波是香港僑生，家人也從香港趕來照顧。出院後家人帶李漢波回去香港休養，校長也很高興，學生們更高興。

在7月16日我為什麼懷疑李漢波可能是染到腦炎病毒呢？因為在約一年半前的1980年11月底，我弟弟在洛杉磯染到腦炎病毒，可惜由於家人耽誤了時間，弟弟在1980年12月6日過世。當時我剛好在美國麻省，趕到醫院看到弟弟的病房，這個寶貴的經驗，以及學生的奉獻救了李漢波。事情過後，我向學校申請給暑假自動清掃系館內外，以及看護李漢波的同學們獎賞，校長又特別謝謝這群看護生，有幾位還記了兩個大功！不但是學生為物理系努力工作，技術人員也不例外，於是向學校申請技士林松雲和楊啟珊升等為技正，順利地在1982年9月21日通過升等。

學生們聯合戰勝了病毒，知道了病毒一定要在潛伏期內殺死，否則過了潛伏期，人就難救了。但有一件令他們不安且無奈的事是，和他們有關的老師卻不和他們站在一起。當時使他

們最不安的，是物理系的輻射問題。

從 1981 年 9 月到 1982 年 6 月底已過了九個月，但是鄭伯昆仍然不合作，想盡辦法合理化他的所作所為。物理系的助教們（物理系畢業生）和新聘的有輻放射經驗的技士孫世章，都參考臺灣原子能委員會、清華大學，以及美日大學的輻射防護規則，編制了臺灣大學物理系的輻放射防護章則，卻都無法在系（所）務會議通過，因為鄭伯昆聯合了蔡尚方和黃暉理三小巨頭，找各種理由拖延，這種戰術就像拖過病毒的潛伏期而令病毒發威。

阻擋輻放射防護章則，就等於臺大物理系不設輻放射防護章則！部分學生、助教們當然看穿了這個戰術，尤其是當時的助教孫維新，他積極地和孫世章合作編制了無懈可擊的章則。同時在虞校長的關心下，臺灣大學也積極籌組全校性的危害物品管理體系。其中的負責人之一，是臺大醫學院管理醫院輻放射問題的林榮耀教授，他光臨物理系調查對人體危害的程度，要物理系非改善不可，尤其是學生的近代物理實驗室。而近代物理實驗室的負責人是鄭伯昆，他在物理系的勸告下整理了該實驗室，但不徹底，甚至訂出一套他自己的輻射防護章則來對抗孫維新和孫世章所訂的章則，並且阻擋該章則通過系（所）務會議。1982 年 6 月 28 日，林榮耀就向鄭伯昆說：

> 為了傅鐘附近的椰林大道和廣場的安全，贊成物理系
> 要把整間實驗室牆壁，貼一層鉛護片之看法，即屏蔽

（shield），以避免輻射外洩。

　　在內外壓力之下，物理系在 1982 年 8 月 11 日成功地完成了物理系（二號館）東側三樓端的近代物理實驗室的屏蔽設施，室內的 X 射線屏蔽也做了。物理系在孫世章技士的負責下，輻放射問題的管制上了軌道，學生進出有危害物品的實驗室，必須配戴測輻射計量之卡片，但他主編的物理系輻放射防護章則，一直被拖到 1983 年 6 月 24 日才通過系（所）務會議。從 1981 年 10 月開始努力了約一年九個月才順利完成的《臺大物理系（所）輻放射防護章則》比國立臺灣大學建立全校性的危害物品管理體系還慢了約一個月！

功成身退（**1983** 前半年）

　　經過約一年半的全系教職員及學生的努力下，整個物理系的軟硬體大致上了軌道。此時丈夫馮纘華已融入了臺灣環工界，積極為臺灣的環境和生態做事，同時應中央大學校長李崇道之請，籌創中央大學環工系。臺大也不例外，在虞校長的領導下，完成了：

1. 疏通全校的排水系統和美化環境。
2. 從 1983 學年開啟通識教育。
3. 成立危害物品的管理體系及章則。

　　他並且著手徹查全校的公共財產，釐清學校和各系所之間的財產歸屬，同時健全運作制度，這確實是件艱難的工作，而虞校長和當時的總務長茅聲濤教授合力完成了。

　　臺大營繕組給每一系（所）在學校登記的財產紀錄表，於是我就請技術人員和助教們負責做公共財產的對照工作，相當費時。由於這是物理系必須對學校負責的重要工作之一，於是最後我親自一件一件地做了仔細的檢點，結果是在物理系找不到的應有儀器或物品約值一千萬元！沒有報銷，但是東西到哪裡去了？難道負責申請的購買者沒有責任嗎？後來學校沒有處理這件事。有的人很愛買東西，很愛擁有東西，卻不用。真是浪費公帑，發現物理系很浪費。

　　這學期除了整理公共財產之外，還發生了一件小事。在臺灣和李崇道一起生活的李政道母親，在2月逝世，李政道2月下旬趕到臺灣（他每年至少到臺灣探望母親一次），在他母親出殯之前，1983年2月24日上午在新竹清華大學物理系和學生座談，我和張國龍就去參加。內容太好了，想到臺大物理系的學生也該有這個福氣才對。會後立即邀請他，結果他答應了，並且是當天下午2點30分。於是我馬上打電話給臺大校長、物理系辦公室，陳卓和王亢沛負責做該做的事。我和張國龍沒和清大教授們吃飯就趕回臺北。

　　到了物理系時，虞校長及羅銅壁院長已經在本系等候李政道和李崇道兄弟了。物理系館擠滿了學生，演講教室（物四教室）更是座無虛席。不久李政道兄弟光臨，校長上前接待（虞

校長和李崇道校長是好友），我們一起進入教室。在精采的演講，以及和學生熱烈的互動中，時間一轉眼已過了一個半小時。由於在四點半要見蔣經國總統，李崇道就帶走了李政道。他們離開後，學生分成一群一群討論著，過了一陣子才散掉。第二天的 2 月 25 日上午是李政道母親的葬禮，臺大出校車，除了物理系的部分教師之外，沒想到好多學生都擠上車。事後李政道帶母親骨灰回大陸安葬。

　　除了特別情況，一般李政道到臺灣來是不作任何公開活動的。這次破例，又是母親逝世，所以他怎麼會到臺大來演講，自然引起執政當局的關心，從 2 月 26 日下午到 2 月 28 日上午總共打了五次電話來關切。有一次找不到我，就打到家裡，丈夫接了電話，做了適當地回答。晚上我回家後，他要我請好友沈君山幫我解圍。在 2 月 28 日上午大約 9 點，我連絡到沈君山了，向他說明一切後請他幫忙：「不要再來騷擾我。」約兩個小時後沈君山來電：「一切解決了。」

　　經過這件事之後，我再不敢自動出面邀請國際知名人士，除非他們經過國科會、教育部、中研院、臺大，或者自己來訪。3 月 22 日吳健雄和袁家騮夫婦光臨臺灣時，我只有到中研院去看本來就認識的他們和聽演講而已，沒有邀請他們。之後在 3 月 28 日袁家騮要到臺大物理系來，於是我就安排他們和學生的座談會，從下午 3 點到 5 點，學生好高興。

　　從 1983 年 2 月 24 日到 3 月 28 日的生活經驗，使我理性地分析臺灣的地位和體質。它是活在世界最富強的國家陰影下

的。科學沒有生根，工業是代工工業，加上國際間所謂的平等，只是口號和外交術語，只有在力的平衡下，國與國之間才有平等。1981 年 7 月 31 日接系主任時我的核心理念是：

1. 系（所）的經營必須是法治而非人治。因此在 1981 年 10 月公布了系（所）務章則。
2. 大致完成硬體的整頓，有個能在自由民主制度下安心做研究的環境。
3. 提升科技常識的通識課程在 1982 年 9 月開啟。

這些在兩年內都已經初步奠基了，但是要消除既得利益者或團體、改變無聊份子的價值觀和做法，除了大環境的配合，還需要長期戰鬥，並且是需要動用國家級的機構。於是我決心，想盡辦法使危害人體的輻放射防護章則在物理系（所）務會議通過後，馬上辭系主任。與此同時，我開思考未來二十到三十年的長期可能趨勢，以及短期間該做的事。

在 1983 年 6 月 24 日的系（所）務會議，終於通過了臺大物理系的輻放射防護章則！立即準備向國科會申請到美國的史丹佛大學（Stanford University）進修一年，1983 年 6 月 27 日提出申請表。接著在 1983 年 6 月 29 日向理學院院長提出辭物理系主任，無論他怎麼講，我只回答：「該做的已做完，系大致上軌道，且有經營系所務章則，所以計劃出國進修。」就堅辭了。這件事我沒告訴任何人，當天晚上吃晚飯時首次向丈

夫報告，他不吭聲，靜默了一陣子，問我：「你馬上要做什麼？」我回答：「你是老美國籍，帶我出境臺灣和入境美國，愈快愈好，去看看朋友和美國大學。」且請他不要告訴任何人。

手續辦得差不多了，我才自己處理系務，首先找代理系主任，打算請崔伯銓擔任，他同意了，然後我告訴四人幫。7月8日出國之前兩天，7月6日才請崔伯銓幫忙，以及告訴陳卓、王亢沛和張國龍，他們都嚇壞了，且問何時回來？我回答：「系主任的任命是每年7月31日左右，預定8月10日回來，以便辦交接工作。」

當系主任的這一年十個月，我喜愛的研究工作進度非常之慢，還好在1982年新聘了一位教授趙挺偉，他的專門領域和我比較接近，就請他合作，順利地完成了一篇論文，投稿在1983年6月中旬於新加坡召開的中高能國際物理學會，於是我和趙挺偉，以及當時的中華民國物理學會會長王亢沛三人，從6月12日到6月19日至新加坡開會，過了幾天身心舒暢的日子！在會議中得知歐洲原子核研究中心（CERN）找到了弱交互作用的介子之一的W粒子，叫W-boson，這樣一來物理學的標準模型（standard model）就進一步得到了證實。

我從會議看到了各國物理學家的活躍情況。會議之外的時間，我想盡辦法好好地看看李光耀總理費了約二十年時間建設的新加坡。有時我們三人，有時加入日本教授群，甚至已在馬來西亞參加環境問題研討會的丈夫也專程來新加坡參觀。新加

坡的環境、排水系統、美化都做得非常好，老百姓住的問題、現代化問題正順利地進行中，我相信新加坡必定會迎接光輝的未來。真是佩服李光耀！他的格局大，眼光更遠大，瞄準著二、三十年後的未來世界。非常偉大的領導人！

　　從 1945 年 8 月 15 日日本天皇宣布無條件投降到今天，臺灣為什麼沒出現類似李光耀的這種人？臺灣受到日本人的欺壓是比新加坡更慘、更久哪。這一趟新加坡之旅很值得。回到臺北不久，拿到 1976 年諾貝爾獎的丁肇中就光臨臺灣，為了培育中國的科學人才，分別在中國大陸和臺灣找學生，要臺大物理系幫他甄選，於是在 1983 年 6 月 23 日舉辦考試，這工作是和清華大學合作，尤其閻愛德教授的協助，選了臺大物理系四年級學生張元翰。他畢業就到美國麻省理工學院，簡稱 MIT，由丁肇中親自教育。張元翰是今日（2016）臺灣高能物理界的核心人物之一，服務於中央大學物理系。

再度赴美（1983 後半年）

到美觀光

　　我在 1983 年 7 月 7 日上午 10 點再次拜託崔伯銓代理系主任之事，同時告訴他，我明天下午 1 點離開家前往美國。翌日 7 月 8 日早起，上午 8 點出門，坐計程車到國科會拜會吳大猷主任。呈臺大物理系邀請他為特約講座教授的聘書給他，同時交談了一個小時才離開。立即到臺大物理系做系務，大約 12

點坐計程車回家，和丈夫準備一切，下午 1 點離開家，在下午 2 點多到桃園機場，簡單地吃了飯，下午 4 點 30 分起飛前往洛杉磯，在當地時間 7 月 8 日下午 1 點到達。

我在當地受到 1972 年物理系畢業生們的熱烈歡迎，同時帶我們去參觀他們就讀研究所時的加州理工學院（CIT，又稱 Caltech）和洛杉磯加州大學（UCLA），過了愉快且充實的 7 月 9 日。加州理工學院不大，但精緻不亂，充分利用空間，整個學校乾淨整潔，看不到（我特別仔細找）堆廢棄物之處，這樣一來，當然氣氛好，效率高！這種管理與經營，絕對是長期累積下來的結果，怪不得能產生那麼多傑出物理學家和諾貝爾獎得主。心中真希望整理成有條有理的臺大物理系，換了系主任之後不要走回頭路。

在 7 月 10 日我們就飛往西雅圖，去看弟弟遺留下來的三個小孩，以及參觀西雅圖的華盛頓大學。西雅圖市有湖、有丘陵，是一個樹蔭遍布的美麗城市，大學比麻省大學的 UMass 美，又古色古香。由於認識華盛頓大學物理系的兩位原子核物理教授亨利（Ernest M. Henley）和懷萊茲，於是 7 月 12 日從上午 9 點就到華盛頓大學，直接到物理系，結果亨利不在，而懷萊茲在。交談一陣子後，他帶我去見從北京科學院來的訪問學者李白文，是位研究核結構和反應的學者。懷萊茲大致介紹了物理系後，請我們到教職員餐廳用餐。今天丈夫自己行動，參觀環工組織，以及找他朋友。

7 月 15 日到 17 日，我帶弟弟的三個小孩到西雅圖北方的

加拿大維多利亞島（Victoria Island）和溫哥華去旅行，一有空就教三個小孩數學。7月18日下午1點的飛機經芝加哥，在深夜到達東部 Granby。翌日重回 UMass，我們各自訪問兩年不見的老朋友，受到熱情的歡迎。7月20日我坐汽車到波士頓，去看在波士頓的臺大物理系畢業生廖隆榮（1972）、林建榮（1973）、林晨曦（1973）、熊秉綱（1979）和梁錦鋆（1979），以及他們就讀的大學——哈佛和麻省理工學院。深夜才回到 Granby。

　　波士頓是美國古城，哈佛和麻省理工是世界聞名大學，各有自己的特色，不是臺大能比的。尤其哈佛校園和總圖書館，其氣氛無形中給人穩重和自信的感覺，空間充分利用，經營管理良好，有傳統氣質且不亂的實驗室和辦公室。希望百年後的臺大物理系也能放出這種氣味，甚至加上東方特色而更好。7月21日和丈夫一起見他幾十年的老朋友，非常溫馨。

　　從7月22日到8月3日，我們開車一直往南旅行，首站是紐哈芬（New Haven）的耶魯大學，參觀大學和正在物理系攻讀博士的盧慧蘭。第二站是紐約的哥倫比亞大學，以及看在該校就讀的易富國，當天傍晚到紐約長島去看和易富國同班的李世昌（1974年畢業）夫婦。李世昌早就出國在普林斯頓大學拿到博士學位後，去了楊振寧正在擔任校長的長島紐約石溪州立大學物理系當博士後研究員。我也看望了大學的同班同學高亦涵教授。當天（7月23日）晚上是住李世昌家，他有個可愛的男孩。

　　李世昌院士目前（2016 年 12 月）在中央研究院物理所理論組做研究，他在 1994 年 4 月和他學弟葉平的研究組與美國費米實驗室（Fermilab）合作的團隊，找到物理學標準模型預估的第六個夸克——頂夸克（top quark）。第二天離開李世昌家後，我們到普林斯頓大學去參觀，同時看在該校就讀博士班的李幗雄，她帶我們參觀學校和愛因斯坦研究中心，以及學校周圍和威爾遜總統故居。愈看愈覺得：

　　　　學術、研究、科學，絕不許亂、作假、馬虎，臺灣大學
　　　　何時才能到達這種境界？

　　李幗雄請我們用完晚餐時已經是晚上 8 點半。告別她後前往費城（Philadelphia），主要目的是參觀好友馮達旋教授任教的卓克索大學物理系，以及參觀賓州大學和在該校攻讀博士的臺大物理系畢業生陳建德（現在〔2016 年 12 月〕臺灣副總統陳建仁的弟弟）、赦先威和孫克甲。這一天是 7 月 26 日，晚上住的是在美國健保署（National Institute of Health，NIH）工作的，我臺南女中高中時的同學蔡秀英家。我們暢談到深夜，有個愉快的一晚。

　　接著到大學同班同學張仲澐任教的馬里蘭大學去參觀，遇到了中央研究院物理所的王建萬，他正在訪問張仲澐，於是我們一起好好地參觀了馬里蘭大學物理系。它的規模比臺大物理系大，歷史也較久，卻沒看到堆廢棄物，或很大的個人實驗

室，並且每件儀器都在用，不是陳列品，需要才買，不是喜歡，或想擁有而買！除了王建萬，也看到了臺大物理系畢業生丁祖輝和王介山。

參觀完了美國東部的有名大學後，重點放在十七世紀初，1606 年英國開始征服美洲大陸時遺留下來的歷史文物、戰爭武器等。7 月 27 日下午到了仙納度國家公園（Shenandoah National Park），遊玩了公園後，晚上住汽車旅館，叫 Skyland Lodge，建在幽靜的自然環境內，享受了美麗的天空，一望無際，又有悅耳的昆蟲叫聲。第二天 7 月 28 日，為了多欣賞美國風景而選了一條「優美之路」，是：

Natural Chimneys → Grand Caverns → University of Virginia → Richmond 郊外

於是 7 月 28 日的晚上，就住 Richmond 郊外的汽車旅館 Quality Inn，是個設備很好的旅館，我們到旅館時已快深夜 12 點。第二天醒來時已過早餐時間，不過丈夫早就吃完了，約上午 11 點離開旅館去參觀 Richmond 城市，中午去該市豪華的飯店好好地用了一餐，同時見識當地人的生活水平。相比之下，1983 年的臺灣是落後多了。然後往南邊的威廉斯堡（Williamsburg）出發，在下午 5 時左右到達。丈夫很疲倦了，就找了汽車旅館 Bassett Motel。由於威廉斯堡是美國歷史勝地之一，好多遊客，餐廳都是客滿。我們簡單地用完餐回旅

館休息，因翌日的 7 月 30 日要參觀美國歷史重鎮「殖民地威廉斯堡」（Colonial Williamsburg Historic Area）。

　　1983 年 7 月 30 日，我們上午 7 點 20 分就離開旅館，除了簡單地吃點東西之外，一直參觀到下午 6 點 30 分。我看到十七世紀初葉，大英帝國是如何殘酷地攻進美洲大陸，戰爭的痕跡、武器、槍砲等。白人在占領後過著豪華但無人性的生活，因為用了不少黑人奴隸，對奴隸的懲罰所使用的極刑器械、監獄，刀槍屋內整個屋子天花板、四周牆壁裝滿了刀槍，是一個無法動彈的人間地獄屋！當你看到這些東西時，簡直無法睜開眼睛，人怎麼會做出這種行為！

　　　　世界強國侵略弱小國都是這樣的。二次世界大戰的日軍
　　　　南京大屠殺更足悲慘！1895 年日軍登陸臺灣時也不例
　　　　外，甚至在霧峰一帶用了毒氣！

　　在這樣的環境長大的華盛頓總統，下決心解放黑奴完全能瞭解，是人性的一面。我們仔細地看了華盛頓總統的誕生之屋。在 Richmond 時看了南北戰爭的李（Robert E. Lee）將軍之家，它遠不如華盛頓總統家，不過會讓你較喜歡。丈夫好像比我沉重，不說話地找中國餐廳，找到一家叫「鄉園餐廳」，然後找汽車旅館。安頓下來時，都已經是晚上 9 點半了。簡單地洗完澡後，他談了二次大戰時如何帶逃難者從上海到重慶的經驗。他說：

中國非站起來不可，我雖是美國國籍，且住在最沒種族歧視，最自由開放的麻省，仍然無法融入白種人世界。在美國已過了幾代的華僑，心靈仍然浮在空中，結果大家聚在一起，成立中國城。除了少數和白人結婚，多數在美國的華人永遠是黃種人，除了能力遠遠地超過白人，一般寧願用白人不用有色人種。

　　第二天的 7 月 31 日，上午 8 點才起床，略為收拾之後離開威廉斯堡，經諾福克（Norfolk）和維吉尼亞海灘（Virginia Beach），到一個數理科有名的學校威廉與瑪麗學院（College of William & Mary in Virginia），果然名副其實。物理系是地上三層、地下一層的整潔建築，且是過去一禮拜所看過的物理系中最開放的，例如圖書館是自由進出，只要不妨礙工作，任何實驗室都能自由地進去參觀，整個學校給人開放感。然後去參觀 1715 年建的武器陳列館，使你想像在十八世紀初葉英國登陸美國時的激烈戰爭。中國人發明的彈藥傳到歐洲，變成槍砲來征服世界，而中國呢？變成慶祝用的鞭炮。到了十八世紀末葉，東西方的國力漸進入逆轉，約五十年後，1842 年中國被英國征服，等於亡國了。

　　7 月 31 日晚我們往維吉尼亞海灘附近的 Farmer Hotel，準備回麻省。第二天經 17.6 海里（mile）的海上公路進入巴爾的摩，再到德拉威爾省，過了夜後開到新澤西（New Jersey）的莫里斯敦（Morristown）去找大學同學戴愛華，她是臺灣光

復後創辦臺灣大學物理系的戴運軌系主任的大女兒。受她全家
的熱烈歡迎，過了非常愉快的一夜。第二天 8 月 3 日睡到自然
醒，還享受愛華親自做的豐富早餐，快到中午才離開。一路往
北回 Granby，到家時已快到晚上 10 點。從 7 月 22 日到 8 月 3
日，整整旅遊了十三天，收穫不少，**更覺得臺灣之落後，只是
貧窮而已嗎？其實最可怕的是沒自信，幾乎盲目地模仿先進國
家的表面。**

　　準備回臺灣了。我花兩天，8 月 4 日和 5 日，和 UMass
的朋友們見面、吃飯等，丈夫很不捨離開共同生活二十到三十
年的老朋友，尤其是 UMass 土木系的職員們。8 月 5 日回到
家時已經晚上 9 點，打包準備明天 8 月 6 日離開美國東部到中
部明尼亞波里斯（Mineapplis）去看我的姪兒林坤俊。我們在
附近旅館過夜。翌日 8 月 7 日經芝加哥飛往洛杉磯，好好地休
息一天，和丈夫、前妻的兒子們 Bruce 與 Peter 兩家人共享天
倫之樂。

　　8 月 9 日洛杉磯時間下午 4 點 40 分飛往臺北，在臺灣時
間 8 月 10 日下午 8 點 20 分到達桃園機場，回到臺北長興街家
已經是晚上 10 點半了。我們非常疲倦，所以 8 月 11 日無法出
門，食物全由張國龍夫婦提供，並且告訴我們從 7 月 8 日到 8
月 10 日臺大物理系發生的事。

　　　哦！今後物理系分本外省之氣氛更濃了。臺灣光復初期
　　（1945 年 8 月 15 日到 1947 年 2 月 28 日）國民政府種

下的負面後遺症何時才能消失？知識份子該做這種事，
怎麼可以逆向而行？這樣怎麼可能解決臺灣和歐美的現
代化差距？

8月12日我很早就起床，坐7點50分的校車到物理系，
立即去看望技術員和職員，各給一點小禮物，感謝他們過去兩
年的特別幫忙。然後去謝謝崔伯銓。最後找新系主任鄭以禎，
把在我手上的所有和系務有關的資料交給他，請他簽收。

1983年8月12日到該年底

暑假回物理系來的系友不少，看到系館比過去清潔，並且
有對輻放射設立管理章則，表示安慰與歡迎。同時和他們談談
臺灣、亞洲，到世界之問題，每一個人都帶點憂心。隱藏在臺
灣內部的省籍問題、近乎憎恨國民黨的問題、扮演世界警察的
美國干涉各國的問題。對這些問題，如果知識份子的感性超過
理性，又看不遠不廣，麻煩就來了。果然在8月22日，菲律
賓的在野黨領袖艾奎諾無緣無故地被暗殺，而不滿美國意願的
以色列首相比金不得不辭職，是9月3日，其前一天的9月2
日南韓坐滿客人的客機竟然在日本北方被擊落！

在9月3日同一天，我在臺大物理系發現不可思議的絕大
部分本省籍教師團結在一起的名單：

鄭伯昆、蔡尚方、黃暉理、楊信男、鄭以禎、蔡崇源、

黃家裕、許雲基、王嘉申、黃振麟。

而許武雄和許仁華是偶爾才會參加該團體的活動。完全被排出的是所有外省籍教師和部分本省籍教師：

崔伯銓、林清涼、張國龍、王亢沛、陳卓、趙挺偉、曹培熙、方聲恆、鄧力夫、蘇德潤、黃坤洸、張鏡澄、楊忠喜。

我直覺：完了，物理系今後將會人治大於法治了！那 10 位臺灣省人的前 6 位全是留美學人，他們在美國除了學一些學術專業外，到底學到了什麼？製造分裂到底有什麼好處？因為分裂必然會產生負面的連鎖反應：

分裂→對立→仇恨→失去理性和良知→變成殘忍，失去寬容！失去團結，要如何趕上歐美日，尤其日本？

以中國人的聰穎、智慧和苦幹的民族性，加上臺灣氣候的優越性，再五十年趕過日本沒問題，但是現在難了，因為應該最理性的物理領域竟然如此。這種病的傳染力很強，加上對臺灣或中國大陸有心機的外國勢力介入，其傳染力更強！染到分裂病的腦袋是不健康的，怎能有健康的分析與判斷，而做出堂堂正正之事呢？我開始靜靜地觀察。

9月開學就接連收到不幸消息，首先是前任臺大校長錢思亮在 1983 年 9 月 15 日下午 6 點 40 分離開了我們。接著是從 1974 年就在物理系兼任的故副總統陳誠的二媳婦靳文穎老師的辦公室被系收回，以及教通識課的沈君山老師的聘書，物理系把他退回人事室！經過九牛二虎之力才開成的自然科學普及課程中斷了，沈君山從此以後不來臺大物理系。請問：這種課對臺灣不好嗎？這種歪風不但是臺大，其他學校也有。

1983 年 10 月 2 日李政道的哥哥中興大學校長李崇道堅辭了中興大學校長，這個驚人的消息轟動了全臺灣。他是有名的為臺灣奉獻者，從農復會到臺灣農業改革默默貢獻的人，竟然在農業起身的中興大學，無法貫徹他的理念！臺灣真的病了！寶島臺灣，經濟正在往上爬的臺灣，遇到這種細菌的蠶食，吸血蟲似的這批細菌有足夠的營養期，可能不會超過二十年，臺灣便會開始走下坡。這時是外國勢力滲透的最好時機，使向下的斜率變小，被愚弄的善良人民以為經濟又好了，無形中變成美日，尤其日本的經濟、文化、科技的殖民地。

百姓在封鎖的環境下，無法獲得客觀的健康訊息，怎麼會有較正確且理性之反應呢？累積下來是心靈受汙染、社會倫理與正義日漸薄弱、漸失去奮鬥力和目標，導致競爭力走下坡，犯罪率升高是可預期的。把這種情況推廣，就是強食弱肉。丈夫也有類似看法，他曾經說過：

留美學人，他們在美國是三點生活，回臺灣後最多兩點

生活，如臺灣靠這一批留學生，將來是禍還是福？不知道。

我當時聽不懂，什麼是三點、兩點，就問了他。他說，這批留學生（不是全部）在美時是：

1. 知道自己做研究的地方，這是一個點，但卻不知道該系所、學院、或大學。
2. 知道到哪裡去買東西吃，這是另一個點，但卻不知道食物怎麼來、農民或生產者的辛苦。
3. 知道住的地方，這是第三個點，但卻不知道如何維護、管理與經營該建築物。

回臺灣後，大學或研究所給他完好的住所，一切不必擔心，於是減少了一個點。第二是薪水比沒有喝過洋水的人高，如果有需要時，他的經濟足夠請幫手，因此又可能減少一個點。唯一無法減的是工作地點。這就是回臺灣後最多是兩點式的生活。回臺工作的大部分人瞭解臺灣的內部、百姓的需求、臺灣的過去、可能的未來、可能會受到的影響嗎？而以他們短暫而且局限的國外生活經驗，所接觸的只有表面現象的管理、經營，甚至各種章則，會不會欠缺長遠且通盤性的訓練，因而沒深度呢？在 1950 年代中葉到 1960 年代，臺灣流行的順口溜是：

來來來，來臺大。去去去，去美國。

符合這些條件的年輕人，大部分是，套句臺灣諺語：「吃飯鍋中央飯者。」即不知人間疾苦、較富裕的家庭長大的。在不知中外的情況下，以自以為是的價值觀制定法則，來管理和經營，怎麼能應付長遠多變化，甚至複雜的大環境呢？例如1983年9月中旬後，地球的東半部就發生了不少令人緊張之事，10月9日在中南半島訪問的南韓高官，有10名在仰光被暗殺。約一個月後的11月9日，美國總統雷根訪問日本，11月13日訪問南韓。在約一個月後的12月12日，中東情勢不妙，出現美國的影子，而日本有名的反共首相中曾根在12月19日下臺。像這種國際問題，都會影響臺灣。

還好，1983年10月25日臺灣中央研究院的院長選舉，穩重又有理念和願景的吳大猷被選上，能阻止學術倫理下滑作用。我非常敬佩吳院長之無私且簡樸的生活，他一直住在簡陋的小房間，反而給訪客非常溫暖的感覺。

1982年初到1984年初，我當臺北市長興街60號和62號兩棟臺大教員宿舍福利委員時，想辦法到處要樹苗，利用臺大雜工週末來幫忙種188棵樹，加上一些關心者的協助栽培，經過不到兩年，雖然有的枯掉了，但已經看到綠樹成蔭的未來景象。今日該宿舍的周圍確實長滿大樹。臺灣氣候好，雨量豐沛，只要住民愛種樹，尤其政府關心，絕不可能變成像今天這樣的可憐臺灣生態。

　　丈夫也找機會宣導樹與水資源的關係，沒有充裕的水，將來的工業必受影響。加上當時為了賺錢，不顧汙染問題。他從1981年夏天到臺灣之後，便積極參與環境保護工作，有時到汙染嚴重的高雄楠梓加工區、拆船區等，回到家從頭到腳全被汙染，至少要洗兩次，經兩三天才恢復正常。還好臺灣是個小島，每天和圍繞臺灣的海洋有兩次的空氣大對流，救了臺灣的空氣汙染。

　　另一個令我無法抒懷的是：「必會來臨的老人問題，即高齡社會問題。」喝過洋水，從歐美日回國人數最多的臺灣大學竟然沒有帶頭做！臺大是校地最多的大學，竟然賣校地，或蓋宿舍賣給教職員，但只有極少數的人反對。至於提議蓋社區型宿舍（我曾經宣傳過），則全告失敗！只規定買學校宿舍者，兩年內不許轉賣。這樣有用嗎？照樣有人轉賣賺錢！

　　對高齡社會，世界先進國家早就執行種種政策，臺灣不該沒有對策。它是一個很大的工程。那什麼叫社區型宿舍呢？當時分派教授宿舍是靠點數，年輕教員往往很難分到，服務較久的點數較高。於是住宿舍的人年齡偏高，有的獨居，有的行動有問題，緊急時這些人都需要有人幫忙。所以蓋有院子的高樓宿舍，把一樓分配給需要幫忙者，把最高樓給無法分到宿舍，但願意服務的年輕人，上下有聯絡電鈴。反正住一樓的不是身體有問題，就是身心較健康的退休者。這些健康者可以奉獻他們累積一輩子的智慧與經驗，照顧和教育較年輕者的兒女，形成一個互助共生的生態環境，這樣子應該會多麼理想啊！

——在 2019 年去世前，林清凉教授只寫到這裡，

可惜回憶錄未完成。

02
著作及演講

P

Y

H

S

I

C

科技要生根，國家必須培養大量有
靈魂的科技人才。年輕人的能力是
國家實力的表徵，除了專業知識及
非專業的某程度知識外，最重要的
是強壯的身體，個性獨立自主，敢
講敢做敢負責，富有使命和正義感，
即有「自信」。

爲何走上學物理和教學之路
——從日據時代到現在

原載《物理雙月刊》29 卷 2 期「物理專文」
林清涼（2007 年 4 月）

日據時代

　　我出生於高雄縣岡山鎮（舊名阿公店），是個環境優美的農產物集散地。周圍有大崗山、小崗山、月世界、泥火山、溫泉、湖泊和吸引小孩去遊玩的阿公店溪，以及各種大小動物和美麗的鳥類，並且到處是果樹。大概是因為這個地理條件使日本人選擇岡山為日本空軍總署，設有官校，通訊和機械工校，二次大戰期間是敢死隊（七個金色扣子的特攻隊）的駐紮地。

　　岡山鎮不大，僅有一個離我家不到 100 公尺的市場，日本人常到這裡買食物，稍微長大後的我已意識到相互的差別了。到了入小學，差異更大，沒改姓名的我們臺灣人（日本人常稱我們為「支那人（shinajin）」）念的是公學校，日本人和皇民化（改姓名，拜日本天皇，家中裝潢是日式）的人念的是小學校，教科書內容、勞動情形截然不同。不久二次大戰爆發，物資愈來愈缺少，實行配給制。男人常被動員去勞動服務，稱作「奉仕作業（hō-shi-sa-gyo）」，後來連公學校的小孩也

不能倖免。物產豐富的岡山竟然靠排隊購買蛋白質類的食物（肉、魚、蛋、豆腐），但非臺灣人（日本人和皇民化的人）例外，不但不必排隊也不限量。但豬、鴨、雞、魚等，全是臺灣人飼養的，自然暗中互送；不過千萬要小心，若被吃飯時間來訪查的巡警（全是臺灣人）發現，那麻煩就大了，供給者必遭苦刑。到了 1943 年底，日軍傷兵開始從南洋運到左營和高雄後，見風轉舵的巡警們漸漸改變作風。

　　1944 年 3 月（日本新學年是 4 月 1 日開始）我考上高雄第二高等女子學校，不久高雄市常拉警報，一入夏天學校就開始停課。初秋開始，美國 B29 很不客氣地飛過岡山鎮上，撒傳單，同時給你吃炸彈和機關槍彈。我們只有躲防空洞生活，1944 年深秋（10 月左右？），岡山鎮民常被強迫疏散到燕巢、田寮等山地。老弱婦孺病人等坐牛車，能走路的，人人身體前後左右背東西行路。小學六年級以上的男性，則幾乎全被軍方動員。1944 年 11 月我帶著母親及父親好友的女兒阿鳳（小我一歲），乾脆逃難到舅舅的好朋友沈吉龍先生住的石奄潭（目前稱為石安潭，離岡山鎮約八公里），一直到 1945 年 8 月 15 日，日本天皇宣告「投降」之後才搬回岡山。

　　到了石奄潭之後，為了照料弟弟（小學六年級，早被日軍動員去搬運東西了）的生活，一個月至少回岡山兩次和他住幾天，煮些東西給他吃。由於家裡的兩部腳踏車，一部父親用，一部弟弟用，我只好吃晚飯後稍微休息一下，深夜 12 點左右和阿鳳啟程，經過墳墓、竹子林等，在天未亮之前走回岡山。

B29 執行所謂的「疲勞轟炸」，除了三頓飯時間不來，讓百姓安心地煮飯吃之外，整個白天都在岡山鎮（包括空軍基地）巡迴，只要被發現，準賞你機關槍彈。這期間（1944 年 12 月到1945 年 6 月），我失去了兩位哥哥。

　　從開始逃難，臺灣人之團結溢於言表，任何人都會給你開水、東西吃，在他家休息，甚至於過夜。岡山的家只需把門關好，以免被風吹開或雨打進來，沒人會偷東西。由臺灣人組織的防火人員（目前的消防員）負責所有安全問題。

臺灣光復

　　1945 年上半年，隨著傷兵和非傷兵日軍從海外撤退到臺灣，帶來不少傳染病，最可怕是惡性瘧疾。由於藥物短缺，奪走了不少被日軍動員去「奉仕作業」或駐守海岸線的臺灣青年，我三哥便是其中之一，我在岡山家迎接到的是學校（臺北）交給家人的骨灰。不到兩個月就聽到日本廣島受「新式炸彈（即原子彈）」攻擊的消息，終於在 8 月 15 日，日皇宣告「無條件投降」。當時的臺灣居民反應複雜，日本人垂頭喪氣，甚至於有人切腹自殺；皇民化的臺灣人有的不知所措，竟也有人想自殺。但我所看到的臺灣人幾乎都是歡欣鼓舞，大肆慶祝回到祖國。受過高等教育的臺灣青年，組織了管理社會秩序，歡迎國軍，以及教「北京話」等的各種團隊。那時覺得海闊天空，被殖民的壓迫感沒有了。

1945 年 9 月，回到一年多不見的高雄，景象真是和岡山空軍基地一樣的淒慘，學校也被炸毀。日本人慢慢地準備回國，一切和平地進行著。開始時，上課的地點是向沒挨炸的高雄中學借的校舍，等部分女中校舍修好後，才到原來的第一高等女子學校（目前的高雄女中）上課。首次看到英文、中文、代數、幾何和理化科本，除了一些漢字和插圖外，全看不懂。我每天從岡山搭火車到高雄，下車後還要走約 50 分鐘才能到高雄女中，路途遙遠。此時，臺灣社會漸漸地進入動盪不安，臺灣知識青年和來接收的政府人員開始產生摩擦，1947 年 2 月就發生了不幸的二二八事件。

父親希望我和哥哥一樣地念大學，看到臺南女中不但遠比高雄女中漂亮，沒有被戰火波及，並且師資較齊全、進度較快，於是國中畢業後報考臺南女中，在臺南女中完成高中學業。但要念什麼呢？光復後發現我確實偏愛理科，但數學太單調，化學實驗氣味難聞又要背好多物質性質，倒是物理沒這些缺點，只需講道理就夠了，加上我記憶力超壞，就決定大學報考尚不十分瞭解的物理系。當時有物理系的只有臺灣唯一的大學，臺灣大學。所懷的心情是，考上就念，考不上就算了，並沒強烈的企圖。當時，因為國共內戰的結果，臺灣好像不很穩定，在我高三上學期時（1949 年秋天），中央政府遷到臺北。

大學生活

　　考上臺大物理系是 1950 年 7 月。雖然關心的親戚朋友怕我嫁不出去而反對，父親毫不在乎外人眼光，對有意見的岡山人說：「有女性在讀，就有男性在讀，哪怕嫁不出去？帶回來給我選就好。」同時鼓勵我：「如有通天上之樓梯，你就去爬！」成長在孔孟思想及重男輕女的大環境，加上母親對女性的「三從四德」教育，使我對料理、經營家庭很有自信，唯一的困擾是如何使善良的岡山人瞭解，念大學反而有機會找到男朋友。我是父母唯一女兒，和男性來往很自然，於是想辦法邀請臺大的男性朋友到岡山來玩。頭一個寒假開始執行。岡山不大，所有大街小巷都熟，帶著大約十位男性朋友一面逛岡山，一面和鄉親打招呼。只要我帶男性朋友回家，父親都很高興，同時設宴款待他們。果然鬧得滿城風雨，但有很大的收穫：

> 岡山的女孩子想念大專了，鄉親的看法也慢慢地改變了。

　　同時，為了 1949 年底大撤退到岡山、左營來的海空軍子弟，蔣介石故總統在岡山興建男女同校的三軍子弟中學，整個岡山區的封建思想快速淡化。蔣故總統夫婦每年必光臨岡山，岡山人有機會看到蔣夫人。可能是她的影響，整個臺灣婦女地位無形中被提高。

　　我們那一班 20 多人，臺灣省籍共有 6 人，有 5 位和政府一起撤退來臺的青年軍同學。由於老師鄉音重，很多課我都聽不懂，多靠自修和讀書會補救。事實上，我不愛 K 書，倒是頗知享受大學生活；那時候，今日的羅斯福路旁有小火車通往碧潭，我常和同學搭火車去划船，或去西門町看電影，或去聽聽禁書的討論（當時流行各種讀書會）。同學中許多人出自黨員家庭，所以從他們那裡常聽到所謂內幕消息，不過都能理性地檢討國民黨挫敗原因，沒省籍對立，氣氛和睦。不像現在意識型態對立，劍拔弩張。當然，他們有他們的故鄉話，或講四川話，我們常常使用日本話，但互相瞭解尊重。我們的系主任戴運軌教授，鄉音特重，發現我們聽不懂，便使用日本話和我們溝通。

　　當時，臺大有傅斯年校長及文法學院的世界級教授們「站崗」，外邊的風聲鶴唳無法滲入校園，校內頗為自由，各種禁書想看都看得到。尤其可貴的是，韓戰期間，臺大的總圖書館仍然提供華僑日報，讓學生瞭解國際和亞洲情勢。臺大亦培養學生的獨立自主能力，例如，住宿生必須輪流到中央市場買菜，張羅自己的三餐並管理宿舍。我們都以身為臺大人感到驕傲。

　　考臺大物理系，雖是「不十分瞭解物理學是什麼」的情況下做的選擇，不過隨著時間遞嬗，對物理學的瞭解與日俱增，堅信當初的選擇是正確的，十分合乎我凡事要追根究柢，極端討厭作假、欺瞞和不負責任的性格。日後，我鑽研基礎物理學

之一的原子核物理，臺大物理系最早進行此方面實驗的是許雲基教授，我理所當然地加入他的團隊。

出國留學

在 1949 年底，隨中央政府遷臺而來了數位曾留學歐美的優秀教授。例如在居禮夫人實驗室作過光學研究的鍾盛標教授，在英國倫敦大學鑽研統計力學，以及合金的秩序非秩序問題很有成就的朱應銑教授，宇宙線專家周長寧教授，專長於應用光學的方聲恆教授，以及蘇林官、陳永昌、劉燕溪等教授，以及曾是海森堡研究室的研究員、德籍的克洛爾教授，可說是人才濟濟。很可惜當時的社會不安，生活相當艱苦，並且沒有研究環境，致使部分教授不得意而再出國或離開臺大物理系。尤其 1950 年 6 月爆發的韓戰更帶來負面影響，民間開始質疑臺灣的未來，年輕人萌生出國念頭；與其悶在小小的臺灣島，不如出去看看大世界。

1951 學年開始，男生畢業後必須接受十個月的軍事訓練，而女生則應盡量到公家機構去服務，等男生退伍後，一起拿正式畢業證書（畢業時拿的是臨時畢業證書）。因此，1953 學年次的我，畢業後立即回故鄉，到當時全臺灣唯一男女生同校的省立岡山中學教初中（目前的國中）理化。該校學生大部分是將官子弟，其餘是大岡山區無法到臺南或高雄上中學的較貧困鄉村百姓子女。絕大部分學生是騎腳踏車或徒步上學。我很

快地和學生打成一片，瞭解到老師對學生的重要性，慢慢地喜愛上教書工作。同時發覺我還需要更加地充實自己，也隱約地體察到「反攻大陸無望」。本來服務一年就足夠，但我連教兩年才回臺大物理系當助教準備出國。

1957 年夏天抱著「出國學點近代物理後，盡早回國教書」的念頭，選擇到語言溝通沒有問題的日本去留學。到了日本，我拒絕以留學生名義入學，而參加入學考試，方才深深地瞭解到臺日大學水平差異之大，我是第二次才考上的。入學後不到一年，功課上，不但不覺得什麼壓力，甚至於享受物理，時能欣賞它的奧妙。不過，來自臺灣留學生及華僑派系間摩擦的心靈上的擾亂，卻與日俱增。從小愛打抱不平，日據時代父親希望我當律師為臺灣人辯護的骨氣還在，聽懂臺、日、中語的我，看不慣極小部分臺灣留學生和日本人聯合欺壓大陸籍日本華僑學生（他們聽不懂臺和中語）時，我忍無可忍出來正面迎戰這批人，同時告訴自己：「不能僅念點書，非拿學位不可。」首次經驗到日本、中國大陸與臺灣之間的政治問題。

我拿了學位之後，一面做博士後研究，一面繼續在東京和一些志同道合的朋友合作處理被燒死在開刀室，專長腦外科的臺灣留學生林昭義先生和東京大學醫學院之間的問題。在糾紛處理告一段落後，我將它交給臺大化學系畢業的優秀學弟張勝凱先生（去年〔2006〕過世）完結，自己則毅然應即將成為臺大校長的閻振興部長（教育部部長）之請在 1970 年 8 月回臺。

回國教書

任何人只要用點心看日本報紙、評論雜誌或電視，很容易瞭解國際情勢，尤其是中國問題。1960 年代末，情勢開始對中華民國不利，「有辦法的」臺灣百姓想盡辦法離開臺灣。政府非痛下決心，認真地進一步建設臺灣的軟硬體不可。大約清楚亞洲的將來，我選擇回臺大物理系，計劃和許雲基，黃振麟教授合作培養科技人才，同時加入許雲基教授的原子核研究組作理論計算。離開日本的約一年前訪問了念碩士時的理論組主任 Tomonaga Shin-ichiro（朝永振一郎）教授，廣泛地請教他，其中至今不能忘的是：

> 二次大戰期間日本物理學家仍然專心於培養下一代，那時能教 Dirac 量子力學的約 50 名吧（他說的），1969 年約有數百位，即約增加 10 倍。

觀察 1957 年夏天的臺北和東京，臺北的物質條件比東京好；但 1970 年夏天是倒過來了，臺北遠不如東京。還好，當時的政府好像已知中華民國的處境，克服一切困境守好臺大物理系的老師和朋友們的志氣也不錯。配合國際情勢的可能發展，我全力以赴積極地教育學生，和他（她）們一起努力奮鬥，師生之間無話不談，讓他們瞭解自己處境。學生們不但努力求學，也幫物理系做了不少事，他們之中多位正身居目前在

臺灣高科技界第一線奮鬥的領導階層。

　　科技要生根，國家必須培養大量有靈魂的科技人才。年輕人的能力是國家實力的表徵，除了專業知識及非專業的某程度知識外，最重要的是強壯的身體，個性獨立自主，敢講敢做敢負責，富有使命和正義感，即有「自信」。我一直用以自勉，並以之為對學生的畢業期許（不是學業畢業期許，是踏入社會或學術界的期許）的是「自尊、自主、自信」。「自尊」的部分，我會注意引導；至於「自主」和「自信」，因為需要時間，以及和外界的接觸，故請學生自己努力。

　　1972 年 7 月，我在當時的臺大土木系主任丁觀海教授介紹下，和在美任教的馮纘華先生結婚，暫時赴美。結婚的約定是，盡早把美國的事情整理完畢後，長住臺灣；而在那以前，每年暑假必回臺灣。馮先生他實踐行了諾言。由於我無法離開臺大太久，馮先生讓我先回來，然後他連根拔起，提早退休，回到臺大環工所任教，同時和臺大環工所，以及臺灣環保界同仁默默但積極地處理臺灣的汙染問題。

　　1980 年前後，臺灣進入經濟起飛，水、空氣和土壤的嚴重汙染是付出的代價。可能馮先生體內本來就有癌細胞吧？回臺後幾乎天天進出嚴重汙染區或工廠，使他的健康迅速惡化，終於在 1985 年 6 月底發現患了在臺灣無法醫治的惡性 T 型淋巴癌，非赴美治療不可。我們最後仍選擇回臺灣。1986 年初秋，馮先生在臺北榮總過世。臨終，讓他耿耿於懷的是，臺灣的環境汙染處理工作尚未告一段落，還需約兩年。

該如何

　　當人遇到逆境時，引導我們的可能是使命感、人生觀和理念吧。1986 年秋天後個人更投入於教研工作，堅強地向 1970 年夏天離開日本時所規劃的路徑前進。亞洲情勢大致也朝 1970 年初在日本時所預估的方向發展著。日本貨果然席捲了全世界市場，政府的經濟政策成功，臺幣也快速升值，出現了「臺灣經濟奇蹟」。理工科，尤其是電機系，為應屆高中畢生所嚮往。但理工科系的女學生數沒什麼大變，到目前仍然如此，例如臺大物理系，平均維持 12%，整個社會對女性的態度及女性的社會地位，都比光復當時改善很多，但對女性從事科技，仍然不積極，重男輕女，大男人思想依然存在。

　　女性占人口一半，小孩和丈夫都會受到女性的影響，加上女性有不少優點：「平均比男性強的直覺力，細心細膩又富耐力，較男性能管理自身問題，為什麼至今在社會上仍較男性劣勢呢？男性無形中視女性為弱者，要保護她，甚至於想宰制她；而女性也順水推舟似地靠過去，商品化自己，甘願做個被支配者。需知，國家要健康，女性的健全是首要條件。所以首先要導正整個社會的價值觀，尤其要消除男尊女卑的封建思想。其次，社會及學校都要執行男女平等教育，例如男女學生同受家務工作訓練，不要再把女性花瓶化。同時國家應有一套可使職業婦女安心寄托的公營育幼院、托兒所政策。這些工作必須政府帶頭負責做。至於女性，在過渡時期，必須更加覺

悟。如此，理工科系的女生便可望和男生同數了。

　　問題是政府做不做。

　　1970 年我離開日本時，日本的公立大學理工科系的女生遠比臺灣少很多，可能是臺灣的五分之一吧，沒想到約三十年後的 2003 年的日本超過了臺灣，女性科技人才逼近 15%，1994 年的日本科學技術廳（對等於臺灣國科會）廳長是女性。從 1993 年左右，日本開始計劃「科技維新」，必然已注意到女性的重要性。政府帶頭，輔以部分男性的積極奮鬥，才帶來今日的日本。1996 年開始的五年計畫順利完成，目前（2006年到 2010 年）是第三期五年計畫，長期目標則是在 2050 年成為科技強國，並在這段期間培育出 30 位諾貝爾獎得主，整個日本變成科技島，人口控制在一億二至三千萬，全國人民安居樂業。於是解放女性能量，健康聰慧的女性是完成此大型國家工程的必要且充分的條件。

　　日本做得到，為何我們做不到？政府負責了沒？
　　臺灣男性是否尚未覺醒或太傲慢？
　　臺灣女性是否太不自愛或自甘墮落？
　　今天的問題是男女性共同問題，任何一方都不能馬虎！

　　2003 年初重回臺大教大一普通物理，有機會直接接觸男

女同學，發現女生的整體表現平均較男生好。我不曾遇到或感覺到男生輕視女生的場面，反而見到有的男生怕女生；而一旦相互發生感情，女生往往占優勢，絕大部分男生會聽女生的話，這四年內只遇到兩位強勢的男生，我擔心這樣的男生遲早會碰壁。然而，為什麼他（她）們的年紀愈大，情況愈微妙，到進入社會（含學術界），性別生態逆轉，男性成為優勢！這是為什麼？真正的關鍵在這裡！從這裡切入分析，個人見解：

> 整個社會的價值觀和歷史帶來的負面效應；媒體無意中的負面影響；負責教育的大專男女性教授們，無形中做了不利於消除對女性的封建思維的言行。

假如大一理工科系的女生占 10%，二十年後留在科技界的女性不到 10%，留在教研界的百分比更低，這是為什麼？以上這些疑點沒解決，單靠女性努力吸引年輕女性步上科技之路，而少了男性的積極合作，很可能事倍功半。本來任何人，只要對某個領域真的感興趣，加上有健康的身體、毅力、高抗壓性和獨立自主性，是有高機率達成自己的願景的；但如整個社會或學術界環境不理想，則達成的機率將劇降，首當其衝的受害者往往是女性。請大家問問自己：

> 我們的科學生根了沒？我們的科技體質如何？如果無法正面回答的話，那麼：解放女性能量是首要任務。

《物理學基礎教程》緒論

原載《物理學基礎教程》緒論
林清涼、戴念祖（2001）

（1）什麼是物理學？

物理學是自然科學的一個基礎門類。簡單地說，它是研究物質結構和物質運動規律的學科。通過觀察、實驗和理性的探索，揭示各種複雜自然現象的本質及其相互規律，通過數學手段、簡單明瞭地表述它們所遵從的原理或定律。

「物理學」一詞源於希臘文 $\varphi v \sigma \iota \kappa \acute{\eta}$，該詞本意是探討自然界和自然現象。古希臘學者 Aristóteles（亞里斯多德）創造了這一詞並用它做為他的一本著作題名，其意思為《自然哲學》或《自然論》（中譯本多為《形而上學》）。該書的中世紀拉丁文譯本題為 Physica。由此產生了 Physics（物理學）一詞。Aristóteles 本人對物理現象的研究並不足取。但他創造的這一詞卻有深遠影響，以致經典物理學最偉大的奠基人之一 Newton（牛頓）將自己劃時代的著作題為「Philosophiae Naturlis Principia Mathematica」，也即「Mathematical Principles of Natural Philosophy」。

　　一般地說，按照所研究物件的運動形態將物理學分為許多門類。研究物體的機械運動與其相互作用為主的，稱為**力學**。因為它以 Newton 三大運動定律和萬有引力定律為基礎，故又稱為**經典力學**或 Newton **力學**。其中，以流體（液體和氣體的總稱）為主要對象的，稱為**流體力學**；若僅以材料及其某些物理特性（如彎曲、斷裂和彈性等）為主，就稱為**彈性力學**；或者僅僅研究機械運動中的振動形態及其在空間中的傳播現象，它既屬於力學範疇，又是聲學的基礎。但在當代科學中，聲學已發展成一門獨立的學科。以研究熱現象為主的稱為**熱學**。若考慮一般熱系統而不追究微觀成分的運動細節，則稱為**熱力學**；深入研究熱現象本質、研究大量分子組成的宏觀物體的熱性質和行為的統計規律，就形成了**統計力學**。後者不涉及某個分子在某時刻的狀態，而是以統計系統的方法研究大量分子的平均行為或概率。

　　研究電和磁的關係和帶電粒子間的相互作用稱為**電磁學**。由電、磁或帶電粒子作用所及（所影響）的空間稱為**電磁場**，而電磁交互作用是通過場的傳遞能量方式傳播，所以又叫**電磁波**。光是可見的電磁輻射，是電磁波頻譜範圍內一小部分，因此，光學可以看作是電磁學的一部分。將光學分為幾何光學和物理光學只是研究範疇的區分：前者研究光的傳播，如反射、折射等，但它是一切光學儀器的設計基礎；後者研究光的本性，以及光和物質的相互作用。

　　以上各學科在 1900 年以前已發展到充分完備的形式，而

　　且都適用於宏觀世界和運動速度遠小於光速的物理現象。人們統稱它們為**經典物理學**。

　　隨著物理學本身的發展，從二十世紀初開始，又誕生了許多新物理學分支學科。例如，原子物理學，研究原子結構及其運動、變化的規律。各種元素的原子輻射都具有特徵光譜，通過原子光譜研究其結構是初期原子物理學的重要手段；原子核物理學是研究核結構及其力學等問題。核分裂和聚變是物理學家曾經最感興趣的課題。粒子物理學是研究基本粒子包括壽命極短（10^{-25} 秒級）的共振態的種類、分合變化及其性質等。經典力學和經典電磁學無法解決這些新分支學科的問題，只有通過量子力學和相對論力學才能較正確理解它們的本質。

　　量子力學是研究微觀世界的基礎理論。微觀世界的基本特性是波粒二象性，描述這種物理狀態一般使用複函數，其動力學量由算符表示，在這裡所能得到的是統計規律。量子力學的最大特點是物理量值的不連續性和內稟（intrinsic）不確定性。這與經典力學取連續變化的實數值和因果聯繫的物理量是根本不同的。相對論力學是研究接近光速運動的高速物體的現象。它包括狹義相對論（special theory of relativity）和廣義相對論（general theory of relativity）。狹義相對論提出了一種新的時空觀。在相對性原理（the principle of relativity）和光速不變原理兩個基本假設下，得到時空是密切相關的結論。也就是說，它獲得了經典力學無法理解的諸如空間收縮、時間膨脹，同時性的相對性、質能關係，以及光速是一切粒子的速度上限等結

論。廣義相對論把描述運動的參照系從慣性系推廣到加速系統中，以等效原理為基礎，將引力現象幾何化並把它納入時－空結構中。簡言之，將引力現象看作是時－空彎曲的表現，從而導出了一些重要結論。

量子力學和相對論是近代物理學的兩大理論基礎。近代物理學以研究微觀、介觀世界，運動速度接近光速的物理現象為主要內容。除上述之外，近代物理學還包括量子場論、固態物理、磁性、半導體、超導、高分子物理、凝聚態物理（condensed matter physics）、等離子體物理（plasma，又稱為「電漿物理」）、生物物理等等。

經典物理與近代物理之間並不存在一條不可逾越的鴻溝。相對論力學所以比 Newton 力學深入，是因為它不僅能解釋 Newton 力學所能解釋的現象，而且能解釋 Newton 力學所不能解釋的許多新發現和新現象；它作出了在 Newton 力學看來是根本不可能的一些科學預言，並且得到天文觀察或實驗的證實。另一方面，僅在低速運動的物理世界中，經典力學仍然是極好的描述物理現象的科學；當物體的速度遠小於光速時，狹義相對論力學定律趨近於經典力學定律。在引力較強大、空－時彎曲結構較大的情況下，經典力學失去效用，而廣義相對論發揮威力；相反，在引力不強、空－時彎曲極小的情況下，廣義相對論的預言就與 Newton 運動定律和萬有引力定律的預言趨於一致。

（Ⅱ）物理學的歷史進程

　　為使讀者對本書涉及的內容有個歷史輪廓，我們在這裡簡單地敘述一些物理學史，特別是經典物理學的歷史。

（A）古代和中世紀的物理學

　　大約在西元前 4000 年到前 2000 年間，在底格里斯河、幼發拉底河流域、尼羅河流域、印度河流域和黃河流域，逐漸形成了古代文明的中心。西元前七世紀到西元前二世紀，相當於中國的春秋初期到漢代，古代科學在古希臘和中國分別發展到頂峰。鑑於中國的歷史進程與科學發展情況，我們在以下單獨敘述物理學在中國的發展史。

　　古希臘和古羅馬的物理學實際上最好的是靜力學。其真正的代表人物是 Archimedes（阿基米德，287–112 B.C.）。他建立了槓桿定律、浮體定律，發明了 Archimedes 螺旋。更重要的是，他將 Euclid（歐幾里得，約 330–275 B.C.）幾何學和邏輯學推理用於解決物理問題。這為後來物理學的發展在方法上提供了一個榜樣。至於 Aristóteles（384–322 B.C.）的物理學，實質上絕大部分是由錯誤、邏輯加詭辯集合而成的幾個概念。例如，他將運動分為「合乎自然的運動」和「違反自然的運動」；提出「兩個體積相等的物體，較重者下落較快」；箭矢所以在空中飛行是由於持續不斷的「接觸力」和「自然界害怕真空」所致。對於後者，他論證說：「飛行中的箭在其尾部產

生了真空；自然界不允許真空存在，因此，箭周圍的空氣湧向箭尾推動箭向前運動。」在今天看來，奇怪的是，占有整個中世紀的形而上學，不是 Archimedes 的物理學，而是 Aristóteles 的物理學。這大概與 Aristóteles 論證問題的巧妙方式有關。

中世紀黑暗時期，古希臘和羅馬衰落。他們的大量經典傳進阿拉伯國家，並被譯成阿拉伯文而保存下來。但在物理學方面，只有光學在阿拉伯得到發展。這個時期相當於中國的唐代和宋初。Al Hazen（海什木，965-1038）發展了 Plato（柏拉圖，427-347 B.C.），Euclid 和 C. Ptolemy（托勒密，約 90-108）的光反射和折射知識，並對眼睛的構造做出解剖研究，創立了至今沿用的一些術語，如「角膜」、「玻璃液」等。

歐洲中世紀是教會統治一切的時代。Ptolemy 的地心天動說，被公認為不可動搖的神學教條，「科學」討論局限於諸如在一個針尖上有多少天使在跳舞、上帝能否造出他自己也舉不起來的石頭。任何背離宗教信仰的思想都將受到宗教裁判所的嚴厲鎮壓。另一方面，在這時建立了許多附屬教堂的學校，以 1100 年創建巴黎大學為標誌，其後，波洛尼亞大學、牛津大學、劍橋大學相繼建立並成為學術活動中心。這些學校雖只有講授從阿拉伯文譯成的 Aristóteles 著作，但是，Aristóteles 討論問題的邏輯方式成了歐洲的傳統，無形之中一代代地培養了學生邏輯思維的習慣。十八世紀來臨之際，這個方法就自然而然地被學者採納為探討自然界的方法。

中世紀後期，即十三和十四世紀期間，歐洲一些學者，

如 William of Ockham（奧坎，1285-1349）、Jean Buridan（布里丹，1300–1358）、Albert of Saxony（阿爾貝特，1316–1390）和 Nicolas Oresme（奧里斯姆，1320–1382），在評注 Aristóteles 著作的運動觀念中，針對後者必須由接觸持續推動的理論，提出並發展了「衝力說」（theory of impetus）。這個學派雖然在闡述自然方面理論含混、概念不清，但他們對後來運動學和動力學的建立起了一定作用。

（B）經典物理學的創立

近代自然科學是文藝復興的產物。古希臘和羅馬的大批文獻，如 Euclid 的《幾何原理》等，被譯成拉丁文，從而激起人文主義的產生，激起新興市民去探討現實世界和自然界。這個時候，無論是西方還是東方，一方面積累了大量的由工藝傳統而獲得的科學知識；一方面諸如紡織、鐘錶、眼鏡與玻璃等生產技術的進步，為科學研究提供了新的實驗手段。近代科學正是產生於這種背景下的十六、十七世紀。1543 年，波蘭天文學家 N. Copernicus（哥白尼，1473-1543）發表《天體運行論》，提出日心地動說（地球沿圓軌道運動），從而和經院哲學的教條即 Ptolemy 地心說發生衝突。之後，Galileo Galilei（伽利略，1564-1642）攜望遠鏡進行天文觀察和一系列關於運動物體的實驗。這不僅推翻了 Aristóteles 為代表的經院哲學的運動觀，並且以精密數學形式建立了諸如慣性定律和自由落體定律，創立了加速度概念。其後，經過 J. Kepler（克卜勒，

1571-1630）、C. Huygens（惠更斯，1629-1695），以及稍早時候 Simon Stevin（斯蒂文，1548-1620）等一批人的努力，終於以 I. Newton（1642-1727）為代表建立了經典力學體系。其中，Newton 三大運動定律和萬有引力定律是這個體系的核心。它們將過去一向認為毫不相干的地上物體（即所謂「世俗」的）運動規律和天體（屬於神聖的「天堂」）運動規律概括在一個嚴密的統一理論之中。這是人類認識自然的歷史中第一次理論的大綜合。

　　尚需指出，Newton 特別重視數學的應用，他和 G. W. F. Leibniz（萊布尼茲，1646-1716）各自獨立地發明了微積分。在實驗基礎上，Newton 充分運用數學形式描述和論證自然現象的因果關係，充分運用邏輯推理的分析、綜合法。他的方法成為此後物理學最重要、最基本的方法，也成為自然科學各門學科的楷模。

　　做為經典力學的另一個發展序列是由 E. Torricelli（托里切利，1608-1647）、B. Pascal（帕斯卡，1623-1662）、Otto von Guericke（馮‧格里克，1602-1686）等人的工作組成的，並導致 1662 年 R. Boyle（波以耳，1627-1691）和 E. Mariotte（馬略特，1620-1684），各自獨立地建立了關於氣壓和體積關係的定律。

　　從十八世紀起，另有一批人從另一角度構築經典力學。人們稱它為分析力學或解析力學。D. Bernoulli（白努利，1700-1782）、L. Euler（歐拉，707-1783）研究了多質點

體系、剛體和流體動力學。J. L. d'Alembert（達朗貝爾，1717-1783）作出了以他的名字命名的用於代替運動方程的原理，J. L. Lagrange（拉格朗日，1736-1813）建立了微分方程對於複雜情況特別適合的形式。此外，還有 L. Poinsot（龐索，1777-1859）、G. G. Coriolis（科里奧利，1792-1843），以及 A. L. Cauchy（柯西，1789-1857）等人的工作。後者在 R. Hooke（虎克，1635-1703）工作的基礎上給彈性脅變與形變作出了普適的數學表述，總結了變形體力學的最終形式。最後，W. R. Hamilton（哈密頓，1805-1865）發展了 Lagrange 的微分方程，提出了最小作量原理。該原理後來被應用於一系列非力學過程中，並被認為是所有自然規律中最概括的一個。K. G. J. Jacobi（雅可比，1804-1851）提出了用於多體系的 Hamilton-Jacobi 微分方程。迄今為止，從質點到連續體所有力學問題都已得到解決。原則上，經典力學達到了盡善盡美的地步。

十九世紀物理學在以下幾個方面獲得了長足進步。

在十七、十八世紀各種溫度計的製造和溫標的選定過程中，有兩個定律曾推動熱力學的發展。一是前述 Boyle 定律，一是 1802 年 J. L. Gay-Lussac（給呂薩克，1778-1850）對理想氣體膨脹的測定。後者指出，在一定體積下氣體的溫度與壓強變化比例為 1/273。這是熱力學的重要概念「絕對零度」的先導思想。

起初，人們相信熱是一種類似流體的物質。蘇格蘭的 Joseph Black（布拉克，1728-1799）雖持此觀點，但他不僅

是「潛熱」概念的提出者，而且最早（1760）將熱量與溫度從概念上區分開。B. Thompson（湯普森，即 Graf Rumford，1753-1814）於 1799 年首先從鑽炮眼的機械運動中發現熱是一種運動。熱是一種能量，能量守恆及各種形式的能量可以相互轉換的定律，在十九世紀三〇到四〇年代由十餘位科學家從蒸汽機的效率、機械、電、化學、人的新陳代謝等不同側面作出了獨立的研究。這其中有 1842 年 J. R. von Mayer（邁爾，1814-1878）、1843 年 J. P. Joule（焦耳，1818-1889）、1847 年 H. von Helmholtz（亥姆霍茲，1821-1894）的工作。特別是 Joule 測定了熱功當量。Helmholtz 充分發展了能量守恆原理的普遍意義，而 Lord Kelvin（克耳文，即 William Thomson，1824-1907）於 1853 年對此作出最後定義。約 1860 年能量守恆原理得到普遍承認，很快它就成為全部自然科學和技術科學的基石。它所揭示的熱、機械、電、化學等各種運動形式之間的統一性，從而達到物理學的第二次大綜合。受這一思想的影響，動力學量的守恆說紛紛被提出，如動量守恆、角動量守恆、動量矩守恆等等。

　　能量守恆定律又稱熱力學第一定律。它同時判決永動機是不可能的。在 Sadi Canot（卡諾，1796-1832）對蒸汽機的熱功轉換進行研究的基礎上，R. E. Clausius（克勞修斯，1822-1888）、Kelvin 分別在 1850 年和 1851 年為第二定律的建立開闢了道路。第二定律基本解釋了第二種永動機是不可能的，即建造一個把熱轉化為機械功而不產生任何其他影響的機

器是不可能的。第二定律有許多表達形式。1865 年，Clausius
給第二定律引入了一個非常重要的新的態函數，稱為**熵**，用它
表示一個物理系統的秩序程度（又稱混亂程度）。並指出，一
個孤立系統的熵總是趨向增加的方向而變化。熵的概念和第二
定律的建立，立即在化學、天文學，以及一切和熱現象有關的
科學門類中起了不可輕視的作用。1906 年，Walter Nernst（能
斯特，1864-1941）提出了熱力學第三定律。

　　隨著熱力學的建立與發展，分子運動論和熱現象的統計
方法也建立起來了。起初，D. Bernoulli 曾提出氣體運動論，
但已被人忘卻。化學家創立了現代原子、分子概念，J. Dalton
（道耳頓，1766-1844）定義原子量，A. Avogadro（亞佛加
厥，1776-1856）提出了後來以他的名字命名的常數。在設想
氣體分子為剛性球粒子時，1856 年 K. A. Krönig（克羅尼格，
1822-1879），1857 年 Clausius 各自提出分子在短瞬間作直線
運動的觀念。1858 年，Clausius 又提出了重要的平均自由程概
念，證明氣體分子碰撞過程的特點。

　　1860 年 J. C. Maxwell（馬克士威，1831-1879）測得平
均自由程長度值，並建立了速度分布定律。根據這些知識，
Joseph Loschmidt（洛施密特，1821-1895）以數學計算獲得了
氣體分子半徑和一克分子的分子數的準確數量級，後者稱之
為 Loschmidt 數。尤其是，Maxwell、L. Boltzmann（波茲曼，
1844-1906）和 J. W. Gibbs（吉布斯，1839-1903）的工作，發
展了分子運動論並為統計物理學奠定了基礎。一個新的區別

於 Newton 以來的物理觀念在物理學中出現了。這就是統計物理，不是研究單個質點的運動狀態，而是研究一大群分子的運動狀態，「機率」（概率）的概念被引進物理學之中。統計力學可以處理分子運動論的所有問題，而且，更容易地匯出能量均分定律和由 P. T. Dulong（杜隆，1785-1838）與 A. T. Petit（泊替，1791-1820）在 1820 年獲得的定律，即克原子比熱為 6 卡／度。

1887 年，Boltzmann 在熵和機率之間架起了數學橋梁：熵（S）和狀態機率（W）的對數成正比（$S = k\log W$），其比例因數 k 即是 Boltzmann 普適常數。熱力學第二定律表述的熵增加意味著向更多的機率狀態的過渡。同時，發現了分子運動的微小漲落現象。這個重要的事實，即漲落說，為 1827 年植物學家 Robert Brown（布朗，1773-1858）發現的懸浮粒子的運動（也稱 Brown 運動）是純粹熱現象作出了最好的說明。這門學科的發展到此並未終結，直到二十世紀四〇年代一直不斷有新發現。

比起經典力學來，電和磁是一門古老而又晚起的學科。古代中國人對此作出一定的貢獻。但是，從 1600 年 W. Gilbert（吉爾伯特，1540-1603）的《論磁》問世，到十八世紀初，研究者面臨摩擦電、電火花的形成和大氣潮濕的影響等一些錯綜複雜的現象，進展極為遲緩。其中，較為重要的事件有：荷蘭萊頓的 P. van Musschenbrock（穆森布羅克，1692-1761）於 1745 年發明萊頓瓶；美國 B. Franklin（富蘭克林，

1706-1790）於 1749 年以風箏實驗證明天空閃電和摩擦電的一致性，結束了古代人關於這兩種電（前者屬於天上的神，後者屬於地上的俗人）是各自獨立的認識；A. G. Volta（伏打，1745-1827）在 1775 年描述了起電盤，後來發展為感應起電機。直到 1785 年，A. C. Coulomb（庫倫，1736-1806）發明扭秤，才使他自己和 Henry Cavendish（卡文迪許，1731-1810）各自獨立地發現兩電荷之間的作用力定律，今稱為 Coulomb 定律。

由此，又引起了一系列進展，如 1786 年 Coulomb 發現導體對其內的磁遮罩現象；S. D. Poisson（帕松，1781-1840）於 1811 年將引力現象的「勢」概念引進電學之中；加之，1782 年 P. S. M. Laplace（拉普拉斯，1749-1827）對引力勢坐標函數匯出偏微分方程（$\Delta\varphi = 0$），1812 年 Poisson 將它修改為適用於物質內部，使該方程式既是 Newton 引力理論的概括總結，也為靜電勢理論奠定基礎。這樣，靜電學理論基本達到一個完善階段。其中，電荷守恆定律是在 1843 年由 M. Faraday（法拉第，1791-1867）實驗證實的。

電磁發展史上的一個重大轉折是由 L. Galvani（賈法尼，1737-1798）和 Volta 作出來的。Galvani 於 1792 年報告了他關於蛙腿痙攣的實驗觀察，Volta 立即將此觀察變成一個物理發現，於 1800 年製成 Galvani 電堆，從而打開了一個完全預想不到的新領域。電池發明的先頭影響是關於電解的研究。雖然在此前，即 1797 年 A. von Humboldt（洪保德，

1769-1859），J. W. Riter（里特，1776-1810）等人發現電路中電解現象，但還是在電堆製成後，才使 Humphrey Davy（戴維，1778-1829）關於電解的一系列研究成為方便、可能。

1834 年 Faraday 建立了電化學當量定律，其他一些人還進行了關於各種離子遷移的一系列研究。1889 年，W. Nernst 以電動勢理論將它們作出有價值的總結，完成了 Galvani 電流所以產生的理論。而首先衝入這個預想不到的新領域的是 H. C. Oersted（奧斯特，1777-1851），他於 1820 年在一個偶然機會中發現電流的磁效應（電流使磁針偏轉）。基於這一發現的理論意義，即它表明原先獨立的電和磁可能有統一的趨勢，也因為電的技術應用前景，因此，一大批物理學家，特別是法國物理學家立即湧入這一新領域，在兩年的時間內就奠定了電磁學的基礎。這兩年的主要成就有：D. F. Arago（阿拉戈，1786-1853）和 J. L. Gay-Lussac 觀察到鐵片被電流磁化；A. M. Ampère（安培，1775-1836）發現同方向電流彼此吸引，反方向的電流彼此相斥，並提出了電使磁偏轉的方向法則。他還創立了「電動力學」一詞。J. B. Biot（必歐，1774-1862）Felix Savat（沙伐，1791-1841）同時表述了單一電流線元的磁作用定律。

稍晚幾年，即 1826 年，G. S. Ohm（歐姆，1787-1854）建立了電阻定律，清楚區分電動勢、電勢梯度、電流強度的概念，並為導電率概念打下基礎。順便說一下，解決分支電流問題的 Kirchhoff 法則是在 Ohm 工作基礎上於 1847 年由 G. R.

Kirchhoff（克希何夫，1824-1887）建立的。

電流的磁效應的發現促使 Faraday 作了一系列有關的實驗研究。1831 年，他終於發現了電磁感應定律：磁體與導線之間的相對運動，導線中有電流產生。1833 年，H. F. E. Lenz（冷次，1804-1865）對這感應電流的方向提出了有關法則。Faraday 的發現是發電機的理論基礎。雖然他的發現到發電機的真正建造經歷了三十五年之久，但他的實驗為人類開闢了一種新能源，打開了電力時代的大門。為了解釋他的實驗，Faraday 提出了「力線」的概念。在引力超距作用的時代，他的思想受到許多異議。當時尚年輕的 Maxwell 卻能透澈瞭解其中的意義，並致力於為 Faraday 的發現提供數學基礎。

Maxwell 分別在 1856 年和 1862 年發表二篇論文，把全部電磁現象歸結為一組迄今聞名的向量微分方程，引進了「位移電流」，從方程中匯出電磁波的存在，以及電磁波以光速傳播的結論。Faraday 和 Maxwell 等人的工作導致物理學史上第三次大綜合，揭示了光、電、磁三種現象的本質統一性。1888 年，H. R. Hertz（赫茲，1857-1894）以實驗證實了電磁波的存在，並證明了它具有光的一切特性。電磁波的發現，預示了無線電通訊和稍後興起的電視技術的到來，為現代人類的物質文明奠定了強力基礎理論。至此，電磁學的理論基礎大致上全部完成了。當然，它還應包括 1884 年 J. H. Poynting（坡印廷，1852-1914）的能流理論，1900 年 H. A. Lorentz（勞侖茲，1853-1928）和 H. Poincaré（龐加萊，1854-1912）關於

電磁衝量的知識，以及 1890 年 Hertz 和 O. Heaviside（黑維塞，1850-1925）改寫 Maxwell 方程組（即今日教學上通用的寫法），使它以對偶形式出現，從而賦予 Maxwell 方程組美學上真正完美的形式。

Maxwell 的電磁理論已將光的本性揭示清楚，我們尚需對此前光的歷史作一簡要說明。

光的反射和反射定律為古代人所知曉；W. Snell（司乃耳，1580-1626）在 1621 年、R. Descartes（笛卡兒，1596-1650）在 1637 年各自從實驗中推導出折射定律。這兩個定律雖然奠定了幾何光學的基礎，但進一步發展還待時日。因為一時無法確定光密介質與光疏介質中哪個光速更大或折射率更大。這引起了許多數學家和儀器製造師都參與這一物理問題的研究。1850 年，J. B. L. Foucault（傅科，1819-1868）和 A. H. L. Fizeau（斐索，1819-1896）根據 D. F. J. Arago 的建議，測得水中光速小於空氣中光速，才宣告這個問題的基本結束。自然，光在空間的傳播速度是由 O. C. Römer（羅默，1644-1710）於 1676 年通過觀測木衛的蝕而測定的。1729 年，J. Bradley（布拉德雷，1693-1762）發現光行差，才真正結束了光是瞬時傳播還是有限速度的爭論。光行差的發現也為地動說提供了第一個確鑿無疑的直接證據。

光學發展初期，對顏色的解釋爭論頗大，而且還影響到望遠鏡的設計製造。Newton 於 1672 年以稜鏡實驗證明白光是由各種色光組成的。為了避免色差，他於 1668 年設計了反射望

遠鏡。1753 年，J. Dollond（多倫德，1706-1761）成功製造了消色差折射望遠鏡。反對 Newton 顏色學說的是德國著名詩人 J. W. von Goethe（歌德，1749-1832）。後來關於顏色學的進展涉及人眼的生理與心理感覺等問題，本文不贅述。1675 年，Newton 又發現薄膜干涉，即所謂 Newton 環現象（Boyle 作出類似發現，但他未曾認識到顏色與薄膜厚度之間的關係）。加之，早在 1665 年，F. M. Grimaldi（格里馬迪，1618-1663）曾描述桿和光柵的衍射現象。這樣，干涉、衍射和偏振等發現與光的本性問題的討論結合在一起，光學成為長時期持有爭論的學科。

起初，為了解釋上述現象，Newton、R. Descartes 持射流說，或簡稱微粒說；而 R. Hooke、C. Huygens 持波動說。兩者各有千秋，或者都需要借助力學模型來解釋光的某些現象。但是，從 1800 年開始，由於 T. Young（楊格，1773-1829）的工作，波動說出現了輝煌時期。Young 提出干涉原理，並以此解釋 Newton 環，引進波長、光行差原理，第一個近似地測定了光的波長，而且區分了相干光與不相干光的概念。接著，E. L. Malus（馬呂斯，1775-1812）於 1809 年發現偏振，他本人認為這是 Newton 微粒說的證明。然而，1811 年 Arago 用晶體觀察到被偏振的白光的色現象。D. Bewsterl（布儒斯特，1788-1827）於 1815 年實驗證實，在反射光與折射光互相垂直的情況下，反射光是完全偏振的。

同在 1815 年，A. J. Fresnel（菲涅耳，1788-1827）建立

了帶作圖法的衍射理論，並與 Arago 在 1819 年共同提出相互垂直的偏振光不相干涉的證明，最終證實了光的橫向振動。從此，才建立了光的真正波動學說。直到 1888 年，Hertz 證實是電磁波的存在並將光統一在其中，這又結束了光究竟是在哪個方向上振動的爭論。後來，H. A. Lorentz 以反射理論，O. H. Wiener（維納，1862–1927）以光的駐波實驗各自獨立地證明，電場強度的振動垂直於偏振面，而磁場強度的振動在偏振面上。從此，光學成為電動力學的一部分。

當人們的認識深入微觀領域，即當光電效應發現之後光的微粒論才得到復蘇。而量子力學理論中關於光的波粒二象性的解釋又最終在微觀領域結束了歷史上長達幾個世紀的關於光的本性的爭論。

（C）經典物理學的困難和近代物理學的興起

經典物理學在十九世紀最後二十到三十年間，達到了它的鼎盛時期。似乎一切物理問題都可以用它加以解決。然而，正是在這幾十年間及二十世紀初，經典物理學在新的實驗事實面前遇到了困難，原本與實驗相當吻合的理論受到挑戰。首先，長期來人們相信的絕對靜止的慣性參照系「乙太」，而在 A. A. Michelson（邁克生，1852–1931）主持的反復多次的實驗中均得到否定的結果；再如，在固體比熱、黑體輻射、X 射線、放射性和鐳的發現等新的實驗事實中，經典物理學不僅對此困惑不解，且有大廈將傾之危。

一個德國出生的物理學家 A. Einstein（愛因斯坦，1879-1955）看出了修補經典理論的不完備性，默默地從事對物理理論基礎的根本性改革。他於 1905 年和 1915 年先後創立了狹義相對論和廣義相對論。相對論否定了 Newton 以來絕對時間和絕對空間概念，並將 Newton 力學做為一種特例概括其中。相對論既是天體物理和宇宙學的理論基礎，也是原子內部微觀物理學的理論基礎。

Max Planck（普朗克，1853-1947）為解釋黑體輻射問題，於 1900 年提出能量子假設，引入了著名的 Planck 常數。能量是由不可分的最小單元（即能量子）組成的思想在當時極為新奇。Einstein 在 1905 年從光電實驗中提出光量子論，從而證實並發展了 Planck 的思想。光量子論認為，光具有連續的波動性質，又具有不連續的粒子性質。從此，波粒二象性（duality）做為微觀世界的基本特性之一為人們所接受。此後，經過將近二十年的醞釀與準備，尤其是在實驗基礎與工業技術的發展之後，一批青年物理學家終於在 1924 到 1928 年間建立了量子力學，其中有 L. de Broglie（德布羅意，1892-1987）、W. K. Heisenberg（海森堡，1901-1976）、P. A. M. Dirac（狄拉克，1902-1984）、Max Born（玻恩，1882-1970）、E. P. Jordan（喬登，1902-1980）、E. Schrödinger（薛丁格，1887-1961）、N. Bohr（波耳，1885-1962）、W. Pauli（包立，1900-1958）等人。根據量子力學理論，電子和一切微觀粒子都有波動性，又有粒子性，揭示了微觀物理世界的基本規律，即波粒二象性。

量子力學的建立，不僅逐步地解決了十九世紀末的諸多物理問題，同時加速了原子和分子物理學的發展，並且成為物理學通向化學和生物學的橋梁。

十九世紀末二十世紀初，人們作出了關於 X 射線、放射性、鐳等一系列驚人發現，1905 年 Einstein 提出著名的質能關係式（$E = mc^2$），量子論也由初期解決輻射問題而進入到物質本體之中，從而打破了原子不可分的古老觀念，人們對物質的認識從宏觀深入到原子內的微觀世界之中。1911 年，E. Rutherford（拉塞福，1871-1937）提出原子模型。1913 年，Bohr 提出解釋這個模型的量子假說。1932 年，J. Chadwick（查兌克，1891-1974）發現了中子；J. D. Cockcroft（柯克勞夫，1897-1967）和 T. S. Walton（沃頓，1903-1995）用加速器實現人工核蛻變；O. Hahn（哈恩，1879-1968）和 F. Strassmann（施特拉斯曼，1902-1980）發現鈾分裂即重原子核分裂的現象。1942 年，實現原子核鏈鎖反應，在 E. Fermi（費米，1901-1954）領導下，建成第一座原子反應堆。1945 年製成第一顆原子彈。從此揭開了原子能時代的序幕。

從 1932 年 Chadwick 發現中子開始，基本粒子物理學成為二十世紀中期以來熱門課題。新粒子性質、結構、相互作用和轉化成為該學科主要研究內容。存在於自然界的四種力（引力、電磁力、強相互作用力和弱相互作用力）作用的統一問題，物理學家們也付出了大量勞動，但距真正的統一尚待時日。在人類科學認識的歷史長河中，最感興趣的兩個領域是：

一為太陽系；一為原子結構。迄今，物理學已幫助人的「眼力」大到 10^{33} cm 的宇宙，深到 10^{-17} cm 的基本粒子內部。

從上述歷史看，我們不能不注意到，整部物理學史亦是實驗與理論互動的歷史。實驗技術不斷革新與精密化，促成理論物理不斷進步與完善；後者的進展又要求前者以更高精的程度為之驗證。物理學在如此互動過程中，一點一滴、年積月累，構架起一座宏偉大廈。這過程中，一代代人前承後繼為之默默地工作，付出畢生精力與智慧，也產生了許許多多偉人。

（Ⅲ）物理學與技術，物理學的功能

物理學與技術有著密切的聯繫，它們之間總是彼此互動、向前發展。此處所謂「物理學的功能」僅指物理學知識轉化為技術之後所具有的功能。

經典物理學形成之初，磨鏡與制鏡工藝曾對物理學與天文學都有過幫助和促進。早先發明的眼鏡，以及在 1600 年左右突然問世的望遠鏡、顯微鏡，為 Galilei 等物理學家觀察天體帶來方便，也促使 Snell、Descartes、Newton 等一大批學家對它從幾何光學上進行研究。後者的成就又使得反射望遠鏡、折射望遠鏡和消色差折射望遠鏡在十七、十八世紀紛紛問世。各種望遠鏡的進步又推動物理學的發展，例如用它觀察木衛的蝕以測定光速，發現光行差等等。當 Newton 等人建立起經典力學大廈時，現代一切機械、土木建築、交通運輸等工程技術的

理論基礎也得到初步確立。

　　十八世紀六〇年代開始的工業革命，以蒸汽機的廣泛使用為標誌。起初，蒸汽機的熱機效率僅為 5% 左右。為提高蒸汽機的效率，一大批物理學家進行熱力學研究。J. Watt（瓦特，1736-1819）曾根據 J. Black 的「潛熱」理論在技術因素上改進蒸汽機。但是，當時尚未有人認識到汽缸的熱只是部分地轉化為機械功。此後，S. Carnot 建立了熱功轉換的循環原理，Clausius 又從 Carnot 循環中得到熱力學第二定律。熱與能等價的觀念被人們普遍接受。熱力學第一、二定律確立不久，英國土木工程師 W. J. M. Rakine（蘭金，1820-1872）於 1859 年就將它們編入《蒸汽機手冊》中，到二十世紀初，蒸汽機效率達到 15% ～ 20% 左右。這充分說明技術 ⇆ 物理間的互動關係。

　　電磁學的所有重大成就純粹是在物理實驗室誕生的。Volta 電池成功地獲得了持續電流，開闢了利用電力的新時期。Oersted 和 Faraday 建立的電磁感應定律，為電氣時代的到來打下基礎。特別是在實驗室裡用以演示感生電流的 Faraday 轉子，原本近乎一種玩具，但它卻是後來所有發電機和電動機的始祖。十九世紀四〇年代及其之前創建的一系列電磁學定律，促成了十九世紀八〇年代鋼鐵、電力、化學、內燃機為主流的技術大飛躍，實驗室的成果孕育了工業技術領域的大批巨頭和巨豪的誕生，如電機工業的 W. von Siemens（西門子，1816-1892），鐵工業的 H. Bessemer（柏思麥，1813-1898）和 Pierre-Émile Martin（馬丁，活躍於 1860-1870 年代）等等。

　　反之，在鋼鐵、冶金、電機方面的技術發展難題，尤其是燃料、能源的合理利用與成本問題又促進了十九世紀最後二十到三十年間熱輻射研究的迅猛發展。類似地，Maxwell 方程和 Hertz 電磁波實驗，導致 G. Marconi（馬可尼，1847–1937）於 1895 年發明無線電。從而開創了無線電通訊技術的新時代，大大改變了人類的生活方式和文明進程。這又是物理 ⇆ 技術之間的互動事例。

　　二十世紀期間，最新物理學成果給予技術、社會的影響是最驚人的科學事件之一。Einstein 的質能關係導致原子彈製造和核能的利用，1917 年 Einstein 的受激發射理論又引出 1960 年雷射器的誕生。在現代強大的技術裝備中，引人矚目的有：1932 年發明的迴旋加速器，1934 年製成電子顯微鏡，1936 年發明射電望遠鏡，1957 年人造衛星上天及其後發展的宇宙飛船技術、遙感技術，60 年代建造的用做強中子源的實驗性反應堆和電子同步加速器等等。他們無一不是物理學的成果。除了原子能工業（始於 1942 年）、空間技術（始於 1957 年）與物理學直接相關外，當今電子計算機和資訊革命是最為令人激動的技術革命。但它的硬體亦無一不與物理學成果相關，甚至就是物理學的實驗結晶。

　　從 1947 年 Bell 實驗室發明電晶體，1962 年發明積體電路，到 1970 年代後期出現大規模、高密度積體電路，其間多少物理學家在固體、晶體、半導體等物理學上奉獻出自己夜以繼日的工作成果，這需要有一篇長論文來敘述它。可以說，大

至國防技術的導彈、核潛艇、太空船，小至每個家庭、每個人身邊的各種電器、電子儀器，以及為了健康而進入醫院時所見到的放射性治療、超聲波掃描、核磁共振掃描等等，沒有一件是與物理學毫不相干的發明物。物理學已經滲透到人類活動和文明生活的各個領域、各個方面。

　　正因為二十世紀物理學與人類活動和人們生活密切相關，所以我們稱物理學為「活的基礎科學」，特別是將它的成果轉化為技術後而給國家安危和經濟貧富帶來的巨大影響，人們又稱它為「治國保家的基礎科學」。在國際經濟競賽、市場競爭與知識經濟活躍的今日，許多人驚訝：上百條的物理定律已化為成千上萬噸的黃金。無論如何，就科學知識而言，今日不重視物理知識教育和普及的民族，將會變為世界民族之林中的灌木叢；而絲毫不懂物理學知識的個人，如果他沒有他人幫助，他將在現代文明生活中遇到在他人看來並非麻煩的許多麻煩。

（Ⅳ）古代中國的物理學

　　首先要指出，近代科學與古代科學的關係。前者是後者的繼承和發展，但兩者有著質的差異。古代科學，包括希臘、中國、印度和中世紀阿拉伯，以及歐洲的科學，基本上處於現象的描述、經驗的總結和思辨猜測的形式，其科學成就是直觀、零散出現的。而以物理為標誌的近代科學則是將系統的觀察實驗和嚴密的邏輯體系相結合，形成以實驗事實為據，以簡捷的

數學描述為主的系統的科學理論。

再者，「古代」的概念在中國與歐洲並不相同。歐洲歷史時期分為古代、中世紀和文藝復興等；而在中國，直到 1840 年鴉片戰爭之前，在歷史學家看來都屬於古代範疇。本文關於中國「古代」的時間含義從中國歷史學家之說。當然，本文的敘述著重在十五世紀之前的歷史時期，相當於歐洲文藝復興初期之前的歷史時期。

中國古代有否科學或物理學，迄今為止，仍然眾說紛紜。很可能，有些人不自覺地帶著經典物理時代、甚而近代科學的觀念和標準來評判中國古代，因此得出「古代中國只有技術而無科學」的斷言。這多少是不公平的。無論在技術，或是在科學上，從春秋戰國到西元十三、十四世紀期間，中國人在大多數領域走在世界前列。這已為近幾十年國際中國科學史家的研究成果所證實。

我們可以隨便揀出一些例子，說明古代中國也有物理學。

據考古發現，在河南舞陽縣賈湖村發掘了其上有開孔刻痕的 16 支骨笛，豎吹、7 孔，類似今日洞簫（圖 1）。它們是西元前 6000 年的文化遺存。迄今仍可以奏出六聲音階或七聲音階。[1] 它比古巴比倫 Ur 王陵和 Shubad 王后陵出土的歌舞石雕

---

[1]　河南舞陽賈湖新石器時代遺址第二至六次發掘簡報，《文物》，1989 年第 1 期，第 1-14 頁。
　　黃翔鵬：〈舞陽賈湖骨笛的測音研究〉，《文物》，1989 年第 1 期，第 15-17 頁。

圖 1　在舞陽賈湖出土的西元前 6000 年的骨笛。
（引自《文物》，1989 年第 1 期）

圖 2　湖北隨縣出土的曾侯乙編鐘。
（引自《隨縣曾侯乙墓》，文物出版社，1980 年）

（2700 B.C.）要早三千多年。過去認為，中國的音樂和聲學知識是從古希臘或古巴比倫傳到中國的說法，已站不住腳了。至晚西元前 1000 年，西周人已能設計鑄造雙音鐘，即一個鐘殼發出兩個基音。[2] 從 Lord Rayleigh（瑞利，1842–1919）總結經典聲學理論的 *Theory of Sound* 於 1877 年出版以來，一個鐘

---

[2]　戴念祖：《中國聲學史》，石家莊：河北教育出版社，1994 年，第 421-425 頁。

殼一個基音似是不證自明的公理。因此，1978 年湖北隨縣曾侯乙編鐘（鑄造於 433 B.C.）的出土，[3] 不僅其製作精美、數量之多、發音準確令人驚訝不已（圖 2），而且動用了當代聲學實驗室最先進的儀器才發現其一鐘雙音的物理機制。[4] 上古舞陽人如何計算笛孔距離？西周人有關殼振動知識又從哪裡來的？這是值得探討的問題。

　　春秋戰國時期，以墨翟（生活於西元前五世紀至前四世紀初）為首的墨家寫下了《墨經》一書。該書中大部分內容為邏輯學與自然科學，其中物理學占一定篇幅。《墨經》中物理學包括討論槓桿、滑輪、斜面、浮體和平衡等靜力學知識，也包括以連續 8 條文字討論光的直進性質、光反射和各種鏡子成像情形。例如槓桿平衡問題，《墨經》討論了等臂天平和不等臂天平的各種平衡情形，其結論也完全正確，就是沒有數學公式，也缺少具體資料。這或許是與當時的書寫用具即竹簡有關。成書於春秋末年（西元前五世紀）的《考工記》是一部手工技術的總匯，其中關於馬拉車的慣性現象，車輪必須要圓的道理及判定其圓與否的方法；關於鐘、鼓的形狀、共振腔體的大小和長短對於發聲的影響等的定性文字總結大概是世界上最早的有關文獻。

[3]　湖北隨縣曾侯乙墓發掘簡報，《文物》，1979 年第 7 期，第 1-39 頁。

[4]　陳通、鄭大瑞：〈古編鐘的聲學特性〉，《聲學學報》，1980 年第 3 期，第 161-171 頁。

　　秦漢開始，中國的鋼鐵技術一直遙遙領先於世界。這是中國古代科學所以發展的重要因素之一。漢代鄭玄（127-200）根據弓箭製造及其彈性力大小的長達幾百年的測量資料，歸納出 R. Hooke 在十七世紀才表述的彈性定律。[5] 在漢代成書的《尚書緯・考靈曜》中清楚道出 Galilei 相對性原理或力學相對性原理的古老說法：

> 「地恆動不止，而人不知。譬如人在大舟中，閉牖而坐，舟行而人不覺也。」

　　宋代李誡（? -1110）在其著《營造法式》中指出，具有最佳強度的橫梁高寬比數為 3：2。這已達到了 T. Young 時代的材料力學水準。

　　在本草藥物與煉丹著作中，中國人仔細觀察並總結了大量晶體的幾何形狀、對稱性、贗形性，甚至發現某些晶體的變色、變形現象。有關固體與晶體的知識遠遠走在科學發展的時代前面。例如，漢代韓嬰（生活於西元前二世紀）的《韓詩外傳》（成書於 140-135 B.C.）首次觀察記載了雪花的六重對稱，比 J. Kepler 於 1611 年元旦時寫的《六角形的雪》早

5　老亮：《中國古代材料力學史》，長沙：國防科技大學出版社，1991 年，第 1129 頁。以下我們不一一列出文獻，因為本書以下各章中會涉及這些重要歷史事實和文獻書目。

一千七百餘年。

　　在古代數學著作中，有大量的算題是在時間、速度、平均加速度、路程等物理因素之間設定的，若將它們彙編在一起亦不失為一本初等運動學習題集。這在中世紀的歐洲是從未發生過的事。例如，《九章算術》卷七《盈不足》第四問寫道：

　　「今有良馬和駑馬，發長安至齊。齊去長安三千里。
　　良馬初日行一百九十三里，日增十三里；駑馬初日行
　　九十七里，日減半里。良馬先至齊，復還迎駑馬。問幾
　　何日相逢？」

　　古代人以「盈不足術」解此類算題：假令良駑二馬於第 15 日相逢，則不足 $377\frac{1}{2}$ 里；假令這二馬於第 16 日相逢，又盈餘或多出 140 里。於是，在「盈」與「不足」之間找到一種計算方法。我們不妨以物理學中運動公式去解它：將良駑二馬的日增里數看成是加速度值，並確定它們第一天的初速度值（算題中第一天的里數是平均速度值，將它看成第一天的路程即可得初速度），於是可得到和《九章算術》幾乎相同的答案，只是在以里為單位的小數點下三位稍有誤差。這一誤差是由於《九章算術》解題採用的是平均加速度值，而我們今日的運動公式中所要求的是瞬時加速度值。值得注意的是，魏晉時劉徽（生卒年不詳）在注解這道題時，分別將日增里數和日減里數稱之為「益疾里」和「減遲里」。可以說，這是加速度概

念在 Galilei 之前的濫觴。

在光學方面，古代中國人也有不少成就。至少在「透光鏡」（即不等曲率反射鏡）的製造方面成績驚人。漢代人發明的「透光鏡」（圖 3）在唐代傳入日本，並被日本稱為「魔鏡」。弄清它的「透光」機理問題曾引起十九到二十世紀之間的光學家和物理學家從 1832 年起斷斷續續地整整一百年的興趣。其中包括 David Brewster（布魯斯特，1781-1868），D. F. J. Arago 等人，以及 1877 年 *Nature* 雜誌開辦的專題討論，直到 1932 年 W. H. Bragg（布拉格，1862-1942，1915 年獲諾貝爾物理學獎）以「論中國『魔鏡』」為題寫下了總結性文章。[6] 事實上，Bragg 解釋「透光鏡」的物理觀點已由清代鄭復光（1780-1853 年之後幾年）在其 1835 年初稿的《鏡鏡詅痴》中闡述了。此外，陽燧（凹面鏡）、複合透鏡、潛望鏡也是中國人最早發明的。遺憾的是，古代中國人似乎始終未曾注意到入射角與反射角相等的知識。

在電和磁方面，古代中國人不僅僅發現「琥珀拾芥」現象，還發現了玳瑁、頭髮、羽毛、貓皮、絲綢、漆乾等物質的起電現象，並觀察到靜電放電火花和響聲。在歐洲，它們基本上是由 R. Boyle 和 Newton 等人才發現的。指南針和羅盤（圖 4）的發明，磁偏角的發現和磁傾角的應用，這已是眾所周知的中國科學史事實。

---

[6]　　W. H. Bragg. On Chinese 'Magic Mirrors'. ILN, 181 (1932), 706.

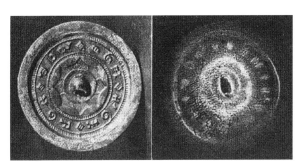

圖 3　上海博物館藏西漢透光鏡（左）及其反射光斑（右）。
　　　鏡背面鑄有「見日之光，天下大明」字樣。反射光斑與
　　　鏡背圖案類似。（引自阮崇武，毛增滇：《中國「透
　　　光」古銅鏡的奧秘》，上海：上海科學技術出版社，
　　　1982 年）

圖 4　秦漢時期的司南（王振鐸復原）和明代銅質水羅盤。
　　　（引自王振鐸：《科技考古論叢》，北京：文物出版
　　　社，1989 年）

　　在聲學方面，也即在關於確定弦長與其音高關係的知識方
面，古代中國人的成就不能不讓人肯定古代中國有物理學。
　　確定振動體長度與其音高關係的科學，中國古代稱為**樂律**

學，即音樂學與律學的總稱。「律學」在英語詞彙中無對應詞，或可英譯為 theory of tuning and temperament。已有考古文物和文字記載證明，至晚在西元前六世紀，中國人已建立了「三分損益法」（the rule of addition or subtraction of a third 或簡譯為 the rule of third）。它本質上與西方「五度相生法」相同。但是，前者傾向於數學法則，後者傾向於五度和諧；前者表述的是一個音階內各個樂音的數學聯繫，後者表述的是前後兩者的音樂規律。

　　三分損益律在中國歷史上發展到淋漓盡致的地步，以致劉宋朝何承天（370−447）、隋唐時期祖孝孫（生活於六世紀下半葉到七世紀上半葉）等人從三分損益法計算出發，而獲得了傾向等程律（equal temperament）的結果，比 Galilei 的父親 Vincenzo Galilei（文森西奧，約 1530 年代後期到 1591）在西方依照帶品柱樂器所創建的初期等程律（其相鄰兩律之比為 18：17，相當於 99 cent，但它與相鄰兩律的音程為 100 cent 的等程律有著質的差別）要早千餘年。

　　明代王子朱載堉（1536−1611）在 1581 年之前創建十二等程律（twelve-tone equal temperament），其律制及求解等比級數的數學方法比法國數學家 Marin Mersenne（梅森，1588−1648）在 1636 年建立同樣律制要早五十多年，比荷蘭物理學家 Simon Stevin 也要早十到二十年。至於中國人以實驗方法發現管樂器末端效應（the end effect of pipe）和管口校正（the end correction of pipe）數據更要早於西方。

　　聲學在中國古代所以發達也有其原因：一、歷代皇朝幾乎都有歌舞音樂學校，有龐大的歌舞音樂隊，不少皇帝本人也精通音樂、喜好音樂，如戰國時趙王烈侯（409-400 B.C. 在位），唐玄宗李隆基（682-762）等等；二、歷代皇朝都設有專管禮樂的行政機構，稱為「太常」、「太常寺」，其主管官員稱為「太常卿」，以下各級有太常博士、協律都尉、協律中郎將、鐘律令等，他們官品不高卻可以參與朝政；三、做為支配歷代封建皇朝的思想體系，儒家學術是重視音樂文化的；四、有能力和創造性的調律人和調律官往往能得到朝廷獎賞，提拔重用，他們的業績也被記錄於歷代正史之中。這在古代其他民族或國家看來，簡直是不可思議！即使在今天，一個技術高超的鋼琴調律師也只能手提工具箱，穿行於大街小巷，為生活忙碌辛勞。

　　儀器製作和實驗，在古代也有不少成就。例如，用於演示迴轉運動的迴轉儀或陀螺儀，是由平衡環和陀螺組成的。而平衡環和陀螺都是古代中國人最早創制的。平衡環在漢代稱為「被中香爐」、「薰爐」（圖5），且歷代屢有製造。中學課堂上採用的液體表面張力演示器，在宋代桐油市場上幾乎買賣人均手執其一，以表面張力現象來檢驗桐油的品質。虹吸管自漢代以來的應用，滴定管（或滴量管）在唐宋時期的普遍性，均引起人們對大氣壓現象的種種討論。至於計時器、基本度量器（例如尺）及其標準的選定，已是眾所周知的事。

　　在實驗方面，墨翟以暗匣演示光的直進性；小孔成倒像的

圖 5　1970 年西安何家村出土的唐代銀薰球。
（引自《中國大百科全書・物理學》）

實驗為歷代人們所注意；宋末元初趙友欽（生活於十三世紀）
以上千支燭光布置於 4 尺（約合今 1.3m）直徑的圓板上作光
源，在改變光源（燭光的多寡與其排列的疏密）、小孔（形狀
與孔面積的大小）、物距與像距各因素時，觀察小孔成像情
形。雖實驗結果不是定量的數據，但這個實驗很好地說明了影
響小孔成像的物理因素，並且獲得照度的概念及其與距離的定
性關係。

　　明代徐有貞（1407-1472）於明景泰三年（1452）所做的
水箱放水實驗也頗有意義。這裡所謂水箱放水實驗是指：兩個
完全相同的水箱，盛同質同量的水，一個水箱底開一大孔，另
一水箱底開數小孔，令數小孔的面積之和等於大孔面積。如此
做放水實驗，哪個水箱的水先放完？徐有貞以此實驗說服朝廷
近臣，同意他在山東張秋治理黃河的方略：開分水河治水。從

物理學看，水箱放水與明槽流水的流體力學原理完全兩樣，但徐有貞除了未測定小孔放水係數外，其實驗結果（數小孔的水箱先放完水）與其後四百年法國數學家和工程師 Jean-Victor Poncelet（彭賽列，1788-1864）、美國礦業工程師和流體力學家 Hamilton Smith（史密斯，1840-1900）的實驗完全一致。

以上所列僅僅是中國古代物理學成就之小部分。就某種意義言之，已大大超過了文藝復興之前歐洲的物理學成就。即使如此，我們仍可感到，古代的物理學是零散、不系統的。而且，除了聲學之外，大多是通過對自然現象的觀察和工藝技術的總結而得出的定性的認識。大部分定量的科學知識也與師徒傳授的工藝傳統相關。總之，古代中國的物理學缺少 Archimedes 的數學方法（聲學除外），也缺少 Aristóteles 的論證問題的方法。這大概是造成中國從明季（相當於文藝復興中期）開始科學落後的主要原因。

自然，需要分清的是：缺少某種方法並不等於沒有科學或沒有物理學本身。因為，在古代的認知階段（水準）上，獲得某種自然知識的途徑是多種多樣的。就東西方的科學方法在古代階段（或文藝復興之前）而言，一旦邏輯推理有失嚴密，諸如推理起點不正或推理中間插入不當因素，其結果斷然有誤。前述 Aristóteles 關於箭矢飛行的接觸作用是個例證，而中世紀後期衝力說學派持的衝力說最終被拋棄的原因也大抵如此。同樣，僅僅靠觀察或技術經驗的總結，雖在某個認知階段可以取得相當成就，但隨著人類認知水準的深入和提高，僅僅靠肉眼

的觀察和手工技術傳統的經驗，就會變得無能為力、停滯不
前。這個簡單的道理有助於人們瞭解，為什麼十四世紀之前中
國的科學和技術領先於西方；為什麼文藝復興開始西方的科學
和技術突飛猛進。

　　如果將文藝復興之前西方的科學和方法定義為學者方式，
而將中國古代的科學和方法定義為工匠式。那麼聽聽十六世紀
時人們的評判是頗有意思的。當時，由於宗教因素，大學講壇
還在講授 Aristóteles 學說，衝力說因邏輯混亂、概念不清而處
於困境。此時，西班牙人文主義者 Jean Luiz Vives（維韋斯，
1492-1542）對衝力說提出「束縛人類知識」的評價。這評價
有所偏頗。但他同時讚賞由工藝傳統積累的知識，卻道出了科
學史上一方真情。他說：

　　　　「那些人從最有經驗的人那裡蒐集了有關每一種工藝的
　　　　各種題材，並寫成文字，他們給人類帶來多少智慧財富
　　　　啊……，通過對生活各個方面的這類觀察，實踐的真知
　　　　幾乎增長到令人不能置信的程度。」[7]

　　這可以做為十六世紀上半葉人們對工匠式科學傳統的總結
與評價。今天的人們大多認為：「學者和工匠以不同的方式促

----

[7]　（英）Stephen F. Mason. *A History of the Sciences*. London, 1953,
　　p.94.

進近代科學的產生。」而近代科學於十六世紀下半葉起在歐洲產生，至少有兩個重要因素：一是一種新的研究方法即科學方法的興起；一是從理智上對世界產生了一種新看法。這兩個因素在中國始終沒有出現。直到鴉片戰爭之後，才從西方隨近代科學一起傳到中國。

（Ⅴ）本書的內容和目的

就某種意義上說，本書是普通物理教學多年經驗的總結。其內容，大致上經典物理占三分之二，近代物理學占三分之一。

掌握物理學基本原理和定律，學會以理性、邏輯分析問題，學會選用適當的數學作出推導，歷來被認為是學習物理學的主要方式。在這裡，如何切入問題？一般會產生的疑問和難點在哪？這曾經困擾一些青年教師和學生。本書盡力為他們提供某些可資參考的方法。對於大學理工一、二年級學生，以及師範院校和非理工科青年教師，本書當有所助益。

一般地說，物理學定律，公式及其具體的數學推導過程，在學過之後諸多年內若不再重複，確是容易忘卻的。但是，從學習物理學中而學到的解決問題的方法、想法和科學精神，是不易忘卻的，且可以在工作與生活中應用到各個領域和各個層面，影響深遠，威力無窮。這已為一代代物理學出身的人們的生活經驗所證實，也為近幾十年活躍於金融、企業、工業，甚

至文法系統物理出身的人士的經驗所證實。

因此，讓讀者學到分析物理問題的方法、想法和精神是本書宗旨之一。這其中，包括諸如如何分析問題，問題在哪？如何切入問題並加以解決？問題的因果關係如何？問題的相對關係、耦合關係如何？其所在的時間空間有何影響？出現結果的可能性與機率為多大？此外，做為我們自己在解決問題或創造事物過程中應當抱有的理性精神（尤其不要盲從習慣）和追根究柢的態度，也是不可忽視的因素。

為了減輕非理工科學生對物理與數學的「恐懼」心理，本書在不失嚴謹與科學性的同時，盡量由淺入深；在數學方面，借用物理題目自然引進數學，甚至插入中學所學的數學。其目的是使學生既能正確理解物理內容之本質，又不致產生「恐高症」；同時，亦能認識到中學數學的作用和意義。那些對物理學感興趣而又缺乏數學基礎的學生，盡可以跳過數學公式和推導過程去閱讀本書，以達到先瞭解物理基本概念和方法之目的。

鑑於物理學在其他各學科和技術中的應用，本書在講明物理學原理之時，也盡量結合人體學、醫學等實際事例。一方面擴大視野，另一方面也有利於上述各學科和技術人員通過學習本書而對自己所從事領域的相關物理問題有所悟徹。

近年來，文理分家現象日益嚴重。學物理的學生，少有關注文化，甚而自己民族的傳統。因此，本書特加入一些中國歷史與文化知識，講一點中國科學史。本書的作者不僅多年前對

此曾有過強烈的願望，今日仍希望通過本書能有助更多年輕人在學習物理學的同時，瞭解自己民族的文化內涵之博大與歷史源淵之長久。

物理學是一門「活的基礎學科」，也是訓練人的腦力思維最好的學科之一。通過物理學的基本訓練之後，倘若每年有 1% 的物理學畢業生在未來能馳騁於國際物理學前沿，更有一部分學生能活躍於其他學科和工業技術領域，而大部分學生能切實掌握物理學方法與精神，並靈活運用其所學於其所實行的事業，我們民族的形象與面貌將是如何？國之振興、民之富裕，冀望青年人矣。

參考文獻

1　《中國大百科全書‧物理學》，北京：中國大百科全書出版社，1987 年。

2　Max von Laue. Geschichte der Physik Cöttingen, 1950. （該書有英譯本，亦有中譯本。范岱年，戴念祖譯：《物理學史》，商務印書館，1978 年）

3　Florian Cajori, A History of Physics, 5th ed, The Macmillan Company, 1928. （該書有中譯本。戴念祖譯，範岱年校：《物理學史》，呼和浩特：內蒙古人民出版社，1981 年）

4　Stephen F. Mason. A History of the Sciences. London: Routledge and Kegan Paul Ltd., 1953. （該書有中譯本。周煦良等譯：《自然科學史》，上海：上海譯文出版社，1980 年）

5　關洪：《物理學史選講》，北京：高等教育出版社，1994 年。

6　申先甲主編：《物理學史教程》，長沙：湖南教育出版社，1987 年。

7　Morris Kline. Mathematical Thought. Oxford Univ. Press, New York, 1972. （該書有中譯本。北京大學數學係數學史翻譯組等譯：《古今數學思想》，上海：上海科學技術出版社，1979 年）

8　戴念祖：《中國力學史》，石家莊：河北教育出版社，1988 年。

9　戴念祖：《中國聲學史》，石家莊：河北教育出版社，1994 年。

10　老亮：《中國古代材料力學史》，長沙：湖南教育出版社，1991 年。

11　王錦光、洪震寰：《中國光學史》，長沙：湖南教育出版社，1986 年。

12　王振鐸：《科技考古論叢》，北京：文物出版社，1989 年。

13　Joseph Needharm. Sciencd and Civilisation in China. Vol. 4 , part 1. Cambridge Univ. Press, 1962.

《近代物理》序

原載《近代物理》序
林清涼（2002）

　　中國古代雖在經典物理學方面有不少貢獻，卻在頻繁且長期的戰爭，以及封建的皇帝制度和價值觀的影響下，無法累積知識及經驗，於是獲得的知識及經驗難以形成系統，使得春秋戰國時期具備的物理學雛型，無法發揚光大。正在西方進入文藝復興，科技逐漸步入類似今日科研方法、理論實驗互動的時期，中國逆向地進入有史以來最封建的明朝。以致在十六世紀末西洋科技傳入中國後，中國科技很快地遭到取代。所以目前我們所學的科技，可以說是外來貨。先消化它們，化為我們的血和肉，才能產生創造創新的國貨。這個目標要靠普及科技知識，使它們深入人民生活，科技變為無形中的生活必需品，且自然地出現用自己語言撰寫的教課書或自學用書才能達到。

　　科學已發展到各領域無法自限於狹窄範圍，而須交插互動前進的時代，物理學亦因而分為經典物理和近代物理。個人很大膽地將經典物理，以類似人體動靜脈系統，分為「力學」和「電磁學」。同樣地，亦將近代物理分為兩大領域：主宰今日高科技領域的量子力學、原子分子和凝聚態物理，稱為近代物

理 I；而追究物質、相互作用根源，屬於基礎物理的原子核物理和基本粒子物理，則稱為近代物理 II。至於鋪陳方式，則秉持撰寫力學和電磁學的一貫做法，盡量從物理現象、歷史淵源，以及當時的物理背景來逼近問題核心及推導式子，以啟發思路，且能用自學的方式展開解析過程，盼能達到普及科技教育和提升科技水平的目標。

以人能站立比喻近代物理，量子力學和狹義相對性理論相當於我們的兩條腿；狹義相對性理論是電磁學的本質，可將它歸類到電磁學領域，於是近代物理學的核心實為量子力學。近代物理 I 介紹二十世紀初葉一群年輕物理學家催生量子力學的奮鬥過程，盡量從原論文出發來推導非相對論 E. Schrödinger 方程式，然後探討它的內涵，將它應用到典型的束縛態（bound states）和非束縛態的基礎勢能散射問題，並且解釋週期表的形成。物理學家們在分析物理現象過程中，如何遇到和解決了：粒子及分布的統計性（statistics）、全同粒子（identical particles）、對稱性（symmetries）等問題，也將一一敘述。最後探討和生活密切相關的物質性質的凝聚態（凝態）物理學。由於牽涉的範圍龐大且複雜，限於篇幅，僅介紹分子、半導體和超導體內的最基本問題。這些都是今日臺灣製造業的重要基礎，是非相對論量子力學和電磁學帶來的產業化成果。

然而，物質的根源是什麼？什麼是相互作用的源頭？質量怎樣來的？電荷是什麼？前兩問題是近代物理 II 要介紹的內容，至於後兩者，仍然是尚待解決的科研問題。近代物理 II，

包含原子核物理學和探討物質及相互作用根源的基本粒子物理學。本書詳述物理學家們如何將千變萬化的萬物、複雜現象、相互作用等等，歸類化約成簡單且有規律的理論或模型。至此處理微觀現象的量子力學，以及和電磁學有關的狹義相對性理論，自然地融合成一體，二象性（duality）將是自然的現象。此時物理學和數學的精采互動場面一一呈現，使我們享盡物理學的魅力。

　　至於人名和名詞，除了有名且大家熟悉的物理學家，例如：牛頓、庫侖等之外一律使用原姓，首次出現的專有名詞附有英文名。物理量的測試，一直到（11-440b）式，採用的是國際通用的 MKSA 單位制（International System of Units，簡稱 SI 制），即長度使用公尺（m），質量、時間和電流分別使用公斤（kg）、秒（s）和安培（A）為單位。但（11-440b）式之後，方便和高能物理慣用的單位一致，電磁學採用 Heaviside-Lorentz 電磁單位；並且（11-483）式之後，使用自然單位 $\hbar = c = 1$ 來簡化 $\hbar$（$\hbar = h/2\pi$，$h =$ Planck 常量）和 c（光速）出現的頻度。四向量（矢量）演算是用 Bjorken-Drell（*Relativistic Quantum Mechanics*, McGraw-Hill Book Company (1964)）標誌，而角動量合成法則使用 A. R. Edmonds（*Angular Momentum in Quantum Mechanics*, Princeton University Press (1957)）的標誌。

　　近代物理學涉及的範圍非常廣泛，而且明顯的專業化，一個人往往很難同時持有不同領域的專長。不過在學習過程，不

必一開始就學習很多領域，而是大致地瞭解物理學的發展藍圖，並從你將邁入的領域藍圖中，挑些關鍵課目，徹底地瞭解並融會貫通它們。換句話說，著重的是質而不是量，從深入慢慢地擴大範圍，以達到深博的境界。學習物理學家們如何解決問題、突破難關，洞察及挖掘隱藏在現象內部的物理，正是本套書努力表達的焦點。同時盡量地，將在科研工作上可能遇到的困難，初讀物理書籍或文獻時可能遭到的疑問，交代清楚，以滿足自學者的渴望。

許多人是本套書得以完成的推手，其中有幾位是須特別提到的。首先感謝河北大學物理通報社的吳祖仁教授及夫人趙國君女士的鼓勵和帶領我參訪多處超過五百年之久，與物理相關的中國古老設施和建築物，其次要感謝的是臺灣大學的吳財榮先生和白秀足女士的協助，尤其他們對我的食宿等問題的關照，以及患嚴重坐骨神經痛期間，協助個人往還臺中臺北的大葉大學電機系范榮權教授。已退休北京清華大學物理系的虞昊教授，用心為個人蒐集不少中國物理學史資料，尤其活躍在二十世紀中葉的中國優秀物理學家的資料，更是難得，我衷心感謝他。

除近代物理 II 外，本套書的力學、電磁學和近代物理 I，先後在中國大陸及臺灣出版。大陸版是北京高等教育出版社負責印行，以《物理學基礎教程》為書名，分為上、中、下三冊，臺灣方面的出版工作在清雲科技大學洪榮木教授及高雄大學施明昌教授協助下，由五南圖書出版股份有限公司負責印

行。本書在臺灣出售的版稅收入一律捐給馮林基金會做為環境保護之用。

　　本書錯誤之處，祈讀者指教為盼。

林清涼　謹誌

臺灣大學物理系

2002 年 4 月 24 日

《複變函數導論與物理學》序文

原載《複變函數導論與物理學》序文

林清凉（2015）

　　我們生活在三維的實空間，於是對超過三維，和非實即虛的存在難有實感。卻在數學世界除了實數，設為 a，還有虛數 ia，$i = \sqrt{-1}$ 是 1777 年 Euler（歐拉）發現的數，稱為**虛數單位**（imaginary unit）。約五十年後的 1825 年到 1851 年，Cauchy（柯西）奠基了複變函數論，經跟隨 Cauchy 路線的 Riemann（黎曼）等學者的發揚光大成為今日的複變函數論。同在十九世紀中葉，正在統一磁學和電學成為**電磁學**（1865 年）的 Maxwell（馬克士威），竟沒想到非引進四維空間不可，是我們生活的三維空間和時間以**等權**（equal weight）同存的空間，更奇異的是該空間有奇數 1 或 3 維是純虛數的坐標軸，稱這四維空間為 Minkowski（閔考斯基）空間。同時在數學方面，以 Cauchy-Riemann 的複變理論能闡明我們在中學所學的初級函數 ′ 之淵源。因此複變函數論深深地影響數學與物理學。

　　十九世紀中葉後又接連地發生，用過去的物理學無法解釋的物理現象 ′，驅使科學家們積極地尋找新力學，終於經年輕物理學家們在二十世紀初葉（1900 年到 1928 年）找到

了新力學，稱為**量子力學**，是建構在線性複變空間，且具**線性**（linearity）和**二象性**（duality）根柢，處理微觀世界的物理學。描述微觀世界物理現象的空間稱作 Hilbert（希伯特）**空間**，其坐標軸是複數（含純實數軸，純虛數軸），設 $(a + ib) \equiv c$，或 $(x + y) \equiv z$，a, b 和 x, y 為兩個相互獨立的實數和實變數，並且坐標軸數，即空間維度數，是無限多（動態數）。但電磁學是橫掃宏微觀世界的物理學，它和量子力學是主宰今日高科技的核心物理學。顯然，主宰今日高科技的電磁學和量子力學沒 $i = \sqrt{-1}$ 便宣告死亡，所以複變函數論是志向科技者非學不可的數學。

真妙！c 或 z 在數學上的表現和物理學的**向量**（vector），例如速度 $\vec{v}$，力 $\vec{F}$，角動量 $\vec{L}$ 類比，即和物理向量一樣地，能在平面上畫 c 或 z 的加和減，以及**乘標量**（scalar）便得漂亮的幾何圖結果，帶來親近感，同時線性代數派上用途，所以學複變之前先唸點微積分和線性代數。由於複變含有和我們日常生活無關的虛數，於是在本書盡量採用物理例題，和畫圖說明以降低空洞感，讓我們好像看得到摸得到問題內容。用分析性且懇切的對話方式解釋內容與演算過程，以達到能自學目的。

科學家，除大家熟悉的**牛頓**（Newton）和**庫侖**（Coulomb）之外，一律使用原姓，首次出現的專用名詞附有英文名，而物理量之**因次**（量綱 dimension）是用國際通用之 **MKS 單位制**（International System of Units，簡稱 **SI** 制），即長度公尺（m）、質量公斤（kg）、時間秒（s）。至於英文的 constant 有因次時

譯成常量，無因次時是常數，而名詞右上角附有符號「′」者表示兩個或兩個以上的數目，例如函數 ′ 是表示兩個或以上的函數。各章本文的數學式子，圖和表的號數，分別用（i-n）、圖（i-m）和表（i-l），$n, m, l = 1, 2, 3, \cdots$，$i = $ 章數。各章後面的參考文獻和注解的式子，圖和表的號數分別用（n）、（圖 m）和（表 l），$n, m, l = 1, 2, 3, \cdots$，並且號數是從第一章開始依順序到最後章第三章，而每章的核心是：

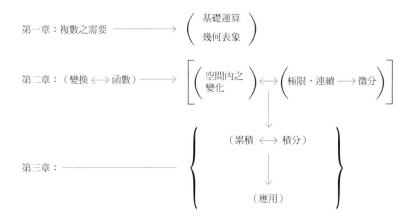

由於個人無法直接用電腦書寫稿子，必先寫初稿，然後整理寫成出版稿，避免抄寫時犯錯，於是請臺灣大學數學研究所研究生鄭旭峰先生校稿，和在美國 Lawrence 國家實驗所的王子方博士，利用他回臺期間專程來幫忙校稿和鼓勵，以及臺大物理系吳財榮先生和白秀足女士關照我的日常生活，在此特表感謝。當個人從 2014 年 3 月患了無法根治的嚴重脊椎病後，

中央研究院化學所和臺大化學所合聘的簡淑華教授，每隔兩個禮拜把對我所需之保養品，親自做好且專程送來給我，以及她的關懷致上最大感謝。其次要表衷心感謝的是，臺灣大學醫院物理治療醫師葉坤達先生，發揮他的專業用心治療，清華大學統計研究所周若珍教授不斷的關懷與鼓勵，以及臺灣大學光電研究所曾雪峰教授的關心和鼓勵，並且協助把整理稿轉換成光碟，以便五南出版社使用。沒有他們的愛心與協助，幾乎無法完成這本書，謝謝您們。本書的出版工作由健行科技大學洪榮木教授協助完成。

本書出售的版稅收入捐給馮林基金會做為環境保護之用。

本書錯誤之處，祈讀者指教為盼。

林清涼　謹誌

2015 年 12 月 29 日於臺灣大學物理系

臺大次震宇宙館落成典禮致辭

林清涼（2017）

各位貴賓好！

今天是臺灣大學物理系 1972 年畢業生等了四十七年的日子。怎麼說呢？讓我來簡述其歷史。

第一，1972 年班的特質：（1）非常團結。（2）苦幹，肯做事，肯服務。（3）格局非常大，從地球看宇宙，從世界看臺灣。（4）人才濟濟，各領域都有（高科技、研究、教育、音樂、美術、發明家）。

第二，奠立臺灣大學物理系的軟硬體基礎：軟體是用了兩年多時間整理圖書館 1928 年到 1970 年的數萬冊書和雜誌上軌道；硬體是整頓和裝設實驗儀器，同時修補系館。

第三，關心社會、國家、人類：（1）1971 美國總統尼克森（Richard Nixon）宣布本屬宜蘭縣的釣魚臺島嶼由日本來管時，立即反對，同時陳丕燊寫保衛釣魚臺宣言文，全班帶領臺大學生到美國大使館去示威反對，掀起臺灣大專院校生的「保釣學生運動」。（2）為了臺灣的基礎科學生根，編著物理學

專用名詞的中英文辭典。（3）為了探索宇宙祕密，自掏腰包買造望遠鏡材料，從磨鏡頭到裝設望遠鏡在物理系館屋頂，大家盼望有一天建宇宙研究所真的實現了，就是今天落成的次震宇宙館。

　　中國諺語：「有一，有二，必有三。」一震是望遠鏡，二震是次震宇宙館，三震是從次震宇宙館必會揭開宇宙祕密。敬請貴賓等第三震的好消息，謝謝！

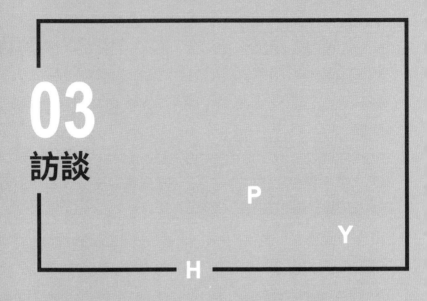

03
訪談

P

Y

H

S

I

C

S

我認為真正的快樂是完成一件事，從陌生到熟、將不可能化為可能，那才是真正的快樂。重複不是壞事，很多概念沒辦法一次消化，我的經驗是平均要三次，在不同時間從不同層次切入，反覆推演，學生才能融會貫通。

救救我們的基礎科學教育
——訪林清涼、張國龍、趙挺偉三位老師

原載《理代會訊》第 20 期「理學週特刊」

（民國 72 年 5 月 7 日出刊）

今年 2 月 19 日，《理代會訊》邀請了數位物理系的老師，就有關大學科學教育的種種問題，做了一個深入的探討。記者包括了物理、化學、植物及動物系等幾位同學。在長達四個小時的會談之中，老師們各本良知，就同學們熱心提出的問題，暢所欲言，對於當前大學教育的問題，做了非常坦誠而徹底的探討和批評。參加訪問的同學們都認為老師們言之有物，受益匪淺，值得將這個討論會的內容做一個整理，提供給更多的同學參考，並且也給理學週的活動添上一分成績。

當前大學物理教育的改善，面臨兩個大問題。一為範圍太廣泛而無明確的邊界；一為時間與人力不足。

這一次接受訪問的是物理系系主任林清涼老師，以及張國龍、趙挺偉兩位老師，首先討論的是目前國內大學物理教育的問題。老師們都認為當前大學物理教育的改善，面臨兩個大問題：一為範圍太廣泛而無明確的邊界。一為時間與人力不足。

就範圍而言，物理是一門基礎的整體知識，物理教育的改善，不能由大學才改善，中學時期的訓練和準備教育就非常重要，似乎不可能一下子或在一、兩年之內便可完成某種程度的改良。一般而言，大學物理教育應先就最基本的普通物理著手，因為接觸普通物理課程的學生最多，影響最直接。然而談到它的改革非常不容易，因為它涉及到我們上面所提的第二個問題──時間與人力的不足。

由於瑣碎的系務工作沒有一個合理的分配制度，使得不少教授損失了很多教學及研究的時間與精力。

許多教授只著重自己的研究工作，構成教學改善之一大阻礙。

　　教學、系務和研究時間的分配，常常困擾著老師們。由於瑣碎的系務工作沒有一個合理的分配制度，使得不少教授損失了很多教學及研究的時間與精力。一方面人力浪費了，另一方面新血來不及補充。我們都知道，公立學校的教職員，除了真正有重大的過失，是不能任意解聘的。因此許多教授只著重自己的研究工作，卻又占住了有限的教授名額，構成了物理教學改善的阻礙。當然研究工作非常重要，但是目前研究工作的成果，缺乏適當的評估，常使有些急功好利的人，以量來標榜個人的成就，不但不管其研究的價值，並且將教學的工作敷衍應付。大學教授應是教學與研究並重，只對研究有興趣的人，學校應設法請他們到專門的研究機關工作，以疏解人事管道的阻

塞。

接著我們談到教材的問題：目前大學普通物理的教材，其內容大多為古典物理，也就是三、五十年前便已發展臻於定型的整體理論。各種課本都大同小異。教科書的選擇，均經過教授們審慎的討論，所以，教材的選擇，應該是沒有什麼大的差異。主要的問題還是在如何運用到教學上。這可又分為兩方面來說。

教材的選擇及運用，有兩大問題。一者，老師的態度；二者，學生的態度。
現在學生那種得過且過的學習態度，實在相當可怕。

第一，老師的態度。剛才已經提到有些老師教學態度偏差，不願意用心於教學工作，考題容易，以高分來取悅學生。第二，學生的態度。上述老師們的態度固然絕對不應該。學生的心態，學習態度，也都應該批評。和我們當學生的時候比較起來，現在學生那種得過且過的學習態度，實在相當可怕。當物理老師教得不好，學生們不懂時，做學生的是否曾向老師提出適當的反映呢？沒有。學生們都認為自己反正不是主修物理，也就算了。每逢選課時，大家都拚命挑最容易過關的老師的課上，而不顧其教學成效或自己學習心得之好壞。師生之間如果不互相激勵，互相督促，教學的品質和學習的效果怎麼可能提高呢？學生的責任就是盡量吸收學問，遇到不認真馬虎的

老師，學生們應該拿出衝勁、骨氣，向老師提出建議，或向系方、校方提出反應，而不要混混四年過去，到了真要學以致用或做高深學術研究時，就後悔不及了。

普通物理實驗對丙組學生來說，的確有些困難，甚至對某些甲組科系的學生，也不是很容易的。

其次我們談到物理實驗的深淺問題。普通物理實驗，目前使用的版本，是六十七年時，物理系自行編訂的，每年都加以修訂，最明顯的，普物實驗對丙組學生來說，的確有些困難，甚至於對某些甲組科系的學生也不是很容易的。助教教得費力，學生學得辛苦。因此物理系正在考慮將實驗教材重新改編，比照目前普物分級的制度，分為三級，希望減輕同學的負擔及恐懼感。然而最大的困難，還是人力的問題。編制下的助教只有五名。事實上光是輔導普物實驗——用心地好好教，至少需要三十位助教，教授方面，名額雖有，卻不能任意聘用。因此產生一些教授不盡力，新人又進不來的情形。在這種人力調配不均的情況下，教材的改進及分級，並不是徹底解決普物實驗的方法。同時，財力及教學空間也有問題。目前物理實驗所用的儀器，很多是老師們自己設計的，其效果、功能當然有待改進。又如空間，由於修普物實驗的人數非常多，在有限的物理館內實在無法挪出空間來進行更多的實驗。

至於教學與實驗進度不能配合的問題，那是無可避免的

事。因為一者，每位老師教課的進度不一定相同，同時修訂的三項一輪制的實驗，本身就會與教學進度脫節。實驗儀器和空間不增加，三項一輪就必須實行下去，進度一致就談不上。二者，就目前的實驗而言，其目的並不在於配合教學，只是在訓練學生的實驗能力和實驗態度。其實有些實驗的精準度與理論相差很大，譬如熱功當量的實驗，其換算單位一卡等於四點二焦耳，實驗往往只有三點多，我們不能以此認為理論與實驗不合。

通才教育與電腦教學的問題。不當的宣傳及技術的濫用，將使得正統教育的過程遭到極大的破壞。

至於通才教育的問題；我們單就物理方面，以日本女子大學和耶魯大學做例子來看一看。日本女子大學的女生必須選修「教養物理」這一門課，其內容是傳授女學生許多基本物理學知識，做簡易的實驗，以便日後教育子女。這便是一種輔助性的教育，非常值得我們參考。耶魯大學，普通物理的研讀也分為三層次。最基本的是給任何學系的學生選修的，文理法商醫工都可以念，只做簡單觀念的介紹。想瞭解物理的人，可以一級級修習，如果本身已有基本的知識，也可以直接念高級普通物理。彈性很大，選讀的學生也很多。現在臺大已在嘗試，希望可以早日達到目的。

目前除了通才教育之外，值得爭議的還有電腦教學的問

題。電腦是現代科技學習的一個輔助教學工具。然而目前的發展形式似乎已經偏離了正軌，不當的宣傳及技術的濫用，將使得正統教育的過程遭到極大的破壞。讓我們順便看看功能效果極廣的傳播工具——電視。本來它是傳送資訊的利器，但是電視的氾濫，在今天新生的一代身心上造成多麼大的傷害。新生代不再有獨立思考的能力，只能接受既成的模式。電腦也一樣，過早的利用電腦進行數學的教學，會徹底摧毀青少年成長中，數學的推理能力，而推理的能力正是科學研究的最重要的一環。創造性的思考能力一旦被除去，便不能再恢復，日積月累下來，新一代科學家將只是機械人罷了。人類成為電腦的奴隸，是可怕卻日益逼近的事實。現在美國已經開始警覺到早期教育使用電腦的不當，開始限制其在算術、數學上的教學。可是美國商人卻將生產過剩的電腦，大量向外傾銷，我們卻如獲至寶般地不加考慮地在小學中使用，美其名為資訊扎根，這種在個人的思考能力未臻成熟便拿電腦來使用的行為，無異自殺，我們不得不當心。只有在受過完整教育後，才能對電腦免疫，不致為其奴役。到目前為止，電腦最好只用於語言教學方面，而不宜用於他途，教育家們應該三思而行。

　　再談到建教合作，或者私人企業輔助的方式來推動科學的發展。由於企業界尋求合作的對象，多半以改良產品或生產技術為主，至於基礎科學的研究則不感興趣。因此，多半的國家，基礎科學的研究，還是由政府支持，少有私人企業來做大規模基礎研究的。

目前大學教育最迫切的問題，是學生本身的問題。學生不積極求知的心態非常可怕。

其實，目前大學教育最迫切的問題，除了經費、人力、設備、師資的問題之外，同樣重要的是學生本身的問題。剛才已提過，學生得過且過，不積極求知的心態非常可怕，學生們將大學四年做為出國的踏腳石，對自己生長的社會持冷漠的態度，對學問敷衍，平日只想郊遊、看電影，對於求學問視為「課外活動的課外活動」，玩累了才想到看點書，考試了才 K 書。因為如此怕不能通過，便選那些給分高的老師的課，剛好，有的老師不重教學，只重個人研究，以高分吸引學生，如此惡性循環，教、學雙方品質日下，四年大學之後，往往沒有吸收到任何真正的知識和做學問的方法。

教育當局，完全忽略了人格教育的發展，使個人對於供給我們教育的社會從來沒有應該回饋、反哺的心理。

三十幾年來，升學主義的重壓下；教育當局，父母以至於學生，填鴨式的教育，完全忽略了人格教育的發展，除了課本上的知識之外，其他我們切身的生活，社會、民族等概念卻非常空洞，不實際。讀書只為考上好學校、出國，只求個人的發展。對於供給我們教育的社會從來沒有應該回饋、反哺的心理，在校汲汲營營只為求高分，入了社會又只急功近利，為個

人的名利打算。對於人生哲學、生命的價值觀都一成不變地接受已經不合時代的保守封閉的想法與做法，很少認真地用自己的判斷力加以思考、批評、分析和下結論。其結果，人云亦云，積非成是，社會上公義蕩然無存，進步繁華都十分表面化。十年前出國的狂潮，非但沒有改良，反而變本加厲，對自己社會的冷漠與唾棄更加嚴重。令我們不禁感嘆，如此教育制度下，培育的大學生們只想出國，是不是應該徹底檢討改善這個制度的時候了。

人才外流的問題，就是以上那種青年人沒有回饋社會的觀念所帶來的結果。三十年來，多少優秀的人才出國，一去不回，以物理系來說，十二年當中，共有三百多個畢業生，由國外回來貢獻所學的只有四位，且其中二位已改行，如此比例實叫人驚嘆。要知道，國內辛辛苦苦訓練培育出的一流學生，一個個叫美、歐各國撿便宜地留下來，為美、歐各國貢獻他們的智慧和能力，我們自己的損失有多麼大，不願回來的人，常常以政治、學術自由風氣為藉口不回來，事實上對他們自己生長受教育的社會沒有認同感才是最根本的理由吧？更糟糕的還有一種人，在美國找不到好工作的時候就回來了。國建會回來逛逛，放放高調的人，也都是辜負國家栽培，為他國賣命，忘了回報自己社會的人。每一年，我們白白送給美國相當於二十億美金的人力資源，實在叫人痛心，叫人不得不徹底反省當前教育的失敗，這樣的失敗，其責任誰要負擔呢？為什麼會導致如此這般嚴重的人才浪費呢？最近美國正在修訂他們的移民法，

新移民法將規定，除理工科及有專門技術之高等人才之外，申請移民者在學成之後，必須先返回其出生地兩年以上，才可以申請居留，這種做法，根本就是在美國本土將有用之人過濾之後留在美國，為其服務。無用之人，強迫離開美國。於是中、美兩國在學術上、科學上的差異會愈來愈大，迎頭趕上的機會就愈來愈小。

今天一般青年學子，對個人生命、國家社會的價值觀都很偏狹。

今天一般社會青年學子，對個人生命意義的價值觀，對國家社會的價值觀，都有一套很偏狹的看法；對於自己生長的社會沒有一體共識的價值觀，不視自己為社會的一份子，這種不正確、不負責任的病態心理，普遍地造成服完兵役這個「義務」就出國一去不回的現象，實在是因為他們認為自己的利益大於社會的利益，取之於社會是他們的權利，卻不盡義務，如此持續下去，這個社會不是沒有進步的希望嗎？

從前中國人最引以為傲的美德是吃苦，奮鬥的精神和實踐，今天卻以勞動為恥，年輕人沉溺於安逸浮華，四體不勤的享樂主義世界。灑掃應對之節，做人處事之道都沒有獨立成熟的表現，只講究表面生活的奢華，而根本不在乎品質之提升。唯利是圖，功利至上，現實金錢主宰了一切的價值觀。今天的我們卻還沉醉於表面的經濟起飛，忽視了內在教育的重要。

　　再回頭來談談教育及基礎科學的問題。國內的大學生求學方式還是中小學時代的被動的態度，不發問也少有互相討論，完全處於接受的地位，沒有信心，沒有判斷力去主動探尋答案，甚至連有疑問也不敢提出。填鴨式的教育由小學而延誤到大學，多麼可悲。許多學生更常常抱怨，興趣與志願往往不能配合，我們認為這是聯考分組制度造成的弊害之一；十六、七歲，高二、高三的學生，他的思想、人格都正在成長的時期，對自己和社會不十分瞭解，卻要他們選擇一個科系來做為他們將來可能一生從事的行業做基礎，這不是太危險了嗎？而大學法中對於轉系的規定又非常嚴格，更是錯上加錯，造成許多人才的浪費和怨懟。正確的做法是要預先考慮到大學生未完全發掘其本身的真正興趣和才能，可以在轉系上不要有太多的限制，讓學生有充分的自由來選擇。同時，通才教育的實施也要徹底，大一、大二的學生可以在各個科系中自由選修，以期在實際接觸之中，找出自己真正的興趣所在，而我們目前卻恰好相反，高中時就強迫學生做決定，太早把他們釘牢在一個小圈子中，如此正好扼殺了正在培養中的興趣和性向。

為何我們的大學畢業生發展，相較歐美甚遠？

　　常常有人會問到，國內的高中畢業生程度較歐、美等國的畢業生高出很多，為何進了大學之後，乃至進入社會後，卻落於人後？我們認為最大的原因是教育目的不同；我們的教育目

的是要考上好的高中、好的大學。他們的教育目的是要培育有
獨立思考判斷能力的個人。

**我們在物理基礎科學方面的人才差不多二十倍以上落後於先進
國家。**

　　最後，我們談到如何改善臺灣科技研究的環境。老師們一
致認為必須由基礎科學開始，然而目前本地從事基礎科學的人
非常少。以物理界來說，目前經過專業訓練而從事物理研究者
約一百人左右，以臺灣一千八百萬人口算，每十八萬人才有一
位物理學家。美國在高峰狀態時，每年可以產生一千八百名物
理學博士，現在也仍有每年一千一百名左右，而美國全國從事
物理研究者約有三萬至三萬五千名之多，亦即每七千人之中有
一位物理學家。日本則差不多每六千人至八千人有一位物理研
究者。歐洲方面亦不低於日本，由此看來，我們在物理基礎科
學方面的人才差不多二十倍以上落後於先進國家。此外財力的
投入也欠缺。二者互為因果，而造成今天的臺灣基礎科學不受
重視，優秀的下一代亦不願投入。

尾聲

　　老師們熱烈地與我們侃侃而談地聊了四個小時，午餐時間
早已過了很久，但同學們並不感到飢餓，只覺得心中充滿了許

多問題。

　　大學教育，基礎科學教育，乃至於整個教育政策，是否真的充滿了缺失？是的。多少有智之士，大聲疾呼寫過多少文章，批評、論戰、爭辯、解釋。但是「十年前如此，十年後依然如此」。事實上非但沒有起色，反而更加嚴重。

　　許多問題，我們不是不知道，只是有意地在忽視、避談它們，不敢面對這些足以危害國家民族生存的極迫切的問題，而任其惡化、滋長。今天的年輕的我們，是否要坐視，任其惡化下去？我們可以看著我們的中國悠揚長遠的文化和民族，一日比一日的沒落消沉下去嗎？我們的良知，我們的熱血在哪裡呢？我們是否可以挺胸昂首，回辯一句：「我們知道我們的責任，我們不會讓錯誤延續下去的。」從今天起，我們收起得過且過的逃避心理，以愛自己的心來熱愛我們生長的社會，讓我們一起來試一試，更正以往的誤謬，站起來說：「十年後將不再如此。」

我在臺大物理系的回眸

原載《臺大校友雙月刊》第 37 期（2005 年 1 月 1 日）

口述‧圖／林清涼　採訪整理／林秀美

物理能使我快樂、欣賞、微笑。——林清涼

父親期望我當律師

　　我出生於高雄縣岡山鎮，是一個很特殊的地方。不但環境優美，並且日治時代是日本空軍總署所在，設有官校、通訊和機械工校，還有敢死隊駐紮。

　　我是家中唯一女孩，很受父親疼愛，小時候他常帶我去串門子，發現我明是非適合當律師，可以為臺灣人辯護。當時我年紀小，對父親的看法不瞭解，長大後才瞭解殖民地的臺灣人不被允許從政或涉入經濟，轉而崇尚以律師或醫師為業。

　　但在臺灣光復之初，社會動盪不安，父親更因司法不公，吃過很多苦頭；在目睹諸多腐敗現象後，我才比較認真地思考自己的志向。以我直率的個性必難見容於當時，當律師可能會喪命；其實我想當外科醫師，但母親說我有潔癖又不善說謊安撫病人，適得其反。我想想倒也合理。

　　我初中念高雄第二高等女子學校，那時美軍轟炸得厲害，連校舍也被波及，只好停課。光復後高雄第一、第二高等女子學校合併成為省立高雄女子中學，但無校舍（被炸毀），於是先向高雄中學借教室上課，等修好後才到原來的第一高等女子學校上課。我每天從岡山搭火車到高雄通學，路途遙遠，加上有安全顧慮，於是初中畢業後，轉而報考臺南女中，在臺南女中完成高中學業。

親身經驗高雄二二八

　　由於從小在軍事基地附近長大，對戰爭比一般人多些警戒，日方為了保護軍事基地，對學生和當地人民也會施以急救、防空襲等自保訓練。故鄉兄長們常提醒我，一旦發生轟炸，帶領故鄉老弱婦孺避難可能會變成我的責任（因為從小學六年級以上的男性幾乎全被軍方動員了），因此受到特訓，如訓練膽量，以及鍛鍊身體。同時讓我看日軍屠殺中國人的圖片，待我年紀稍長才知道他們曾經抗日（日治時代，臺灣知識青年抗日者眾）；近代中國歷史的悲劇，從小即烙印在我的腦海中。

　　戰後，我又親身經歷高雄二二八事件。事情發生那天，學校下午宣布停課，由高年級生分批帶學妹們離校，當時街戰已十分激烈，還好有日治時代受過軍事訓練的青年熱心帶路，才能安然擺脫槍林彈雨。好不容易輾轉來到火車站，才知道火車

已停開，一行人在車站前的民宅躲到傍晚，不得已折返宿舍，然後高年級生到學校附近的同學家中拿些食物回來給大家果腹，我們就在學校學生宿舍度過這一晚。第二天部分路段通車，這次走到楠梓才搭上車。同行有位北京師範大學畢業的史老師，她是外省人，二次大戰時曾參加過游擊隊而失去一眼。路上，她還和軍隊說情，原以為溝通無礙，沒想到行經陸橋時，子彈竟然打過來，幸好我們都受過訓練，低身飛奔，沒有人受傷。

改念物理系的理由

　　二二八事件發生後，我當下確信自己絕不當律師，而且將來的工作也必須無關政治。我特別偏愛理科，但數學太單調、化學實驗氣味難受又要背很多化學式，倒是物理沒有這些缺點；在一一排除不喜歡的科目之後，我決定念物理。只是不敢告訴父親這個決定，因為二次大戰讓他失去兩個有為的兒子，其他兩位哥哥又不符他的期待，所以他把希望寄託在我和弟弟身上。

　　我個人並沒有強烈的升學意圖，我念臺南女中時就有親戚朋友反對，說詞不外是女孩子長大就嫁人了，為什麼要念高中？父親毫不在乎外人眼光，他告訴我：「如有通天上之樓梯，你就去爬！」，又對有意見的外人說：「有女性在讀，就有男性在讀，那怕嫁不出去？帶回來給我選就好。」他很開

明，當然也因為我是他唯一的女兒。

當時臺灣只有一所大學即臺灣大學。其他則是師範學院（現在的師大）、臺南工學院（現在的成大）和臺中農學院（現在的中興大學）。我找了高雄女中時的同班林玉盞同學（本校化學系許東明教授的夫人，臺北醫學院化學教授）一起報考臺大，還為此去說服她的父母，結果我考上物理系，她考上化學系。那年是 1950 年。

時代淬練臺大精神

我們那一屆 20 多人，其中臺灣省籍只有 6 人，其他都是外省籍。由於老師鄉音重，很多課我都聽不懂，多靠自修及讀書會補救。事實上我也不愛 K 書，倒是很享受生活，今日的羅斯福路旁在那時有小火車，我常和同學搭火車去碧潭划船，或是去西門町看電影，偶爾聽聽禁書的討論（當時流行各種讀書會）。

我住學校宿舍，一間有 12 人。室友連同我在內有 8 個人是臺南女中同窗、1 人來自新竹女中、3 個外省人。或許都是離家求學，彼此照應，感情融洽。那時由舍監管理（我畢業後才改為教官），舍監都受過高等教育，很照顧學生。

當年有許多青年軍隨著國民政府撤退來臺，我覺得他們的教育水平高，中、外文底子好，有的人氣質不凡，比同齡的我們看來成熟很多。

當中許多人出自黨員家庭，所以常從他們那裡聽到所謂內幕消息，不過都能理性地檢討國民黨挫敗的原因，不似現在意識型態對立即劍拔弩張。直到韓戰爆發，言論管制趨嚴，宿舍偶有學生失蹤，有位物理系學姐汪穠年，人長得很漂亮，就突然被抓去關了兩年，出獄後復學，和我們一齊畢業，現在住在美國舊金山。

雖說白色恐怖籠罩，人人自危，不過臺大因有傅斯年校長，以及文法學院的世界級教授們「站崗」，無論外頭如何風聲鶴唳，校園內仍頗為自由。傅校長設立一研究圖書資料庫在當時的總圖書館內，將當時所謂禁書集中收藏以提供研究需要，由此可見一斑。

在這種學術氛圍陶冶下，臺大學生的自主性很強。如住宿生要輪流至中央市場買菜，張羅自己三餐（交由廚工料理），月底如有結餘，就可以加菜；傅校長有時候會來宿舍走動，看到菜色不好，擔心學生營養不良，即要校方撥錢補貼。四年的臺大生活，養成我們獨立自主的能力，而我們都以身為臺大人感到驕傲；也許這就是臺大人的精神。

兩年後回母系任教

大學畢業後，我回岡山中學教書。這是故蔣介石總統所興建的三軍子弟學校。兩年後我回母校當助教，一年後出國進修。臺大物理系直到李政道、楊振寧等二人獲諾貝爾獎

（1957）後，才躍升為第一志願系，持續約二十年。不過由於早年出國留學者多滯留國外，臺大物理系師資一直嚴重不足，在我接系主任（1981年到1983年）之前，物理系仰賴不到二十位教授撐起大局。

雖然當年在不十分瞭解「物理學」是什麼而選擇了物理系，不過隨著時間遞嬗，我對物理學的瞭解與日俱增，愈加堅信當初的抉擇是正確且很適合我的性格。現在只要好幾天不讀數理方面的書，就覺得難受。我專研的是原子核物理，這是基礎物理學之一，而臺大物理系最早進行此實驗的是許雲基教授，我自然地加入他的團隊。至於粒子物理則是在李、楊二人獲諾貝爾獎之後漸為人知。目前物理系計劃於二號館將當年原子核物理實驗室還原。

我不喜歡行政，接系主任是被逼上梁山。物理系當時所面臨的問題有點複雜，除了師資嚴重匱乏之外，又有內部摩擦。我一面協調，一面和系內同仁積極革新，並且奠定自由、民主的學術和行政基礎，以及良好的研究環境。所以在充實各項軟硬體設施、建立較為完善的系務運作制度（在1981年10月編印了「國立臺灣大學物理系暨研究所系（所）務章則選輯」）後即辭職。我認為只要有心做事，兩個月內即能對系務有一定瞭解，如果做得好，再一任即可。系主任一任兩年就好，因為脫離學術界四年是很嚴重的事；每個人都只有二十四小時，要同時兼顧教研與行政及家務是極艱難的任務。除接臺大物理系系主任之前，曾以一年時間為東吳大學籌備物理系之外，即未

再兼行政職，專心於教學與研究工作。

大學以作育英才為先

　　現代大學功能多元，不過仍應以教學為先。每個人對某課題的強烈好奇心及興趣，必會驅使你做研究。大學教師若研究做不好，相信會影響教學實質，但我不贊成為研究而研究，而捨作育人才的職責。既然稱為大學，教學當然第一優先。

　　科技要生根，國家必須培養大批科技人才，我主張以「臨界數目（critical number），即最起碼的人數的數」為評估點，即人口一定百分比達到某個水平數才算普及。再者，年輕人的能力是國家實力的表徵，除了專業知識，以及非專業的某程度常識之外，最重要的是身體強健，個性獨立自主、敢言敢做敢負責，富有使命感和正義感，即有「自信」；這種年輕人愈多，國家愈強盛。

　　自教書以來，我一直以此自勉，全心投入教學，我給學生的畢業條件是「自尊、自主、自信」。現在各校推行多年的通識教育，最初即是我向虞兆中校長建言，並推薦學弟沈君山教授負責規畫，他還邀請了吳大猷院長等人來講授「自然科學大意（最初名稱是「自然科學概論」）」。由於教育部反對等因素，為了開辦通識教育，其間所經歷的曲折一言難盡。

2003 年 11 月 15 日校慶日，林清涼教授（中著淺色洋裝）與師生合影於舊物理館前。右一為陳卓教授，右二為李文忠教授。（引自《臺大校友雙月刊》第 37 期）

林清涼教授（左二）與在校生合影於教室。攝於 2003 年 8 月。（引自《臺大校友雙月刊》第 37 期）

學生平均素質降低

臺灣教改施行多年，我常聽同僚指責其不是，如小學生不必背九九乘法，理由是不強記、不重複，一切以小孩快樂學習為目標。我認為真正的快樂是完成一件事，從陌生到熟、將不可能化為可能，那才是真正的快樂。重複不是壞事，很多概念沒辦法一次消化，我的經驗是平均要三次，在不同時間從不同層次切入，反覆推演，學生才能融會貫通。課程減量只是表面作為，直接受害的是中南部貧窮家庭，富裕人家將小孩送到英、美讀書，或請家教或父母兄姐教導，根本不受影響。

雖然我沒有小孩，但在大學教書數十年，讓我深感大學生的平均素質已經降低，尤其數學最嚴重。以我在 1996 年及 2003 年分別在本校某系授課作對照，發現學生的數學程度低落很多，例如三分之一加五分之一，竟然有人的答案是八分之二，又沒看過、聽過極坐標（二維）；我很疑惑：這些學生是如何進入大學？大學微積分怎麼過？（我教的是第二學期，學生已修過微積分）這是一個普遍的現象？抑或個案？為進一步瞭解真相，今年（2004 年 2 月 16 日至 6 月 21 日）我到電機系開課，結果大致令人欣慰，畢竟他們夠頂尖，程度並未降低。但整體而言，臺灣的大學生平均素質確實不如從前。

退而不休致力寫書

　　退休後我戮力寫作，完成一套四本自學用的啟發性物理學。我很早就想寫書。如果當年我有很好的參考書，也許成就會更好，這是我寫書最初的動機；其次，每個古老文明都有其科學及其科學史，唯獨中國沒有！我在殖民地長大，更想瞭解中國物理學發展史；三者是應學生一再要求。我希望這套書能做為高中以上程度的人自學及參考之用，即使畏懼數學的人，不理會書中的運算式，單從文意也能理解物理的奧妙；這是我編寫此書的最終理想。

核物理學家眼中的核能發電議題

原載國立臺灣大學物理學系《時空》雜誌 34 期
「物理人如『核』面對社會議題？」（2015 年 7 月）

歐柏昇

　　正當我們苦惱著核能議題的訪問對象時，忽然靈光一閃，想到近在咫尺之處，系館四樓的會客室旁，就有一位核物理專家。那就是經常深夜還在系館工作的退休教授林清涼。

　　教授聽到我要訪問關於核能的問題時，即大呼我問對人了。環視教授的辦公室，整齊堆放的書籍、手寫的字帖之間，牆上則張貼著一幅原子衰變圖，保存著二十世紀物理光輝的風範。

　　身為核物理學家，林清涼教授對於核能的社會議題感觸相當深刻，說得慷慨激昂。當外界眾人議論紛紛的時候，教授很清楚地告訴我們：「物理系學生應該瞭解什麼是核能！」教授不斷強調，我們學物理的，具有一些關於原子核、$E = mc^2$ 的基本知識，並懂得理性判斷，講話不要盲目跟著別人。

核物理與核能技術的發展背景

　　林清涼教授向我們介紹，量子力學在 1928 年就差不多定

案了，開始應用到各個領域。以原子核物理來說，在 1935 年
到 1938 年完成核分裂的理論。從 1938 年到現在，技術已經發
展得很成熟，而且可以控制得很好。關於詳細的發展史，可參
考林清涼教授著作的《近代物理 II》。

　　所謂的「核分裂」，是原子核（nucleus）的分裂。新聞
中經常寫錯為核子（nucleon）的分裂，但事實上核子是不會
分裂的。核分裂最令人擔心的是放射（emission），尤其是
屬於強子、不帶電的中子（neutron），碰到東西就會把它的
「質」改變。（教授補充說明，放射帶有靜止質量，不同於
「輻射」。）

林清涼：《近代物理 II——原子核物理學簡介、基本粒子物理
學簡介》，臺北市：五南圖書出版，2010 年。（引自國立臺
灣大學物理學系《時空》雜誌 34 期）

【核能發電】根據林清涼教授的著作，原子能的利用，要符合兩項條件：「能連續地產生能量」、「能依所需而有效地取出能量」。要達到以上條件，必須能有效控制核分裂的連鎖反應。由於入射中子能 E_n 與捕獲中子的截面積 σ 有此關係式：

$$\sigma = \frac{1}{\sqrt{E_n}}$$

且截面積愈大則核分裂概率愈高，所以把快速中子減速為熱中子是重要的課題。一般原子爐的冷卻系統使用水，一面減速中子，一面吸收熱能拿去發電。此外，為維持穩定的連鎖反應，利用棒狀的鎘吸收多餘的中子。因此原子爐有兩大機能：「有控制中子數能力」、「能迅速運走核反應時產生的龐大能量」。核能發電裝置的冷卻系統將熱能運到爐外來旋轉發電機渦輪。[1]

核能的非和平與和平用途

林清涼教授要我們釐清核能的用途。目前使用的核分裂，如果用在非和平用途，拿來打仗，就是製作原子彈。二次大戰之後，愛因斯坦為首的一些物理學家，呼籲將核能轉為和平用

[1] 林清涼：《近代物理 II──原子核物理學簡介、基本粒子物理學簡介》，臺北市：五南圖書出版，2010 年，第 222-224 頁。

途。

針對核能的和平與否，教授批判美國的立場：「你不准別人製造原子彈，怎麼會指使日本人這麼做？」她質疑日本三一一大地震核災的實情：「你大概沒有注意到日本大地震之後，美國軍艦馬上送來重水，我是研究原子核的，看到這個馬上就疑問——這是在製造原子炸彈嗎？」她說，果然有一本書提到這件事。

核能的和平用途則造福了人類的生活，那就是核能發電。因為能量是守恆的，可將核分裂的能量轉為電能。它很便宜，現在也可以控制得很好，所以很多國家都在使用。核能發電最厲害的是法國，法國有 75% 的電力都來自核能，「那他們國家為什麼老百姓不會吵？也沒有發生核能發電廠引起的害？」

核能發電完善運作的三個要點

林清涼教授認為，一個國家核能發電的完善運作，必須有三件事情配合：

第一，按照專業方法來蓋核電廠。核能發電廠的技術相當成熟，而關鍵在於人們是否按照這些規範去做。

第二，選擇安全的地點。選的地點是不是好的地帶、地震地帶？就算在地震帶附近，有沒有比較好的地方？沒有斷層經過的地方？

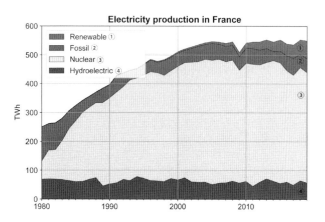

法國電力供應分布（取自維基百科 https://en.wikipedia.org/
wiki/Nuclear_power_in_France#/media/File:Electricity_in_France.
svg，檢索日期 2015 年 7 月 28 日）

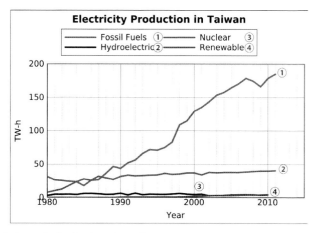

臺灣電力供應分布（取自維基百科 https://en.wikipedia.org/wiki/
Electricity_sector_in_Taiwan#/media/File:Electricity_Production_
in_Taiwan.svg，檢索日期 2015 年 7 月 28 日）

第三，給予專業人才充分的待遇。必須給他們足夠高的薪水，讓他們沒有後顧之憂，保障他們生活沒有顧慮，他們才能專心守護我們的核電廠。

別跟著喊口號，要問何走這條路

林清涼教授語重心長地說：「我們是學物理的，或者說我們受過高等教育的，做事要理性，不能民粹，跟著別人喊口號。我們要問為什麼走這條路？」

當初要蓋核電廠，是蔣經國時代為了工業化：臺灣有水但沒有電，於是建設了核電廠。教授說，以她所知，清華大學在臺灣復校的時候，第一個系就是核工系（編按：根據國立清華大學網站的校史記載：1955 年簽訂中美合作研究原子能和平用途協定：「考慮到建立原子爐所需的沉重經費，遂讓有清華基金為後盾的清華大學在臺建校，成為臺灣原子科學研究的先驅。」1956 年招考原子科學研究所第一屆新生。）教授告訴我們臺灣核能發電的歷史背景，那是國家迫切所需。教授是本省人，甚至可說是遭受過白色恐怖，「那時候我們很討厭國民黨，罵國民黨罵得要死」，但她絕不會意氣用事來罵這些事！

教授也回顧反核運動的發展。在蔣經國過世不久，李登輝時代就有人在反對。最激烈的是在 2000 年總統大選時，環島示威反對核四，「有一點政治味道。」教授又質疑，這批人在 2003 年陳水扁要復建核四時並不反對，讓它一直蓋到去年

才又出來反對，「這對我們老百姓負責嗎？」況且，反對的人又沒有提出替代能源。臺灣有風力、海浪等資源，那我們做了嗎？

「沒有，只一天到晚喊口號！」教授痛心斥責，這些攸關國家未來的政策，總是牽扯上政治問題。尤其一碰到選舉這個問題就來，選舉完就復原。

德國廢核的前提，是老早做好準備

現在德國訂出 2025 年關掉核電，臺灣有人呼籲要跟進。但林清涼教授提出這樣的觀點：「為什麼 A 走的路 B 不一定

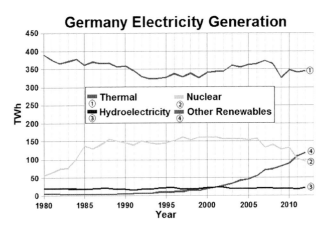

德國電力供應分布（取自維基百科 https://en.wikipedia.org/wiki/Nuclear_power_in_Germany#/media/File:Electricity_production_in_Germany.PNG，檢索日期 2015 年 7 月 28 日）

2013 年 4 月 27 日臺大物理系參訪核二廠反應爐頂。（引自國立臺灣大學物理學系《時空》雜誌 34 期）

能走？你要看你的體質，你的需求，我們要走自己的路。」教授解釋，西歐國家老早就在做替代能源，並且訓練國民要節省水、節省電，那我們做了嗎？

　　西歐國家互相講好，有輸電管，不夠了馬上輸給你，那我們呢？沒電了誰要輸給我們啊？不是喊口號就可以了。

　　教授認為，臺灣沒有核能當然最好，因為鈾塊也必須進口；但相對於石油，鈾塊非常便宜，而且我們已經蓋好了核電廠，這些因素都必須考慮。

　　「我們只有跟著人家喊口號，這是非常不負責任的。」教授強調，如果要廢除核能發電，必定要做替代能源，必須教育老百姓節省能源，也必須教育人才。興建核電廠花費數千億元，不是說蓋就蓋、說停就停的玩笑。

核融合也中斷了

話鋒一轉，林教授開始談到核融合的問題。教授說明，目前使用的核能發電是核分裂，但全世界老早走向核融合。核融合是將兩個輕的原子合成比較重的原子，學了物理會知道，兩個獨立的粒子若要結合在一起，必須互相犧牲一點質量，根據 $E = mc^2$ 變成能量。

1981 年她擔任系主任時，知道臺灣很積極地在做核融合。核融合雖然也可以成為毀滅性武器，也就是氫彈，但也可以走向和平用途。若以核融合發電，則比核分裂乾淨。所謂的乾淨，意思是不會放出中子。核融合雖然仍會產生伽馬射線，但並不會放出最可怕的中子。

臺灣之前有在做核融合，然而後來把它關掉了。現在我們並沒有訓練人才，將來世界上核融合發電技術若成功發展，那臺灣就沒有人可以勝任了。教授強調，未來核融合是必然的趨勢。那我們為何自廢武功呢？

未來可能連代工都無法做！

林清涼教授指出現在的困境——科學教育並沒有深耕，我們只能做代工。代工則需要大量的能源，需要水、需要電。如果十年內可以把替代能源完成，那沒有問題；但如果沒有完成，而我們又還在做代工，那我們怎麼辦呢？

　　教授認為，我們總是被政治問題拖累，很多議題吵吵鬧鬧，而錯失國家進步的好時機。教授做了一個類比，日本在1868 年明治維新後，短短的二十七年打敗清國；臺灣從蔣經國到現在也差不多二十七年，條件不知比十九世紀好多少倍，原本錢也有、交通也好、教育也好，到現在怎麼還跟不上來？

　　更根本的解決方法，則是訓練一批年輕人，他們可以不必代工，而是用腦筋。教授說：「我們賣的是你們的智慧。不是買人家專利，而是賣人家專利。」教授呼籲年輕人好好思考，別只知道喊口號。

自由民主社會下的分析能力

　　「你要理性的分析，我們受過教育的人要負責任，講話要負責任。」教授說，核能發電並不是說危險就不做了，而是要想有沒有方法把危險降到最低。如果真的不要核電，那替代能源和核融合不得不做。

　　林清涼教授告訴我們，物理系的學生思考事情，正面、負面都要去想。我們的訓練當中，面對同樣一件事要考慮各種方式，而且有「果」就要找「因」。

　　教授舉等速率圓周運動的例子：「你看的是投影在直徑上的，所以說他來回震動，我看的是石頭繞著一圈一圈，我們兩個吵架吵得要死。另外一個更屬害的人整個都看，他說你們都不要吵了，你們都是對的，但是沒有看到整個！」

教授強調，訓練一個學生，是要讓他可以看得起這個國家，把我們的社會變得更舒服。「我們要教育他分析、負責任，都要看，不能只看單方向、只看一面，要看整體。」

核能發電的議題，在自由民主的社會下吵得沸沸揚揚。身為核物理專家的林清涼教授，提醒我們「自由民主是講話要負責的」。能源問題影響著國家的未來，知識份子必須理性、多方面地分析。教授認為這些是物理系的訓練下，學生應秉持的精神。

物理人的使命

訪談的最後，向林清涼教授問到物理人的使命。教授不假思索地說：「當然有很大的使命啊！」媒體平常並沒有教育人民很多常識，例如我們應該去追蹤為什麼會淹水？為什麼會缺水？物理人面對結果要去找原因，理性地分析，並且盡量各種可能性都想到——這些就是身為物理人的重大使命。

特別感謝：林清凉教授

本期《時空》訪問林清凉教授。林清凉教授（右）、本期編輯
歐柏昇（左）。（引自國立臺灣大學物理學系《時空》雜誌
34 期）

與林清涼老師訪談

原載國立臺灣大學物理學系
《時空》雜誌 35 期「系史」（2016 年 11 月）
參與者／周品君、曾可維（整理）、顏敬哲（錄音）
時間／2016 年 1 月 21 日　　地點／林清涼老師辦公室

　　林老師提供了大量的文件，期許我們整理利用和分類造冊，因為系學會交接產生了資產的流失讓老師覺得頗為可惜（很多東西都不見了，如當初依照人體工學設計的椅子），尤其需要保存林孝信老師的紀念文章（林孝信老師的同屆創辦《時空》月刊），接著話鋒一轉，林老師強調早期臺大學生在學校營運中占有決定性的影響力，以物理系學生會為例：早期擁有匿名投訴老師的信箱（可惜搬到新館後沒有復原），光復後的學生自治會也實質掌握宿舍的日常營運（包含伙食、會計），老師認為現在學生沒有掌握權力是錯誤的，教授與學生都要負擔責任！

　　林老師提到二號館（舊物理館）、三號、四號教室保存非常不好，即使三號教室後來重建希望恢復原貌，仍舊用鐵椅子替代原本的木頭椅子。老師也認為應該紀念物理系德國籍的克洛爾教授，他對物理系的貢獻長久且深遠，卻幾乎不為現在的物理系學生所知（除了克洛爾紀念講座之外），教授深厚的物

理知識造福非常多早期的系友（他有許多德國籍同僚都獲得諾貝爾獎），晚景卻不是非常美好，退休後生活拮据，是靠著學生系友捐款照顧，可惜林老師擁有的克洛爾教授的資料都已經四散了，部分在王元均教授、部分在 Fisher 教授那裡。

林清涼老師曾做過物理系的口述史在物理系一甲子：包含許雲基教授和荒勝文策教授（加速器與亞洲第一次原子核撞擊），可惜資料也大多已送出和散失（黃振麟老師的資料則是幾乎沒有，但是黃老師貢獻極大，當時在國家風雨飄搖之際撐下物理系營運，並且還創辦了物理學刊，基本上維持了當時的臺灣物理界），老師再度強調當初物理系在實際決策時，學生、技工、職員都能夠參加決策並在利害相關時投票，這是真正的自由民主。

林老師也提到當時在國共內戰後政府遷臺，許多原本預計要買到中國大陸各大學的儀器機器都在國外動彈不得，在傅斯年校長的任期左右才努力把儀器儲存藏到臺大各處，另外，處理圖書館文件資料的歸檔過程更加漫長，連陳丕燊老師、蔡力行學長都曾參與過。其中同屆一學長非常傑出，具有卓越的領導與計畫能力，對於資料的整理貢獻極大，老師話鋒一轉，再度提到物理系當時給予學生絕對的自由和經濟上的資助（物理系不缺教育用的錢），圖書館借閱管理便是由學生所主導的！林老師也提到人要沒有私心很難，但是私心過多便是自私份子而不是知識份子。

林老師也說到她主持了黃振麟教授和克洛爾教授的喪禮，

如果要做物理系歷史，應該先從還活著的許雲基教授優先，老師期許我們對等、能夠無話不談。最後她並提供我們許多珍貴的系史相關資料，供我們參考。老師也期望我們都能成為具備充足自信與自尊的學生。

04
同仁紀念文

S

林教授在臺大物理系作育英才無數，
又以校為家，隨時為學生解惑，她著
有一系列的物理教科書，不知嘉惠多
少學子，而成立馮林基金會，積極推
廣環境品質的科技與教育，也改進臺
灣的生活環境，更是影響深遠。

我所認識的林清凉教授

張國龍

　　1971 年秋天，我回臺灣大學物理系教書。當時物理系的老師不多，我們老師輩的有許雲基教授和黃振寧教授，林清涼和王亢沛比我們早一年回國，和我一起進臺大的還有陳卓教授和黃暉理教授，我們三個人都是許教授和黃教授的學生。

　　當年回臺大物理系的幾個老師，因為年輕氣盛，也充滿著幹勁，從圖書館的圖書整理到實驗室的實驗安排，處處提供意見，也動手參與。因此發生了物理系的中子源事件。近代物理實驗室的中子源，不知幾年前就找不到。林教授當系主任時，整理物理實驗室時才找到。這中子源不是存放在安全的保管室，而是像普通實驗設備放在人來人往的實驗桌上，幾年來不知多少學生受到中子的輻射。林老師一直懷疑她的視力衰退是和中子的輻射傷害有關，也懷疑過去幾年一些年輕學生出國後去世，可能與中子的輻射有關。

　　林教授很長一段時間是物理系的唯一女老師，她可以扮演男老師不能扮演的角色。很多學生男女交友出了狀況，導致學習障礙，也會去找林老師幫忙。學生家裡出了問題或困難，也

會去找林老師幫忙，她總是細心照顧這些需要幫忙的孩子。特別是一些功課跟不上的學生，每天下午都不用預約就跑進她的辦公室求救。她也專心到有時跟她說話的機會都沒有。

林老師 1972 年與回國客座的馮纘華教授結婚，婚後移居美國麻州，1986 年林老師和馮教授回臺灣定居，不久馮教授不幸得重病去世。林老師再度回到物理系任教。

林老師因為當過系主任，有滿肚子的怨氣，她最受不了同事中有人霸性太強，強占超過自己需要的空間，為了據為己有，乾脆用水泥做永久性的固化。她第二次回物理系時，連一間辦公室都分不到，最後只好委屈在老系館東側的一個小儲藏室。一直到她當系主任後，把系務制度化，設立各種委員會，如空間規劃委員會、課程規劃委員會等，這些制度延用至今。

林老師退休之後一直住在校門口正對面的一條小巷底，平常中午到她的辦公室，一定帶兩個便當，一個當中餐，一個當晚餐。生活非常節儉樸素。近些年來，年歲也愈來愈大，走路都有些困難，幸好有一個學生，每天傍晚可以用車子接她回家。林老師晚年舉目無親，如果我們在臺灣時，一定會邀請她來我們家一起過農曆年。她走了，我們也少了一個好朋友。

懷念林清涼教授

東吳大學名譽教授 劉源俊

　　1971 年 9 月底，我得知翌年有望完成博士學位，乃開始積極準備申請歸國服務。這時注意到《海外學人》曾於 4 月號刊登李熙謀先生的〈通信〉，提到東吳大學理學院師資難覓。於是打電話回臺灣問父親：「東吳大學在哪裡？有沒有物理學系？主任是誰？李熙謀與東吳有何關係？」過一星期再打電話，父親說：「東吳大學位在臺北市士林區，剛成立物理學系，系主任聽說是位女性兼任教授；至於李熙謀與東吳的關係，則不知曉。」又告訴我，校長是端木愷先生。我於是向端木校長毛遂自薦。

　　1972 年 8 月底我回臺，在東吳大學物理學系任專任副教授。這才逐漸弄清楚了：東吳大學物理學系於民國 1970 年 4 月 22 日獲准成立，9 月招收新生。理學院李熙謀院長央請臺大物理學系黃振麟教授推薦物理學系主任，黃教授推薦了剛從東京大學獲得博士回臺大任教的林清涼先生。於是林教授成為東吳大學物理學系的首任主任。但她只做了一年就辭離，其原因，後來她才告訴我：「外雙溪實在太遠了！」從臺大到

東吳，要轉三趟公車：先搭南○路到火車站，再搭 10 路到士林，更轉 255 路到臨溪路口，然後沿溪走進校園。

不久我回母校「報到」，這才認識了林教授；當時與林教授常在一起的還有王亢沛、陳卓與張國龍。1973 年春，我帶了當年林教授收進東吳物理學系，這時已經三年級的 9 位學生到臺大物理學系去拜訪。後來，我因為忙於各事，且研究領域不同，與林教授接觸的機會不多，也遺憾沒有共事的經驗。但從幾件小事可以看出她的為人、問學與處世的態度。

1995 年 7 月，他得知我將擔任東吳大學校長，打電話卻到處找不到我，乃託 1994 年畢業的東吳物理系友陳穗斌帶信，強調要說「非常」及「特別」恭喜我。陳穗斌這屆有好幾位同學後來都進臺大物理學系的博士班，如胡德邦、王銀國，他們都與林教授很熟。我心裡清楚：林教授對於東吳物理的系友都會特別關照。王銀國曾經打算拍一部女科學家的影片，選了三個世代的人物為代表，第一世代是吳健雄，第二世代選的就是林教授；可惜這計畫在科技部沒通過。

2010 年 9 月 18 日，林教授參加了東吳大學物理學系四十週年慶祝活動。翌日林教授寫了張明信片給蕭先雄主任，他對政治與社會一向是十分關心的：

　　您們好，謝謝您們的幫忙和邀請，讓我有機會參加東吳大學物理系在臺復系後，四十年的成果慶祝。您們的教育理念和奮鬥成功了，我深深地體會到了，恭喜！臺灣

將進入過去約二十年的負面政策和扭曲的教育帶來的動
盪期，撕裂、仇恨、唯我主義的不負責價值操作，已經
給社會帶來不安寧了！相信你們的貢獻，東吳大學的教
育會無形中穩住臺灣往下沉淪的速度。為東吳物理學系
驕傲，加油！

　　2020 年林教授已經辭世，我在編輯《東吳大學物理學系
50 周年紀念集》時，特別恭錄以上文字，做為她對東吳物理
的「祝福」與嘉勉。

　　2011 年 5 月，科學月刊社假浦大邦紀念講堂舉辦「張昭
鼎紀念研討會」，主題是《國家百年科技史的回顧與前瞻》，
很高興看到她也在場。2013 年 9 月，東吳大學物理學系在源
流講堂舉辦第一次「物理學史研習會」，她也特地來到外雙溪
參加。我知道她對科學史有興趣；她開始寫「啟發性物理學」
系列教科書就是與中國科學院自然科學史研究所的戴念祖合
作，戴是一位物理學史學家。

　　2013 年 12 月，在盧志遠獲得「總統科學獎」的頒獎典禮
上，我又有機會見到林教授。這天她告訴我，她剛回臺大教書
帶出的這班學生許多位成就輝煌，十分引以為傲。

　　她曾於 2010 年 6 月送給我高等教育出版社出版的與戴念
祖合著的《物理學基礎教程》上、中、下冊一套，排版有錯處
都用筆改過。2012 年 6 月，她又送給我五南出版社出版的《近
代物理 I——量子力學、凝聚態物理導論》。2017 年 2 月她再

託胡德邦帶給我新著《複變函數導論與物理學》。我於是知道她在晚年還一直用功著書；都八十五歲了，每天晚上還8、9點鐘才離開研究室！

她真是個讓人欽敬的學長：

誠懇待人，教育英才淑亂世；

認真治學，織成大著惠後生。

永銘於歷史長河中的林清涼教授

臺北科技大學教授 張添晉

　　我認識林清涼教授大約是在 2007 年，但是我們彼此熟悉進而被林教授委以重任是在 2010 年以後，當時我參加第五屆在天津大學辦理的「海峽兩岸沿海資源研討會」。

　　臺灣參加的學者專家及研究生約 35 位左右，在研討會開幕邀請林教授致詞時，她表達對環境保護的期許而且身體力行一番，令人十分動容，研討會的氣氛至為融洽。會後主辦單位租了遊覽車到秦皇島及山海關進行生態考察，在大陸遊覽車開三、四個小時到景點是司空見慣的事情，記得回程的時候，大家在車上一起歡唱，期間我拿口琴吹了兩首老歌以後，林教授突然興致勃勃開始點歌，要我用口琴演奏，除大陸各省民謠歌曲以外還包括臺灣，以及日本的著名民謠，印象最深刻的是我吹送別時，林教授則如數家珍的說出作者李叔同，他去日本東京上野美術專門學校學習藝術繪畫、哲學及音樂更是他的專長，後來皈依佛門成為弘一大師，而有很大的成就，林教授娓娓道來，精神奕奕毫無疲倦之感。

　　回到臺灣後，林教授通常下午才會在研究室，有時候會打

電話問一些音樂的細節，大概都是有關臺灣民謠；2015 年林教授要我到她研究室，她把研究室裡面有關古典音樂四百年的曠世巨著 16 冊，以及古典音樂四百年的 100 片 CD 交代給我（如下圖），要我好好保存善加利用，她說我懂一點音樂，一定會把這些她最喜歡且珍貴的歐洲音樂史料加以珍惜，我頓時感覺責任重大。這 100 片 CD 林教授全部都聽過，而且加注一些說明，包括每片 CD 的演奏的時間長短，還有她喜歡歌曲的程度，其中約翰史特勞斯的〈藍色多瑙河〉為她最愛的首選，這些珍貴的音樂史料，要找機會再送回馮林基金會永久保存。

　　林教授往生以後，臺大物理系本來要辦理追思會，但因疫情的關係延期了兩次，當時主辦單位要我用錄影的方式呈現對林教授的懷念，我簡單地說了一下跟林教授認識的因緣，同時也用口琴錄製她喜歡聽的〈送別〉，現在把歌詞臚列如下：

　　　　長亭外，古道邊，芳草碧連天，
　　　　晚風拂柳笛聲殘，夕陽山外山，
　　　　天之涯，地之角，知交半零落，
　　　　一瓢濁酒盡餘歡，今宵別夢寒。
　　　　韶光逝，留無計，今日卻分袂，
　　　　驪歌一曲送別離，相顧卻依依，
　　　　聚雖好，別雖悲，世事堪玩味，
　　　　來日後會相予期，去去莫遲疑。
　　　　草碧色，水綠波，南浦傷如何，

　　人生難得是歡聚，唯有別離多，

　　情千縷，酒一杯，聲聲離笛催，

　　問君此去幾時來，來時莫徘徊。

　　這首歌在華人世界是許多人都能傳唱的名曲，現在聽起來
內心更是別有一番感受。「天地者萬物之逆旅，光陰者百代之
過客」，我們個人在整個宇宙數十億年運行的長河中是何其的
渺小，然而林教授的待人處事，以及熱誠捐輸感人的風範，卻
能永遠留存後輩的心中。

林清涼教授的古典音樂四百年 16 冊及 100 片 CD。

懷念馮纘華和林清涼兩位教授

國立中興大學環境工程系名譽教授 李季眉

能認識馮纘華和林清涼兩位教授是我最大的福氣！

我是先認識馮纘華教授的，1984、1985 年馮纘華教授應邀到中興大學環境工程系擔任兼任教授，他每週會來臺中一次，上課的前一天傍晚就會先到，通常我和先生會去火車站接他，然後一起到餐廳和幾位系上教師共進晚餐，談談環境問題及系務發展，那真是一段歡樂的時光。當時，我也把握機會去旁聽他的「專題討論」課程，印象最深刻的是，他讓學生輪流上臺用 30 分鐘報告一篇期刊論文，接著要學生用 5 分鐘時間說出此論文的大意，甚至用一句話說出大意。對大部分學生而言，從頭到尾詳細報告不是問題，但要用 5 分鐘或一句話說出大意則是很困難的，他這樣訓練學生的方法，收到很好的效果，此後我也用相同的方法訓練學生掌握論文的重點。我在中興環工 20 週年紀念特刊上寫了一篇〈走過環工十六年〉，其中有一段是這麼寫的：「在環工系早期發展過程中，因專任教師不足，需借助兼任教師的協助，他們對環工系的幫助是很大的，……其中最令人懷念的是馮纘華教授，他 1984 年來兼課

時已逾六十五歲，除上課以外也盡力協助系務、參加系務會議、指導老師做研究，他上的大四專題討論非常精采，連老師們都去參加、學習，他也曾參加環工營和學生們環島參觀，隨時把經驗傳授給學生，可惜的是他於 1986 年病逝，使我們痛失良師。」

雖然常由馮教授口中聽到林清涼教授的事，但第一次見到她卻是在馮教授的告別式。1990 年馮林基金會成立，我有幸成了基金會董事，直到 2014 年退休為止。在董事會上才開始認識林教授，原來她和我的大哥、大姊、堂哥都是舊識，而且她說馮教授很喜歡我，常常提到我，所以她早就認識我了。每次開董事會，我們都比鄰而坐方便聊天，有時她會帶臺大對面「得記」餅店的點心給我，或者讓我多帶一盒會議的點心回家，說是因為路途遙遠。會議結束後，她總是陪我走路到公館捷運站，那個背著背包、拿一把雨傘的身影，讓我至今難以忘懷。

2001 年 4 月「海峽兩岸環境保護研討會」在武漢召開，林教授希望我能與她同行，於是，我帶了一名博士班學生王俊欽一起去參加（圖 1），在武漢開會及會後到張家界旅遊期間，我成了她的室友，享受她的照顧。她是個非常細心的人，每到一家新的旅館，會立即將房間的設備檢查一遍，然後告訴我，馬桶的沖水設備有問題，該怎麼使用，或者哪個地方要小心，免得被絆倒。吃飯的時候，她會阻止我吃某些食物，有一次我想買路邊切好的水果，她堅決地阻止我，因為擔心衛生的

問題。在她的嚴密保護下，幾天下來，當很多人為腹瀉所苦時，我都沒有問題。在張家界時，她在我學生王俊欽的攙扶下，一步步地走完全程，我見她苦口婆心地告訴武漢大學的陪同人員，一定要好好保護張家界的天然環境，千萬不要有太多的人為破壞。

有一年，她在處理位於東海大學附近公寓的物品時，打電話要我過去，我立即前往，她當場送了我一些東西，其中包括幾塊馮教授每次出國時為她買回的布料。她總是穿著一身素雅的洋裝，剪裁得宜，原來這些都是她自己設計製作的，知道我會做衣服所以送給我。還有一批馮教授留下的書籍、講義、筆記。她還送我的學生一張書桌，結果學生拖延了幾天才去載回，林教授告訴他：「你應該向你的老師學習，做事積極一點。」那誨人不倦的精神表露無遺。幾年後她又託人由臺北送來兩塊厚布料，並附上一個牛皮紙袋，上面寫著「這些是我自己的設計，給妳作參考」，紙袋內裝著一些衣服的設計圖（圖2），令人佩服她的多才多藝。

林教授不顧脊椎的疼痛，以及白內障的困擾，一直努力寫書，一本接一本，所得版稅全數捐給馮林基金會，這樣堅毅的精神無人能及。有一次她給我一份她在 2014 年 10 月 31 日下午 1 點 20 分到 3 點 20 分於共同館 105 室的演講大綱——我的親身經歷（林清涼），內容包含（I）被殖民與非被殖民；（II）治理方法應與該國的文化、文明和實況相關；（III）女性教育的重要性。林教授將她的親身經歷和時事做了客觀的詳

細分析，最後在「女性教育的重要性」中勉勵：「學妹們，把我們的優點發揮出來吧！教小孩能判斷是非且負責任吧，加油學妹們，學弟們也是！」，那場演講一定讓許多學生受到啟發。

最後一次見到林教授是在臺大物理系她的辦公室內，她說她的物品已處理得差不多了，只剩下書櫥裡的一點點東西，並打開書櫥讓我看。她說必要時要去住養老院，但是現在頭腦還清楚，留在這裡還可以做一點事。當時我認為以她的毅力，一定可以長期繼續在系裡，為學生指點迷津。

林教授在臺大物理系作育英才無數，又以校為家，隨時為學生解惑，她著有一系列的物理教科書，不知嘉惠多少學子，而成立馮林基金會，積極推廣環境品質的科技與教育，也改進臺灣的生活環境，更是影響深遠。她證明了自己說的話「國家的健康與富強，女性比男性重要」，也樹立了模範。我將永遠懷念她！

圖 1　與林教授到武漢參加研討會。

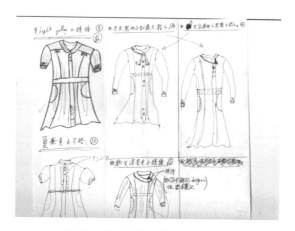

圖 2　林教授服裝設計圖。

飲水思源感念馮師母林清涼教授

駱尚廉

2019 年，筆者寫〈憶馮纘華教授〉（刊登於《浙江月刊》2019 年 3 月）時，馮師母林清涼教授的白內障已經滿嚴重了，但仍然叫我的助理（翁瑞蓮小姐）將打字稿放大，並逐字唸給她聽，認真地修改文字內容。當年 11 月 18 日，馮師母病逝於臺大醫院，享壽八十八歲。

林清涼教授於 1931 年出生在高雄岡山，1954 年畢業於臺大物理學系，1966 年獲日本東京大學物理學博士，專研原子核結構、核反應及介子交換流的功能，為臺灣第一位女性核子物理博士。

1970 年 8 月，林清涼博士返臺任教，並主持東吳大學物理學系的成立，擔任該系首位系主任。1972 年 7 月，林教授在時任臺大土木系系主任丁觀海（物理學諾貝爾獎丁肇中博士的尊翁）的介紹下，與當時從美國麻省大學客座至土木系任教的馮纘華教授結婚，赴美協助馮教授整理教材及研究資料之蒐集。

爾後馮師母林清涼教授在 1976 年先行返回國立臺灣大學

物理學系任教，開授近代物理與普通物理等課程，馮教授亦於 1981 年提早退休返國服務，在臺大環境工程學研究所擔任客座教授，協助國內教學改革及輔導工廠汙染問題的改善；馮師母則致力於原子核理論、電子散射與核型態因數等研究，並於 1981 年到 1983 年擔任臺大物理系系主任，改革各項系務制度，推廣通識教育課程，並充實軟硬體設施。

　　筆者與馮老師夫婦在 1985 年到 1986 年，於美國史丹福大學有一段時間，週末常在一起聊天。爾後他們在 1986 年初秋返臺，馮教授病逝於臺北榮民總醫院。1990 年，「馮纘華林清涼環境保護基金會」成立於臺大環工所，以推廣環境品質的科技與教育，並改進臺灣的生活環境為宗旨，補助研究生參加國際環境工程與科技的學術研討會等，並由於幼華所長擔任第一屆的董事長。每次開董、監事會議時，筆者也都能見到馮師母林清涼教授精神奕奕地與會。

　　1996 年，林清涼教授自臺大物理系退休，除兼任教授的授課外，也輔導、關心學生，成為校園內最受歡迎的心靈導師，同時戮力進行寫作，完成數本自學用的啟發性物理教科書，如《力學：牛頓力學、彈性、流體和熱力學》、《電磁學：宏觀電磁學、光學和狹義相對論》、《近代物理 I：量子力學、凝聚態物理導論》、《近代物理 II：原子核物理學簡介、基本粒子物理學簡介》、《從物理學切入的——線性代數導論》、《複變函數導論與物理學》等，版稅則全部捐入馮林基金會，成為基金會重要收入之一。

　　1997 年，筆者接任馮林基金會董事長，2005 年主辦「第二屆海峽兩岸沿海區資源、環境與永續發展學術研討會」時，發現馮老師畢業的北洋大學就是天津大學的前身（校徽仍然一樣），筆者與林教授討論後，決定在研討會開幕時，將馮林基金會及馮教授生平事蹟向來賓說明，並向梁次震先生募款捐給馮林基金會新臺幣三百萬元，納入基金會的基金（增為新臺幣七百萬元整），孳生利息用以補助此研討會的持續辦理。

　　2010 年，第五屆海峽兩岸研討會在天津大學舉辦時，林清涼教授親自赴天津出席，臺灣共有 33 名學者與研究生參加，林教授在開幕致詞時，表示很高興有機會來到已故丈夫馮繽華的母校，雖然她不是環工專業，但是非常關心環境，希望大家能積極地教育國民保護生態和環境的重要性，選擇適合環境的經濟策略，慎思加工業之耗水、耗電及對環境危害的問題，更冀望海峽兩岸繼續合作，確保炎黃子孫持續繁榮。此次研討會，筆者與林教授、天津大學的郭靜教授及趙林副院長，共同規劃了一系列對臺灣在天津企業人員的環境管理培訓課程，並將五屆研討會成果編輯兩本專書——《節能減排與新能源技術》與《永續環境管理策略》，2012 年完成編修，由馮林基金會贊助，曉園出版社發行。

　　第七屆研討會於 2014 年在天津大學舉行時，參觀了泰山、孔廟及濟南，林教授因脊椎側彎問題，已不能隨團前往，但仍叫筆者備好禮物及祝福給幾位老朋友。猶記得回程因航班延遲了兩小時，回到臺北已午夜 12 點多，筆者試撥林教授的

辦公室電話，果然林教授仍在辦公室寫作，治學精神真是令人尊敬佩服！筆者當晚就直接將天津大學回贈的栗子、果仁等送到她的辦公室。

　　2017 年 12 月，筆者在臺大主辦「第八屆海峽兩岸沿海區環境研討會」時，林教授的行動愈來愈困難了，僅能出席第一晚在臺大福華的歡迎晚餐，但能與天津大學的老朋友再次聚會，她當晚非常高興，也告訴筆者一定要繼續辦好此研討會，並開始設立研究生論文發表獎，以鼓勵優秀的學生。

　　馮師母林教授往生後，筆者與林教授的侄兒林坤俊夫婦、侄女林昌美及林教授的學生胡迪群（希鐠科技執行長）、呂珏

林清涼教授在第五屆海峽兩岸研討會開幕式致詞。

璇等人，在林冠佑律師的主持下，於 2019 年 11 月 20 日在臺大凝態科學暨物理系館 427 室，打開林教授的遺囑，她將現金存款除喪葬所需外，現金餘款（約四千多萬新臺幣）及一間房屋，全部捐贈給馮林基金會。

筆者頓感責任重大，除對此位偉大的臺灣第一位女性原子物理博士、臺大學生的心靈導師表示感念外，並將與基金會的董、監事同仁，好好規劃與推行基金會的宗旨，繼續貫徹馮教授夫婦為改善臺灣環境科技研發、環境教育推廣、環境品質改善及提攜表揚優秀學生的心願。

徐友浩常務副院長（中）致贈馮林基金會紀念品。

林清涼教授與郭靜教授（中）合影。

臺灣大學與會人員於北洋廣場合影。

與會人員在山海關合影。

05
門生紀念文

P

Y

H

S

I

C

凡是林老師教過的學生，無不感受到
她非常獨特的人格魅力。在她的個性
中一以貫之的是她四射的熱情：從對
物理的探索、環境的保護、社會的正
義、國家民族的大是大非的堅持，到
對每一個學生、每一位她認識的人如
母親般的關懷，處處都鮮明地展現博
愛的精神。

臺灣囝仔學物理

臺大物理系 1972 級 廖榮隆

　　林老師和早期物理系的教授們都是臺灣的物理先驅，肩負培植包括筆者在內的新生代。無庸諱言，臺灣的物理起步較晚，又值戰亂，困難重重。

　　到我們求學的 1960 年代，國家社會全力鼓吹發展科學，形成了一股龐大的動力。同學們也都挺身而出，衝鋒陷陣。

　　重重的難關有理論力學、電磁學、熱力學、波動學、量子力學等等的抽象觀念，大三的電子學實驗雖是動手做，但也有諸多技術要重頭磨練，種種困難須一一克服。物理館三樓的長廊成了我們的實驗室，一組組工作臺上擺滿了儀器、工具及作品。同學們常須做到深夜，連寒假期間也得回來趕工。一旦做成，倒也很有踏實的成就感。尤其邏輯線路更令人著迷。當時還用印刷線板及真空管；半導體積體電路才剛問世，可把整個線板縮成一小晶片，又更神奇。林老師時而過訪，大家談談，成為歷史的見證。殊不知爾後化合物半導體光電學也成了筆者自己的專業領域。

　　半個世紀後的現今，臺灣的半導體電子工業已如日中天，

領先世界。國家在物理電機方面的大力投資已開始結了甘甜的果實。

但臺灣人能否真能達成科學救國的使命？甚至在科學研究及社會文化成為世界的先導？和平進步的動力？筆者認為仍需繼續努力。

先要有好的態度和理念。學物理要從知識的愛好開始，追求真理要有熱忱，全心全力。但一般人都太注重眼前的功利，知識只成獲利的工具。科學研究固然需有足夠的財力支援，個人的名利權位也相當重要。但須能不忘本，否則萬劫不復。

物理研究並不容易，尤其我們起步較晚，處於不利地位。常有同學喟嘆生不逢時，難成大器。但科學範圍極廣，只要肯努力開發，還是能有獨到的發現。1990 年代日本人（包括中村）藍光二極體的開發就是一例。

物理是實驗科學。史上最偉大的發現都完全出乎原有理論的預料，克卜勒行星軌道、牛頓萬有引力、愛因斯坦相對性原理、普朗克量子假說、拉塞福的核原子，以及李政道與楊振寧的宇稱不守恆都是著名的例子，也都開啟了物理的新境界。但這些成果不是憑空而來，而是實驗家們積年累月在「不疑處可疑」孜孜不倦地試驗所奠立的。發展科學不能是空中樓閣，必先深深扎根，蔚為強勁力源，才會蓬勃發展，創新境界，綿延不絕。臺灣的科學也要能生根，否則只能抄襲先進，膚淺落後。

科學也能啟發人心，敬畏天理，民德歸厚。科學的訓練增

進思辨能力，抵擋這邪說橫流的亂世。基本上，實驗科學才會求得真知，也才會匯為進步的動力。科學家也要發揮才學善盡社會義務。科學家同行同事之間也都彼此關懷，有如大家庭；輔導學生、提拔後進更是責無旁貸。林老師多少年來馬不停蹄周旋整個物理系，貫通數十屆，蔚然典範。猶有進者，物理研究發現往往發展成新產業，創造更多就業機會。平等開放，用人唯才。讓大家能一起做事同得造就將是化解種族糾紛地域成見，以及消弭黨派私利、特權階級的不二法門。而且也唯有健全的社會才能再孕育更偉大的科學。

這應是我們臺灣囝仔科學救國濟世之道，也應是林老師及臺灣物理先驅們的理念。

懷念林清涼老師

臺大物理系 1972 級 蔡娟娟

　　想起我們敬愛的林清涼老師，多年往事歷歷在目，令人無比懷念。

　　林老師生於高雄岡山，是父母親的掌上明珠，自幼聰穎堅毅。當時的臺灣因為民風未開，對女性的升學與就業有很大的偏見與限制，女生念到大學的本來就不多，念理學院的更是寥寥無幾，又遇到戰亂，老師卻能一直堅持理想、不畏各種困難，終能進入臺大物理系就讀。畢業後更上一層樓，遠赴日本東京大學物理研究所進修，成為臺灣第一位女性核子物理博士，真是難能可貴。

　　我們班有幸成為老師回臺任教的首屆學生，也因此五十年來和老師有著特別深厚的情誼。從第一堂上原子核物理課就可感受到老師教學的熱忱，也因此激發了同學們對於近代物理的興趣。老師對於住在宿舍來自外地的同學們更是愛護有加，如同親長一樣地關心他們，不時加油打氣，還常邀請他們到她家包水餃。老師年輕時也經歷過離家背井在外求學的日子，很能瞭解出外學子的心情。

　　老師不只認真教學，也非常關心同學們的一切，她把所有的心力都放在培育學生身上。老師和我們一起去環島畢業旅行，除了和大家一路上有說有笑，其樂融融之外，老師還安排了一項特別任務，就是到竹山為張戀中向高麗芳的父母提親，而老師也完滿達成任務。

　　後來老師和美國麻省大學的馮纘華教授結婚，那是老師最幸福的一段日子。記得老師從日本治裝回來，新婚的臉上洋溢著喜氣，她穿著美麗的洋裝，氣質特別高雅，我們也很為老師高興。婚後曾在美國麻州住了幾年後便搬回臺灣，兩人一起在臺大任教，每天同進同出，鶼鰈情深，老師終於有了一個溫暖的家。在環保觀念剛剛起步的當時，馮教授在臺大環境工程研究所任教，並參與處理當時臺灣的環境汙染問題，也為臺灣的環保貢獻了很多寶貴的經驗。

　　老師在美國的時候，幾次去芝加哥探望她多年未見的弟弟，也總會到芝加哥大學看我。老師非常疼愛與關心她的姪子姪女，多年後還常和我談起他們。

　　後來馮老師因為罹患癌症到史丹佛大學附設醫院接受治療，有好長的一段時間住在 Palo Alto 的旅館裡，老師井井有條的安排一切，悉心照顧馮老師。當時我就在 Xerox Palo Alto Research Center 工作，因著地利常常見面，有時載老師出外辦事購物。馮老師精神好時還會聊些他的研究，我也因此對馮老師在臺灣從事的環保方面的研究工作有一點認識。那時老師沒事時就以摺紙自娛，老師真是摺紙高手，一張正方型的紙在她

手裡可以做出好幾種栩栩如生的動物，其中最特別的就是孔雀。當時我女兒還蒐集了不少老師的作品。

回到臺灣後第一次去看老師是在 2000 年，那時她已經退休，成為物理系的兼任教授。老師神采奕奕地介紹她所帶領重修的物理系館，特別是圖書室，也講到她正在寫作的幾本自學用的物理教科書。老師更是如數家珍地講到許多同學的種種，關愛之情溢於言表。

老師晚年雖然行動不甚方便，仍然本著她一向的規律作息，每天努力地到系館她的辦公室，從下午開始，一直工作到半夜，著作教科書與寫自傳，數十年如一日。老師的毅力與堅強，更是我們終身的楷模。

終其一生，老師以校為家，以作育英才為職志，學生就是她的家人，她的生命照亮影響了許多的學生。

2016 年 9 月和丕燊兄去清華大學探望因不良於行而暫住友人家的林老師。

最堅強貞毅的林老師

臺大物理系 1972 級 盧志遠

　　林清涼老師哲人已去，同學多所懷念感恩，我也同感而心有戚戚焉。在此既不贅述感恩情懷，則以我長年之觀察來紀念林老師的過人特質。自從第一堂上課認識林老師，就耳聞她早年一些成就及人生挫折。其後多年每每被其鼓舞激勵，拍肩擁抱之餘，我也都想到林老師自己一生的境遇困難，但她都不為之擊倒，永遠再站起來，以陽光正面的態度來面對，來放下，來克服！

　　林清涼教授明明是教授，但同學們都喜歡稱她為「林老師」，這其實是對她的尊稱，林老師稱呼起來就親切多了，自然而然的就像是一家自己人；可以舒暢地談天說地，傾訴心聲。這也就是林老師與我們同學間較特殊的情誼與關係。其實林老師教導我們的課程是近代物理學，這是物理系課程中的重中之重，雖然林老師也是滿腹經綸，但林老師教起來的精采程度未見特別，可是她帶動了特殊的課堂氣氛，同學間互動加強了，同學們與老師間的激盪更是在上課、下課，甚至休閒期間都不停歇。這真是林老師與學生間教學的特質關係。很多的同

學都因此覺得在系裡面我們有了一個家人，可以談學問，更可以談生活。因此林老師帶動的課外義務活動，例如全面整理系圖書館，這不單單是個公益的活動，而且也成了凝聚人心的支撐點。很多這類本應無趣的公益事情，在林老師特質帶動下，都成了有趣有味的活動，成了正向循環且回饋公德的事功。

很快地大學畢業了，大家各奔前程，辦留學出國者眾。據我印象，好多同學都認為林老師最認識自己，所以求她寫介紹信、推薦函的人很多，還沒聽說她未曾大力推介哪位同學的，真是同學們開拓前程的大推手。

在期間我們聽聞林老師有了她知心的另一半——土木系的馮教授，組成了甜蜜的家庭。我等身在國外，未能親自參與恭賀，真為林老師獲得終身伴侶的幸福遙致上衷心歡喜的最高祝福。然而不幸的是，不太久馮教授竟然因病去世。我可以想像這對林老師是多大的打擊，這些沉重的人生困難境遇，在我後來常有機會回到母系洽公，遇見林老師時都不敢提及。但我觀察到林老師是十分堅強地克服了這些人生挫折。她仍然與我們初見那些年一樣樂觀正面，幫忙學子，激勵後輩，活躍於系上的各項活動。林老師的人生態度、堅強毅力，真是我們最好的身教，令人非常感動。

林老師一直投身於臺大物理系的教育工作，真可說是夙夜匪懈。她一直保持與畢業系友的連絡，我們班上的活動她都欣然參加。我們大大小小的班上聚會（reunion），她幾乎每「役」必與。最記得本班畢業三十週年（2002）集會，是由在

中國大陸的黃天來同學於中國大陸辦理了黃山、三峽及江南遊的多天大聚會。但那一次林老師卻未能一同參加，因為她已與另一團體赴西藏高原之旅。可是大家由世界各地共聚一堂，而林老師不在，這 reunion 味道似乎不足。我們竟然展開與林老師空中電話聚會。那是二十年前，手機尚是二代產品，但我們那夜在遊覽車上就作了每位同學都與林老師談心的超 Zoom 時代的 virtual reunion。電話中林老師自西藏傳至上海的聲音，精神弈弈，洋溢著興奮，叫得出三十年前每位同學的名字，為我們加油，問好各位小家庭成員，這真是我們那次聚會的亮點，林老師也再擔任了我們大家長慈母似的導師。

九〇年代，我已返回新竹工研院及科學園區服務，但也兼任母系講座，常回母系講演，每次林老師都來為我打氣。我看到林老師更加人生有力，不但教課，又是系中弱勢同學永遠慈母般的導師輔助。她興奮地告訴我，她開始了她數大冊物理教材的寫作計畫。後來她贈送她每一冊的物理大作給我。書中可以明顯看出她的教學功力，如果四十年前能有這批課本，我們的物理基礎底子一定會更好了！

但畢竟歲月不饒人，林老師也步入了花甲、古稀之年，但我幾乎完全未能察覺出她的年歲催逼，這應該都是因為林老師的堅強與毅力。然及至晚年，她行動甚不便時，尚日日到系上，照常還關懷弱勢同學，一字一筆寫作著其物理教科書，更堅持要自力要完成其自傳，以記錄歷史真相，激勵後輩。如此堅毅真令人感動。她曾告訴我，每天為了出門上系裡辦公室，

或她自身在家沐浴就得吃力地掙扎兩、三小時，幾乎日日如此，直到其病倒為止，令人動容且佩服其毅力。

林老師的堅強貞毅絕對是我們的終身師表，她後半生單身孤獨但合群領導，帶動正面精神。相信這些在林老師的自傳中大家當可領會，得到老師最後的教導。

林老師，您是我們最堅強貞毅的人生導師，真幸運與您結緣在世半個世紀！願您息了地上的勞苦，終得安歇。

吾愛吾師，典範長存

臺大物理系 1972 級 張懋中、高麗芳

　　憶當年與林清涼老師一起，不論是環島畢業旅行，或是探入物理系地窖，發掘出光亮嶄新的美援 RCA 示波器（內戰時由北大轉運來臺），還是大夥一塊兒整理物理系圖書館的往事，都歷歷在目、恍如昨日。但這裡想提的倒是最近幾年和林老師互動的經過；也許不是大多數，尤其是長期居住海外的同學們所熟知的。

　　首先是 2015 年中，去國近三十六年的麗芳和我居然在自己未曾預料的情況之下，受聘到新竹交通大學（也是我的另一個母校）擔任校長一職，回到久別的臺灣。在交大禮堂舉行的新任校長就職典禮上，萬分驚喜的看到數年不見的林老師和同學們，包括迪群夫婦、唯仁夫婦、王克夫婦、大川夫婦、次震、衣健、君逸等等，得以共聚一堂，並留影存念。

　　此時見到的林老師身體雖然不無小恙，但仍然神采奕奕、話聲爽朗，給才回國的我們許多寶貴的祝福和勉勵。往後的數年，我也不斷地和老師與班友們有更多的互動，特別是由丕燊所主辦的次震宇宙學中心（LeCosPA）的 Open House，以及

1972 級物理系班友的特別聚會場所之啟用。在這幾次的同學會中特別感謝迪群兄嫂專程接送林老師來和大家相聚，但也逐漸地感覺到老師的身體狀況已不如前，常受到背部和其他部位的折磨。

在臺四年校長的任期很快過去，尤其是最後兩年幾乎所有的時間都消磨在與陽明大學合校的事物上，不能常向林老師問安。好不容易合校漸入佳境，我也在 2019 年 8 月 1 日卸下校長職務。不幸這時接到老師罹患癌症正在化療的消息，在 10 月的某日聽聞老師完成了第一階段的化療正在休養之中，就徵得老師同意前往探視。老師此刻的身體雖然相當虛弱，但仍然堅持一定要坐起來同麗芳和我聊天。言談中仍舊充滿了希望，自己覺得副作用尚可忍受，且化療效果良好、癌指數已大幅下降，我們聽了也替老師高興並留影數幀。但很不幸的就是在兩、三個禮拜之後，得到林老師去世的惡耗，一代良師就如此天人永隔了！

想到林老師的一生從小因躲避美軍轟炸而逃難，再因二二八而停學，但在萬難之中總不失自己的信念，百折不撓，最後終能進入喜歡的臺大物理系就讀，一番努力後又能畢業於日本東京大學物理研究所，成為第一位臺人女核子物理博士，豈是尋常之人？林老師畢生從事科研教育，回到臺大首屆受教的就是本班同學，實在是 1972 級物理系的榮幸。老師於原子核物理和數學物理治學功夫之深，直至拜讀老師近年來有關近代物理及複變函數的著作才有更深刻的瞭解。每想起老師對本

班同學期待之高、愛護之深，實在非一般師生之情可比！

　　林老師您亦師亦母（我永遠記得您為我向麗芳父母提親的那一幕），您的一生不避坎坷，勇於面對挑戰、不畏強權、愛學生如己出的精神，永遠活在我們的心頭。

　　敬愛的林老師您安息吧！

新竹交通大學校長就職典禮後，與林老師和同學們在交大禮堂的留影。

林老師和 1972 級物理系班友聚會後留影。

探視完成第一階段化療後的林老師。

懷念林清涼老師

臺大物理系 1972 級 施純清、吳素妙

堤岸對河流說：

我不能保留你的波浪，

讓我保留你的足印在我心裡吧。

　　林清涼老師 1970 年從日本回臺灣，到臺大物理系教書，正好開始教我們大三近代物理學。第一天看到她蹦蹦跳跳上了講臺，我們都嚇了一跳，也從此迷上了近代物理學這堂課。林老師的熱情活潑是當年臺大少見的。

　　林老師常請學生到她家包水餃聚餐，一邊辯論物理，一邊閒話家常，其樂融融。很難得的是林老師也加入我們一星期的環島畢業旅行，和大家玩得不亦悅乎。

　　從青澀年華到白髮蒼蒼，從臺北到加州，林老師都曾在我們的生命裡，留下屬於她個人獨特的雪泥鴻爪。算起來我們跟林老師結緣也五十年了，其中有太多值得緬懷的回憶，正因為太多，反而讓人不知從何談起。

　　想了很久後，我們決定簡單說些 1976 年 8 月林老師第一

次來美國看我們的往事點滴。

　　記得當年我們和王克中夫婦、林開鵬等同學陪林老師到墨西哥遊玩，我們陪她從聖地牙哥走過邊境到墨西哥 Tijuana 觀光。附上大家的合照，年輕的林老師是多麼可愛啊。

　　1976 年林老師來南加州訪問那幾日，跟我們住在南加大的 Studio 學生宿舍。當時純清在加州理工學院物理研究所，素妙在南加大化學研究所。Studio 房間不大，只有一張雙人床，所以林老師只能和我們一起擠在一張床上睡覺。每天促膝夜談，雖然空間侷促，但她非常開心喔。

　　其中最讓我們感動的一件事，是林老師隨身帶著手提縫紉機，特地來幫學生們縫縫補補。實在是非常熱心的老師兼母親。我們每次回臺都一定去探望她，跟她分享我們的生活點滴。

　　回憶往事有時候會讓人心驚，原來已經五十年光陰匆匆流逝了。我們自己也到了「人生七十才開始」的年紀。很高興跟大家回憶林老師帶給我們的溫馨時光。

　　祈願林老師英靈永存。

1970 年林老師與學生們在
臺大物理系館前。

1976 年夏，與林老師在南加
大校園合照。

1976 年夏，林老師和素妙在
墨西哥留影。

1976 年夏，我們與林老師
在美墨邊境合影。

忘記了近代物理，
但不會忘記林清涼老師

臺大物理系 1972 級 張文瀾

　　我從來都不是好學生，上課時腦子都在課堂外。所以林清涼老師的現代物理教了什麼，很對不起林老師，特別是現在過了快五十年，我一點印象都沒有了。

　　不過，我清楚記得的就是當林教授走進課室的時候，好像把陽光也帶進來了！似乎對我們說，我不是來當你們的，與我一齊來認識欣賞近代物理吧！所以我以後工作上的態度也是「we'll do this together!」

　　很慚愧，到了大四我覺得比起電子的正負自旋我對乒乓和網球的上下側旋更有興趣，跑了去念流體力學。

　　所以，我再跟林老師見面，是 2014 年在香港舉行的同學會了！很高興看到她，雖然腿腳有些不靈活，但開朗如故，活力充沛。八十多的高齡，對一切仍然充滿學習的興趣，令我們欽佩不已！

　　同學會後，我有機會與幾位同學到臺大林老師的辦公室探望她，看到林老師雖然健康不如前，但她繼續努力為她熱愛的物理作出貢獻。林老師的這種毅力、熱誠，也成了我們的動

力。

　　意想不到的是，有一次林老師從抽屜拿出來了一本相簿，裡頭是我們的舊照片。從這看得出對林老師來說，我們不只是學生，而是家人。

　　同樣的，在我們心中，林老師也是家人。

來自林老師的一封信

臺大物理系 1972 級 王克中

　　1973 年 12 月，林老師和馮教授住在美國麻州阿默斯特市，我和治東、天來、屏東諸兄在中壢兵工學校服預官役，擔任教官兼區隊長。那時我們正準備申請美國的研究所，請林老師寫推薦信。這是林老師給我的一封回信，信中充分流露出老師對我們的關懷、鼓勵和期許。老師希望我們加油用功，替中國人爭一口氣，學成後回來替我們自己的國家及人民做些事。

　　接獲這封信的四十二年後，我很榮幸也很感激志遠兄的邀請，回到臺灣為旺宏電子服務，鼓勵年輕人，分享經驗，和一起學習。同時，也有不少機會在臺灣和林老師見面，享受寶貴的美好時光，能再多次感受到老師的關懷和期許，何其幸運！林老師永遠活在我們心中，是我們最敬愛的老師。

1973年12月11日

克中同學：
信及介紹信用件都收到了，今天之内完成它们，一两天之内寄走請放心。

你们这次有不少人申請同一学校，大概設合配好，我尽可能替你们想盡辦法，盼望個人都能成功。有了時間就要如的用功。量力電中及有関数学，一定要做好習题，英文用不着講。不要讓我失望，加油用功。來美之後替中國人爭一㟜气，我对你们的希望是很大的，更希望我们將來可以合作能替我们配的國家及人民做些事。代我問候班上同學及你部隊内的潘治東，黃天來，廉屏東好。他们申請的精形如何？告訴班上同學，凡是要我寫介紹信的，讓他们尽早寄來別忘了。好的用功，同時好的旅行全台灣，你们在台灣的時间已不多了。祝

成功

再見 再見　　　林清凌上

※对了，代我通知傳立倫及甘德新。
「信及介紹信用件都收到了
一两天之内寄走它们」

※黃天來怎樣？申請了什应学校？

甚念你们，祝新年快樂且1974年帶給你们好消息。

Lin Ching-pao
275 Pomeroy Lane, Amherst
Mass. 01002 U.S.A.

usa postage 15c

Mr. Keh-chung Wang
6, Alley 5, Lane 12
Patch Road Sec. 3
Taipei Taiwan
Republic of China

INTERNATIONAL HOT AIR BALLOONING • AEROGRAMME • VIA AIRMAIL • PAR AVION

何年何日第三震？

臺大物理系 1972 級 陳丕燊

　　敬愛的林老師離開人世轉眼已經兩年了。每當夜深人靜，在臺大次震宇宙館的辦公室裡工作時，自己常有幻覺，似乎老師又拖著日益痀僂的背脊，拿著湯米粉或是各種水果、這樣那樣的食物來為我補充營養，要我注意身體健康，不要工作到太晚。其實她自己才是個孜孜不倦的夜貓族。

　　此生有幸，能夠在生命的三個重要階段中，三次親炙林老師的教誨及關愛，這既是巧合，也是緣分。第一次是 1960 年代末 1970 年代初我就讀臺大物理系的時期，那時林老師剛從日本回國任教。第二次是 1980 年代我已經在史丹福直線加速器中心工作的時候，林老師和她的先生馮老師從麻州搬來加州，林老師照顧馮老師在史丹福大學醫院治療的那段日子。而第三次則是我 2007 年從史丹福回母系任教後，直到她 2019 年過世，那時候林老師早已退而不休多年了，但是仍然天天進系裡為她保留的研究室，工作到深夜。當時我的研究室在凝態物理館八樓，她在四樓。得地利之便，使我有幸能夠在離開母校三十五年後，再度親炙林老師的教誨與關懷。

　　凡是林老師教過的學生，無不感受到她非常獨特的人格魅力。在她的個性中一以貫之的是她四射的熱情：從對物理的探索、環境的保護、社會的正義、國家民族的大是大非的堅持，到對每一個學生、每一位她認識的人如母親般的關懷，處處都鮮明地展現博愛的精神。可怪的是，一般有博愛精神的人，譬如印度聖雄甘地，這種人格特質常是經過人生的種種歷練而逐漸發展出來的，但是林老師卻是與生俱來，從年輕時代就已經如此，而且數十年不變。當我編輯這本書、挑選林老師留下的照片時，看到她在每一張照片背後按照前後左右的位置，詳細地寫下照片中每一個人的名字，不論是學生，還是師長、親人，甚至於 1990 年她初次訪問大陸時只有一面之緣的「全陪」，無一遺漏，那種對每一個曾經與她交會過的生命的珍惜之情懷，令我感動。

　　時光倒流五十年。第一次受到林老師的教誨時，我還是一個如假包換的慘綠少年，充滿了各種高遠的理想，但是卻苦於做人處事格格不入，孤獨而苦澀，只能把滿腔熱情投射在音樂、繪畫中。「昨夜西風凋碧樹。獨上高樓，望盡天涯路。」正是我當年的寫照。林老師的出現，以她博愛的精神與熱情，拉了我一把。

　　1969 年，年輕的林老師從日本學成後，回到她的母系臺灣大學物理系任教，我們班的同學何其有幸，成為林老師的第一屆學生。除了以無比的熱情教我們近代物理，林老師發起並帶領我們班的同學把物理系圖書館所有的書籍重編目錄，徹底

的整理了一遍。她以同樣的衝勁，把日據時代留下來及戴運軌教授從南京中央大學帶過來的實驗儀器，整理造冊列管。如今我帶領梁次震中心的所有師生職員，每週定期「義務勞動」，整理維護次震宇宙館周邊櫻花廣場的花草樹木，這是向林老師學來的嗎？

　　林老師不但帶著我們推動系務，而且在生活上和我們打成一片，幾乎沒有一個受教於林老師的同學不能說出一段與林老師難忘的互動。以我個人而言，難忘的事太多，難以一一描述，這裡只能舉其一二。

　　1971 年我們讀大三的時候，臺灣及香港的留美學生爆發了「保衛釣魚臺運動」。消息傳到臺灣時，我和班上的陳文進、李豐裕等同學在物理館二樓的物理系學會辦公室裡熱烈地討論到深夜，這時林老師（大概被我們的喧譁聲干擾了）走出她的研究室，加入我們的討論。林老師對於國際局勢有深刻且獨到的見解，同時我第一次發現她是一位強烈的民族主義者。群情愈來愈激憤，於是大家決定寫一張大字報發表我們的聲明，她也非常鼓勵這個行動。大字報完成時已經是半夜兩點了。我們把它貼滿在文學院側面面對總圖書館一個很長的布告欄上。可惜這張臺大的第一張大字報在天剛亮的時候，就被教官撕掉了，在臺大完全無紀錄可查。但是幾十年來林老師仍然津津樂道這臺大的第一張大字報，是物理系張貼的。

　　林老師以她無窮的精力及對學生無比的愛心，還關切學生課業以外的生活，不論是課外活動、感情問題，還是其他生活

中的疑難雜症，她都是最佳的心理諮詢顧問。大四春季時，我參加的畫會在中華路上的「國軍文藝活動中心」舉行畫展。知道林老師對學生的關愛，我邀請她參觀，沒想到百忙中的她竟然真的來了！到了畢業的時候，林老師對我說：「我特別欣賞你畫展中的那幅《台北東和禪寺山門》，能不能把它送給我？」苦於知音難尋的我能夠有老師的共鳴，就欣然同意把那幅畫在離開母校時送給了恩師。之後的許多歲月中，我忙著留學，忙著成家立業，早已把那幅畫忘了。

時光穿越三十年，我在 2003 年訪問母校時探望林老師。她對我說：「你送給我的那幅畫，多年來跟著我去了美國各地，後來又跟著我回到臺灣，我都把它掛在物理系的系辦公室（她擔任系主任時）或我的研究室。現在我已經退休了，沒有子女，我怕將來身後不識貨的人會把它扔掉。下次你有機會回國，請你先讓我知道，我會把那幅畫從臺中帶來交還給你保存。」第二年當我再度回到臺大物理系探望林老師時，她果然如約把畫連框一起用報紙和紅線包紮得整整齊齊交給我。考慮到攜帶一個龐然大物越洋飛行的不便，我問老師是否可以讓我只帶著畫，不要帶框？這時林老師面有難色地說：「這個畫框是我和馮老師在美國麻州冒著風雪，花了不少精神買到的，很有紀念性，希望你還是一起帶回加州吧。」我深深體會到林老師對學生們的疼愛到了愛屋及烏的地步，連學生的畫作都如此心愛，帶在身邊數十年。而她對那個畫框的珍惜，也讓我感受到林老師對馮老師的懷念。

陳丕燊：《台北東和禪寺山門》（1971）。

第二次和林老師較為密切的互動，場景已經切換到 1980 年代美國加州的舊金山灣區。馮老師為了治療淋巴癌，和林老師一起搬到加州來，暫居史丹福大學附近皇家大道（El Camino Real）上的 Flamingo Motel。由於在史丹福大學工作，我有幸趁著地利之便，能再度與林老師多所接觸。這時的我已經成家立業了，初期當馮老師的身體狀況還好的階段，我常邀請馮林兩位老師來家中小聚，尤其難忘在面臨海灣的郊狼點（Coyote Point）公園為女兒亦芃的生日舉行慶生活動時，兩位老師欣然出席。那個歡樂的時光與景象至今難忘。

當時班上的同學已經紛紛改行，在矽谷半導體產業的最前沿從事研發工作，且各有成就。而我則食古不化，仍然在物理的路上踽踽獨行。往往在本班灣區同學每兩個月一次的聚餐活動中，同學們高談闊論半導體產業的發展趨勢及企業間的互動與競爭時，我只能洗耳恭聽，多半的時候連專有名詞都聽不懂。偶爾有善心的同學注意到了我的落單，會好意的施捨給我一個只要跟「物理」兩字扯上邊的問題：最近看到新聞報導說，核融合反應有新進展，是怎麼回事？於是我也不管那個議題離開我的專業有多遠，抓住難得的發言機會，欣然的當起整個物理的代言人來。

我的博士論文指導老師櫻井純（J. J. Sakurai）教授不幸於 1982 年英年早逝，留下他未完成的遺著 *Modern Quantum Mechanics*。所幸在師母的努力下，該書得以出版，而教科書中習題的題解就由我和另一位櫻井老師的門生負責提供給出版

公司。林老師得知我的參與後，就把一本該書在臺灣的海盜版交給我，裡面寫滿了她在書中找到的編排、打字錯誤，希望我能夠連絡出版公司，在印行第二版時改正過來。在我那「衣帶漸寬終不悔，為伊消得人憔悴。」的歲月中，是林老師對物理從未衰減的熱情鼓舞著我繼續前進。

　　第三次親炙林老師的教誨時，時空又回到了臺大。我有幸在畢業三十五年後回到臺大工作，圓了當初離開時的夢想，而這次和林老師成了同事。「眾裡尋他千百度，驀然回首，那人卻在，燈火闌珊處。」原來在冥冥中，老師的明燈一直在幽暗處指引著我。

　　2007 年，當我的物理系同窗好友梁次震得知母校邀請我回國服務時，慷慨捐贈臺大，成立「梁次震宇宙學與粒子天文物理學中心」，使我能夠順利實現夢想。五年後，他決定第二次而且更大筆的捐贈臺大興建「次震宇宙館」，並且使梁次震中心得以永續運作。在我們規劃大樓的興建時，林老師經常耳提面命，要我注意新大樓的研究室、實驗室一定要有充分的照明設備及自然通風，更特別交代女廁所內一定要設置可以躺下的長沙發。經過五年的努力，次震宇宙館在 2017 年 11 月梁次震中心成立十週年時順利完工。在落成典禮前，我帶著林老師參觀大樓，請她「檢查」一下，尤其是女生廁所，的確按照她的指示去做了。

　　在次震宇宙館落成典禮上，林老師致辭時說：「中國諺語：有一，有二，必有三。一震是望遠鏡，二震是次震宇宙

館，三震是次震宇宙館必會揭開宇宙的祕密。敬請貴賓等待第三震的好消息！」所謂「一震是望遠鏡」，指的是在我們班同學在大三時，丘宏義博士趁著在美國太空總署（NASA）輪休的機會回到臺灣，在臺大及清大講授「天文物理學導論」，大家紛紛選修。授課時他建議不要只是從書本上認識天文，鼓勵同學們自己動手打造一架望遠鏡。於是在葉炳輝的領導下，我們（包括次震與我）在崔伯銓老師的光學實驗室夜以繼日的打磨反射鏡，成功打造出臺灣的第一座八吋望遠鏡。當製造完成後，我們拿到舊物理館的陽臺上看到木星美麗的光環時，那興奮之情至今難忘。而「次」正是「二」的意思。在林老師的評價中無比團結的物理系 1972 級本班同學，同心協力回饋母校，打造出了第二震：「次震宇宙館」。但遺憾的是，次震宇宙館還沒有來得及揭開宇宙的祕密，而林老師已經離開人世，無法親眼看到了。

　　望著窗外薄暮冥冥中的醉月湖畔，有成群歸巢的白鷺鷥冉冉升起，然後從我的腳下無聲地穿越次震宇宙館向天邊飛去。我不禁自問：「何年何日才能第三震？」

林清涼教授在次震宇宙館落成典禮上致辭。
（2017 年 11 月 23 日）

我印象中的林清涼老師

臺大物理系 1972 級 胡迪群

　　自老師退休後以後，我和淑玲有幸與她有了較常的互動。老師作息規律，自律甚嚴。日常的作息是從下午到物理系她的研究室開始，一直工作到半夜，數十年如一日。

　　在她生命中最後的兩年，因應志遠、懋中、丕燊兒及物理系同學的鼓勵，開始她自傳的創作。當時老師的視力已非常弱，只能用單眼經由放大鏡寫自傳。老師治學嚴謹，在寫自傳時，還參考了她不間斷的日記做佐證。

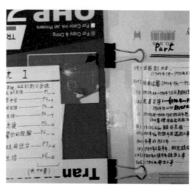

林老師做為自傳佐證資料的日記。

　　我們忘不了老師在放大鏡下一筆一筆的奮力，她是用生命在寫傳記。她的一生照亮並且影響了她周圍許多的人。

與林老師的合影。

亦師亦母

——臺大物理系 1972 級憶林清涼老師

廖榮隆、曾俊三、許世興、李文彪、傅衣建、葉炳輝

廖榮隆：

　　或許真有緣分，離開臺大十年後又在麻州與林老師重逢。當時仍有多位同學及學弟們在這裡攻讀學位，也有遠道來訪的，波士頓冠蓋雲集，林老師、馮教授也從阿默斯特過來，或是大夥兒前去拜訪。（在不同場合還有王亢沛、張鏡澄老師。）之後同學們畢業，馮教授也退休搬回臺灣。

　　2003 年秋林老師才再回麻省大學參加馮教授的紀念講座。我陪她去賞楓，重遊馮教授每年的旅程。連我的林肯大車也勾起馮教授的回憶，以及「開坦克車最好」的教誨。但我受益的還有林老師填補我遠離母校多年的空虛。最令我感動的是馮教授在與病魔搏鬥時，還不停地為臺灣的水利做統籌的規範。物理之外，林老師、馮教授的生命也給了我們活生生的教育。

曾俊三：

　　林老師自始至終關注我們班上同學們的學業、生活與發展。畢業後，她仍參與班上的聚會活動。她是促進我們同學友誼與事業發展的導師。

　　在臺北或美國，我都保持與林老師的聯繫。2019 年 10 月底，回臺北期間。我與吳志軒、李吉祥本欲前往林老師住處探望她。但從電話聯繫，得知她已搬遷至醫院病房，不能前往探望。我返美國後，得知林老師已病逝。深感遺憾！

　　轉眼已近五十載，人生無常，緣分已盡。終其天年，往生極樂！

許世興：

　　「人生如夢，驀然回首，早已葉落花凋，人去樓空。」但願在餘生之年，能繼續學習林老師的熱情與勇氣，給下一輩年輕人帶來信心與希望。

李文彪：

　　1975 年 10 月，彥瓊和我在紐約市哥大校園的教堂舉行了結婚儀式。在籌備期間，我們非常興奮地得知林老師那時正在波士頓附近停留訪問。經過電話聯繫，林老師不僅接受了我們的邀請前來哥大參加婚禮，而且還很樂意以長輩的身分陪同彥瓊一起行走教堂內的「新娘走道」。

　　回想起來，當年有林老師的出席和幫忙真是太幸運了！

在婚禮上，林老師陪同新娘步行 Give Away 禮道。

亦師亦友，林老師和學生們歡聚一堂。

傅衣建：

　　2008 年外放馬來西亞後，比較沒有時間到臺北度假，2012 年退休後，每年回臺灣四個月，和林老師的接觸才逐漸多起來。

　　我在臺大海洋所開一門「石油課程」，去教室會經過物理館，下午五點多下課，那時林老師已經到她的辦公室了，晚餐前的時間，有時會去看她，閒聊幾句。

　　話題隨著時間慢慢改變，她堅持做導師，為的是照顧南部的孩子，臺大學生菁英薈萃，對成長時期資源不足的鄉下孩子，在課業、感情上碰到的問題，是她輔導的重心。另外就是她編寫教科書的大工程。這些都是她的孩子們，談起來總是眉開眼笑、兩眼發光。

2018 年 6 月在林老師辦公室。

　　漸漸的，她轉向寫自傳，這時她的體力和眼力都大不如前，參考她的日記時，都得用放大鏡一字一字的讀，進展緩慢，終未能完成。關心的同學們都扼腕，恨不得能替她寫。

　　我覺得她內心並沒有把自傳看得那麼重。林老師一輩子都是看重周圍的人，心中沒有自己，財產都捐了。從回國帶我們這班開始，育是第一，教是第二，沒有第三了。她永遠活在我們心中。

葉炳輝：

　　林老師，我們永遠的導師，也是我們的大家長！

　　1985 年 7 月，我父母遠在臺灣，謝謝您做為我跟永美的主婚人。

　　1993 年 11 月，別具意義的「三代同堂」，林老師與舊金山灣區同學加上來自波士頓的廖榮隆及灣區同學的第二代歡聚。

　　2009 年同學會漫遊地中海，6 月 29 日遊西西里島。

　　2016 年 11 月回臺北，去臺大新物理館看望您也拜訪丕燊，見證了您一手拿放大鏡，一手寫自傳的辛苦。您分享了 2014 年一次演講的大綱（見附錄），我看到一位科學工作者對政治現實的理性分析與批判。

　　您一直是由衷地關心我們每一位同學。2019 年 1 月，一位剛到史丹佛唸博士的學弟帶來您的一封親筆信及一張 1971 年保釣運動的珍貴照片。

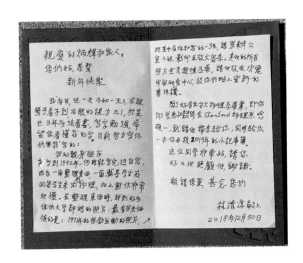

　　那年 8 月，從迪群的郵件得知您的健康情況急速惡化。疫情爆發前，我頻繁飛北京、上海，本想 2019 年底前轉飛一趟臺北再次去看望您，沒料到時不我待，您已於臺北時間 11 月 18 日過世。

　　請您安息！

半個世紀：感悟

臺大物理系 1973 級合輯（第一人稱：趙丰）

那天行經校園物理系大樓，決定繞上四樓去探望一下許久不見的林清凉老師。

敲門。「請進！」八十多歲，聲音依然清亮。「林老師好。」「趙丰，是你來啦。」……根本沒怎麼抬頭看嘛……「不用看到，聽聲音就知道是你！」

那是我最後一次見到林老師，是她走前半年吧；那時她的視力已大幅退弱。

林老師沒有孩子，而實際上又有很多很多孩子，她可以如數家珍；而我們也虛了只在她心裡可以當一回「珍」。

那一年，白目地混完了「總是要到了考試以後才知道該念的書都還沒有念」的大一，這才聽說系裡那一陣子陸續從國外回來好幾位年輕的教授，隱隱地覺得有些事情要發生了。果不其然，近代物理課，林老師出現了；我們班是她回國後第二年教的班。剛脫離父母魔掌的半新鮮人，即將面對另一波聽來就像嘮叨的關心。

「年輕……把物理唸好」、「唸物理是需要下功夫的」、

「數學當然重要」、「每一個地方都要想一想它的物理意義」、「我們小的時候在日本人的底下是沒有地位的……，中國人一直受到欺負」、「我們中國人一定要自己站起來……，怎麼可以一直被別人看不起、踩在腳下」……。林老師年輕時從臺灣到日本去留學，一路奮鬥苦讀。身為女性，一定付出了更多的努力，她倒是沒有特別強調；她心心念念的，多半是身為中國人吧？不論課上或課後，她對我們說這些時，聲音裡都會帶有急切感，可是，她不會覺得是在對牛彈琴嗎？會不會感慨鐵（還是木？）不成鋼？

林老師的另一面──媽媽心，讓她對我們的生活都處處留心、關心。我們赫然發現，這位老師可以隨口就叫出很多同學的名字，甚至同學的一般生活狀況都進入她的關心範圍。畢業幾年以後，我們才慢慢回憶起那些關心；很多年以後，我們才理解了那些關心背後的涵義；更多年以後，我們才懂得珍惜那些關心的源和緣。

當年的蹺課達人董梓則、汪文周，在自己「悟」人子弟的經歷後，幡然醒悟：

董梓則：

在我印象中，林老師總是很關心的看著我們。我不是好學生，常蹺課，所以林老師不太記得我，也許多看幾眼，好記下壞學生的面目？

　　林老師從來就是和藹可親，穿著高雅，很像我後來在日本常見的貴婦，她也很親切大方。記得被老師請吃飯，這是在我小學到大學沒發生過的事！很遺憾因為大學常蹺課，所以不太記得林老師課堂的諄諄教誨，但多年後我回臺大，切身領會到老師的溫馨，安排一次到物理系的演講。我很早就到會場，林老師已經到了，我們聊了很久，一直快到時間，主持人還沒來，也沒看到會場有電腦，我暗自擔心自己只帶了投影片，講不講得成還不知道，會場人還不多，我就跟林老師隨便說了一句，這下不得了了，她馬上大聲跟全場問，誰有電腦，這個那個的，幾個年輕人分頭奔波一下就搞定。結果主持人晚了，林老師就充當一下，我們便自行開始。因為結束得早，沒有跟老師聚個餐再走，十分遺憾。

　　我現在自己在教物理，回想起來就發現我實在很不關心自己的學生，和林老師一比實在很慚愧。不過話說回來，像林老師一樣關心學生的教授還真不多，很遺憾沒有充分把握老師的教導和啟發。

汪文周：

　　「杜鵑花叢伴終老，一枝一葉都上心。」

　　幾年前在臺大校園裡碰到林老師，他問我說你們班的尹明潭，你跟他還有聯絡嗎？我嚇了一跳，並不是因為他還記得尹班頭，而是他還記得我和尹班頭是同一班的，我常常蹺課，所

以心虛，但是深深地感受到林老師對每一個學生的上心。

　　我在竹東國中放牛班，以及士官學校教過書，那時候對學生的兩個要求是：說話及睡覺打鼾的聲音不能太大；不可以離開座位跑來跑去。我在講臺上準備我的 GRE 或者看小說，老師學生各得其所、相安無事，當然我不記得我教過的任何一個學生；我教的學生裡面，沒有出一個學者或是教授。林老師有心栽花、無心插柳，無論花或者是柳都很有成就，我們班就出了很多學者教授，以及工業界的領頭人。韓愈說：「師者，所以傳道、授業、解惑也。」不完整，林老師證明了還必須加上關心！

　　大三有一次，由林老師倡議，某週末全班到陽明山（臺大招待所？）舉辦熱鬧的餃子 party。韓曉琳記得還有一次，林老師囑咐為班上僑生辦了中秋節會餐；在鳳城餐後，大家在校園裡溫馨的賞月、吃月餅。身為僑生的丁祖輝也記得。

丁祖輝：

　　現在想起來，林老師對我們更像是林媽媽。我畢業後留在系裡當助教念研究所，跟老師的交集就在生活和感情上。我當時有一個感情上的難題，老師幫我聯系了她的老同學，拉了我一把，進了我特別想進的美國大學。雖然我的個人感情問題最終沒有解開，但是我後來堅持行走在物理的道路上，想是應該

可以得到她的認同的。

韓曉琳：

在我心裡，林老師不只是一位傳道、授業的教授，她對學生們的關愛遠勝過一般的老師。在大二近代物理課程中，我第一次領略物理的奇妙——from black body radiation to Schrödinger equation，都是從林老師那裡學到的。她的國語不算標準，但是上課時認真迫切的態度，讓聽者深受感動。

我永遠記得她對我們說的一句話：「我對你們的期待值（expectation value）是無限大（infinity）！」雖然我個人成為物理界的逃兵，但是林老師的學生桃李滿天下，知道臺大物理系後繼有人，在學術界和工業界都有同學出人頭地，她一定會開心。至於老師對我的評價只有一句：「曉琳的聲音特別大，從物理館一樓傳到三樓。」真不好意思！謹此紀念恩師！

張卯中也有這樣的心聲：

偶爾我心裡想到，如果有一天見到大家都敬愛的林老師，或許可以當面表達對林老師的謝意，然而這一天並未能實現。這次我覺得很高興能寫寫內心的話，略表對林老師的懷念。

時光倒流，回想起大學的那段日子。緊張的大專聯考剛剛結束，頓時倍感輕鬆自在，尤其是再也不用像國、高中那六

年，每天要辛苦地早起趕到學校參加升旗典禮和唱國歌。我大學住在宿舍，晚上準時十一點熄燈就寢，多數室友都覺得太早。那個時候每天都悠哉悠哉的，生活倒是過得很愜意。不過這個大概不符合林老師對我們的高期待。

林老師是一位非常優秀的教授，同樣也希望她的學生能夠優秀。她有特別的一問一答教學方式，令我終身難忘。她問一個問題，然後點名一位同學回答。對當時不用功的我，的確有很大的壓力，常常很尷尬未能對答，但至少讓我知道還須再加倍努力。其實那個時候我成績倒不算好，不過有趣的是，那時修了林老師的近代物理確實讓我對理論方面的物理產生不少興趣，也增加更多信心跟勇氣，希望下個階段能從事這方面的工作。

我一直很感激林老師願意幫我寫封介紹信，讓我進入布朗做理論物理方面的研究。畢業後做了幾年博士後研究，不過後來在一個偶然的機會，多謝尹明潭的幫忙，進了貝爾實驗室，另一個跟物理不盡相同的領域，所謂的電子設計自動化。在研究所的時候，我總覺得我們在臺灣念物理，來美國繼續念物理一般都比美國人念得好，那是理所當然的。可是再仔細想想，當年要是沒有修過林老師的近代物理，就會發現比較深的課程需要更多的時間研讀。這點我也要感謝林老師奠定我們的物理基礎。

林老師在他的研究生涯可說是有不凡的成就。林老師做人充滿了熱情，教書的認真有目共睹，不管任何時候，從她的言

談中總是可以感受到她的熱情洋溢，充滿活力，不斷激勵著每位同學能做得更好，即使後來已經上了年紀，還是像年輕人一樣孜孜不倦的做研究。我相信我們班上其他每位同學大概都比我更瞭解林老師，更容易想到辭句來形容她，但我覺得非常榮幸能遇見如此的林老師。

在美國混跡多年再回到臺灣後，我多次去臺大探望林老師。年紀上算是垂垂老矣的她，仍舊是精神奕奕，思緒清晰，講話語調從不放慢，而且中氣十足。雖然已正式退休，系裡仍很貼心的有她一間有 view 的辦公室；她風雨無阻每天按時進室，勤勤懇懇，至晚方歸。不知道其他在職的老師們（很多是我們的學弟妹了），是欽佩、是羨慕、還是心中凜凜？「我就住在學校大門外左邊，走走就到學校了。」她說。

那時，她勤勤懇懇地，是在進行一項宏圖——寫一整套物理教科書。「臺灣不可以沒有一套用中文寫的物理教科書。」一點也不假，她真的是「寫」，用手寫，連所有的圖表都是用筆、墨、尺、規在紙上完成的。「我不會用電腦啊！」有一回她打開抽屜，「趙丰我給你看我正在進行的手稿。」就這樣我目睹了那令我至今仍歎為觀止的神奇作品，厚厚的一疊，完全是「一絲不苟」的終極體現！當下回過神後，我說這些手稿將來應該典藏在臺大圖書館或者博物館，她說這樣很好呀。（不知手稿現在何處？）

書陸續出版了，前後四冊從牛頓到量子力學，外加兩冊物

理數學。每出一冊我都要，並要她簽名。洪銘輝後來轉述：
她笑說，書她手邊沒幾本，還得特地留一本給我，因為我會
「sai-nai」（撒嬌）。某次書缺貨，她說下次給；下次在辦公
室裡她真的說：「趙丰，我腳沒勁，你自己去那玻璃櫥裡拿那
兩本；一本是給你留的，另一本你轉給蔡力行，他前些時向我
要的；我眼睛不好，但已經簽名好了，排版誤植的幾處也塗改
好了。」我一陣鼻酸。

　　最後一冊是《複變函數導論與物理學》。「第一章後半，
你一定要好好仔細的讀；那是物理和數學的完美結合，你知道
的，量子物理的深奧之處，可以用數學發明的虛數描述得清清
楚楚。」物理，物理世界，物理世界的美，是她一生的追求和
奉獻。

劉保羅：

　　林老師不僅致力於物理，並熱心於環保。在七○年代，林
老師的夫婿馮纘華老師任教於美國麻省大學。我們幾位在波士
頓讀研究所的物理系同學，一起去阿默斯特拜訪林老師和馮老
師。兩位老師熱情地招待我們。在言談中，討論到環保的重
要。不久馮老師回臺灣大學環境工程研究所任教。在臺灣經濟
剛起飛時，就建言主政者；並致力於國內環保的推動。1990
年成立「馮纘華林清涼環境保護基金會」。相信今日國內對環
保的重視，他們的真知灼見有很大的影響。（注：林老師著作

的收入，都自動捐贈給馮林基金會。）

洪銘輝憶林清涼教授：

　　林清涼老師本人非常用功，授課前的預備也極其用心。她把課本的一字一句都讀過，並深入研讀。我能見證這事，是因為我讀過她在普通物理學教科書上的眉批。她使用的教科書是 Halliday、Resnick 及 Krane 合著的 *Physics* 第五版。談到普通物理學，最普及的教科書可能是 Halliday、Resnick 和 Walker 合著的 *Fundamentals of Physics*，但她用的這本 *Physics* 其實更好。我很榮幸，她把自己用過的這本教科書給了我，大幅節省了我教普通物理學的課前預備時間。我讀了她在課本上作的眉批，以及她自己為書中的練習及測驗寫下的答案。她還用許多不同的顏色來強調其中的重要內容；她的教科書真是寶藏！

　　我在教學上向她學習，每講一小時的課，至少花二十個小時作課前預備。我甚至把每次兩小時課程的教學內容都背下來，授課時不需要看課本。我必須承認自己並不太喜歡教學，因我熱愛並專注於創新研究，覺得教學工作相對地枯燥乏味。然而，系主任看到我的教學投影片都歎為觀止。我每年更新教材並採用不同的教學方式，例如把課程內容分成十個課題（topics），把修課的學生分成十個團隊，分別研究探討這些不同、但都非常重要的物理課題。每個團隊由五至七個成員組成，經過一個半月的準備，每個學生都必須上臺用英文來論述

講解，也必須回答臺下同學和教授用英文提問。這是團隊合作的訓練。用英文講解迫使並激發學生用英文思考物理問題，使他們對指定的課題有更深刻的理解與欣賞。我在教學上的用心，完全是受到林教授的精神感召。

　　林老師在臺大物理系有辦公室。她每天都進辦公室，午餐和晚餐也都在辦公室吃。即使是她在世的最後幾個月，她仍然戴著老花眼鏡，以手寫、手繪的方式撰寫她預備出版的教科書。她再三提醒我，這本新書付印後，要幫她送幾本給她心愛的臺大物理系 1973 年畢業學生（就是我這屆）。她記得我們班上的每一位同學。幾年前我邀請董梓則和趙丰來臺大物理系演講，她在現場全神貫注地聽完他們的演講，令人驚歎！本班同學無論從事什麼工作，她都十分以我們為榮。這應該是愛的緣故吧！

　　另一個令人難忘的特別論壇，正如徐希平提到的，是在 2012 年 6 月 29 日舉行的「一場別開生面的物理論壇」。這場論壇中聚集了臺大物理系的系友和全球生物物理學、電子工程、半導體—照明—太陽能產業，以及凝態物理學的專家。我邀請了徐希平、汪育理、蔡力行來擔任論壇的主講貴賓，向包括物理系在內的臺大學生分享物理學以外的知識。

　　論壇從下午兩點開始，持續了五個小時，沒有中場休息。值得一提的是，現場有台積電慷慨贊助的美味小點心、精緻咖啡及茶。我想這是臺大有史以來破天荒的一次論壇，臺大學生全程受講員及講座內容的吸引，更精采的是學生的踴躍勇敢發

問，以及講員與主持人因材施教的精闢回答。沒有人休息，沒有人出去享用美味點心！林教授在前排坐得筆直，享受每一刻。真棒！許多記者前來，目的是聆聽蔡力行演講並向他提問，想得知科技業界目前及未來的訊息，他們所得到的回應都超乎他們所求所想。

科技固然重要，但我覺得更重要的是如何激勵臺灣最優秀的青年學子突破自我、精益求精，不僅成就自我，也對臺灣和全世界有所貢獻。正如韓曉琳提到的，她不記得林教授所講授近代物理的細節，但清清楚楚記得五十年前林教授對我們（就是她的每一個學生）由衷的鼓勵：「You are the best! 你們是最棒的！」

再回頭說說我的大學生活。當時林教授把她的辦公室鑰匙給我，容許我在平日晚間和週末使用她的辦公室，因她知道我住的男生宿舍沒有空調，而我需要個安靜而涼爽的地方來念書並思考物理。我心中一直感念她對我如此照顧，使我不需要到擁擠的圖書館去搶位子。此外，她信任我，所以讓我借用她的辦公室（我相信她也同樣信任本班的每位同學）。我大三、大四期間常一個人在她的辦公室念書，但從未打開她任何一個抽屜。多年後她告訴我，她的抽屜並沒有上鎖。這表明她非常信任她的學生，而她的學生也非常敬重她。

大約在 1975 年到 1976 年間或 1970 年代末期，她到加州大學柏克萊分校訪問，在國際之家住了數週。正巧我在柏克萊攻讀博士的第一年也住在那裡，林教授介紹我認識她在日本求

學時的同學，兩人當年都是東京大學的博士生，主修核子物理／高能物理。他們彼此之間用日語交談。林教授對臺灣、中國和日本的學術及文化都有豐富的認識，但我們很少看見她與日本有關的那一面。當時她的這位日本同學在柏克萊做了幾十年的研究，正準備離開美國回日本去，就把她烹飪用具全都送給了我。她所做的，對一個正在找公寓、需要自己做飯的博士生來說，真是一大善舉。多虧林教授的引見，我才能如此幸運！

幾年後，林教授到史丹福大學休長假（sabbatical leave），在 Palo Alto 租了個房子。我和林晨曦（臺大物理系 1974 年畢業系友、哈佛大學博士）一起去看望她，再次見證她對核子物理努力不懈的潛心研究。

我從林教授那裡學到最重要的事就是要善待學生，要鼓勵並激發學生更上一層樓。我還記得她經常招待我們去臺大的僑光堂用餐，在那裡我們吃到了許多美味佳餚，例如醋溜魚片、紅燒划水、螞蟻上樹等，當然也吃了一碗接一碗的飯。這些對窮學生而言都是「大餐」；還是大學生的我們好像總是處於飢餓狀態。在我後來的學術生涯中，有許多機會受款待，吃十分昂貴的大餐，但林教授在臺大附近的餐館請我們吃的菜餚，在我的記憶中總是最令人難忘、最棒的。

2011 年我到臺大物理系任教，有更多機會和林教授交談。她最後幾年儘管身體虛弱，仍然一步一步地走到她的辦公室。我沒有料到她會這麼快離開我們。她永遠活在我的記憶中。

每當我因大學繁複的行政程序，或是因學生態度不當或表

現不佳而感到沮喪時，我總是想起我從林教授那學到的，想起她對我們的態度。我選擇以公正良善的態度去激勵並善待學生，就像《聖經》中詩篇第八十六篇 15 節所教導的那樣：「主啊，你是有憐憫有恩典的神，不輕易發怒，並有豐盛的慈愛和誠實。」

（本段洪銘輝寫的紀念文內容原以英文撰寫，由臺大物理系1989 年畢業系友魏韻純協助翻成中文。她的譯文使我記憶中的往事更加生動，謹此致上最深謝意。）

臺大物理系聚餐。（前坐左起）林老師、蔡力行、洪銘輝、劉源俊、盧志遠，（後立左起）胡迪群、陳丕燊。

　　有一次，丁祖輝從美國來臺，我們班臺北的幾個同學約了返校，一起到凝態「新」大樓的系館看林老師。她興致極好，把陳卓老師、黃暉理老師也抓來聊個天南地北。另一次吳繩熙回臺，我們在鹿鳴堂約了林老師，也請她邀來了陳卓老師和蘇德潤老師。

吳繩熙：

　　林老師對我們很瞭解，連我們班上的綽號也熟悉。在我們近代物理課上，林老師偶爾會叫我「吳兄」這個外號（注：「吳兄」是吾輩對吳繩熙「君子不重則不威」的尊稱）。

　　2012 年 11 月我去臺北的時候，同學們在鹿鳴堂安排了洗塵晚宴，也請了林老師加入我們。當我到達時，林老師已經在那裡並在入口處踱步。我們打了招呼，然後在餐廳裡一邊敘舊，一邊等其他人。由於對那家餐廳很熟悉，她為我們當晚的晚餐推薦了菜單中的幾道菜，還建議我們以後再去那裡時可以點同樣的菜。餐後，她主動提出帶我們參觀臺大物理系新大樓。我們在樓裡遇到一些學弟妹，林老師在簡短的交談之前把我們介紹一番。

　　我們還經過一些前後同學的辦公室，在途中她展示了對部門的瞭解和熱愛。隨後我們在她的辦公室聊天，她給我們看了她寫的四本物理教科書，並描述她如何在辦公室工作，有時獨自工作到深夜。這是我最後一次見到她。

徐希平回臺的記述、感悟：

　　那年，洪銘輝辦了一個物理校友座談會。我、汪育理和蔡力行應邀參加。那天的課題不是物理，時間很長。林清涼老師坐在第一排中間的位子，從頭到尾打直著腰桿子，目不轉睛的盯著我們三個人。像是離家很久的孩子回家，做媽媽的不說什麼，也不能再說什麼，只能盯著看。媽媽很想聽聽孩子在說什麼，現在都在想些什麼。那是一份關心。那種感情發自內心，寫在臉上，透露在媽媽的眼神裡。

　　離開臺大這麼多年，現在回頭看，林老師交給了我兩份功課。一份是「近代物理」，另一份是「關心別人」。物理的功

與林老師和她所寫的四本物理教科書留影。

課,我當年就已經交卷,也都已經忘記了。關心的功課還沒開始,我想我會做得很慢,而且永遠不打算交卷,因為這是一份值得做一輩子的功課。古人說:「一日為師,終身為父。」我現在才瞭解。林老師讓我體驗到,關心可以讓周圍的人感到溫暖,自己覺得幸福。謝謝林老師。

左大川:

我在臺大時,和林老師打交道的經驗不多。那個時候好像都不會跟老師打交道,唯一的例外是鄭伯昆老師(也許是因為他比較嚴格吧?所以不用功的學生也不得不打打交道),雖然林老師一直是很關心學生,是一位很溫暖的人。

真正有機會花些時間和林老師相處,是在畢業好多好多年以後的事了。上屆物理系的同學辦地中海郵輪活動時,他們也邀請了林老師和她的姪女們;我們也帶了大女兒加入。林老師的姪女們自成一個小圈圈,林老師反而落單了。她全程幾乎都和我們的大女兒一起坐,所以她自此之後就跟我們家變得有點熟了,也和老婆大人(涂宗珩)熟了。

在 2013 年 11 月臺灣大學創校八十五年的慶祝活動中,宗珩和我在臺大校園巧遇林老師,她還很熱心地當我們的嚮導(那是我們畢業四十年後的重遊臺大校園,而且臺大校園也變了不少)。那時候大家都很年輕,也都笑得很開心。好像沒有過很久,林老師身體健康狀況開始變得不佳,我們也沒有再見

過面。上一屆的學長，一直都在照顧林老師，我們雖然捐款但是沒有出力，回想起來覺得有點慚愧。林老師的溫暖笑容真的一直活在我們心中。

最後一次我們班幾個同學邀請林老師聚會，是在新生南路的紫藤閣，那回是釋近永師（李茂昌）回臺。那天林老師說了許多她剛回系裡任教時的篳路藍縷，為學術自由的奮鬥，之間不時細數各屆學生的事跡，並會講到她對國家的理想和憧憬，我們靜靜地聽，無不動容。林老師歷經重山惡水，是如此的一位有骨氣、明事理、愛中華、愛臺灣的女性。

臺灣大學 1973 年畢業生 40 重聚會與林老師合影。

釋近永師（李茂昌）在加州萬佛聖城寫追念林清凉老師：

在物理系讀書時，林老師可以說是最認真教學的好老師（我大四一整年都去外系修課，所以有些系裡老師的課沒上過）。沒記錯的話，大二時，林老師剛回臺大，便開始教我們班近代物理，一直教到大三上學期。她充滿活力、認真教學的態度，讓近代物理成為我最喜歡上的一門課。

雖然將近半個世紀沒接觸物理，卻仍依稀記得部分上課的內容！數年前有機會與幾位同學和林老師共聚午餐，才得知她已經出版了好幾本教科書，並且八十高齡還在繼續寫書，真令人佩服！出乎意料的是，餐中她居然請我為她祈福；她對物理如此熱愛，卻不排斥宗教，令我由衷感佩。可惜我修行不力，沒有德行為她祈福，有負所託。甚至她離世一年多後，方才得知她往生的消息，實在罪過！無論林老師目前在何處，只能至誠祝福她了。

林鵬轉述林老師當天說的一則小趣事：

在我們班上一次近代物理考試，卷子發下沒多久，林老師看見尹明潭坐在階梯教室內最後一排寫考卷。看樣子是寫完了，在轉筆解悶。她走近看了一下，低聲問「已經寫完了，還不交卷？」尹豬搖搖頭，又默指前方下面一排排豬仔低頭抓耳苦思。林老師意會了。

　　這豬刻意坐在最後面答卷，又在七、八個豬仔交卷後才跟著交。就是避免太早交卷，會引起豬情嘩然，無心作答。試想剛考沒多久，就有人從階梯教室後面咚咚地一路走下來，在眾豬眼神驚疑下交卷。豈不變成豬仔共和國的現成公敵？[1]

　　那天我們沒用完的餐點，林老師小心翼翼的打包。「每次我有好吃的，都帶回去到物理系學會休息室，你們的小學弟妹們很喜歡的。」我們護著她，蹣跚的腳步，在夕暉中走回系館。

---

[1]　本班除了班花韓曉琳外，男生都互相尊稱豬頭。此事發生地點在舊物理館臺大二號館，其居中的木地板階梯教室。該館的詳細歷史，以及其中庭「清涼廳」，可讀 2001 年《時空》專文：https://web.phys.ntu.edu.tw/physhistory/spacetime/vol_28/v28_p8.pdf

06
親屬紀念文

P

Y

H

S

I

C

想以「林老師」來稱呼我們的姑姑
林清涼，她是非常以教育英才、誨
人不倦的老師一職有著使命感及榮
譽感。她對學生及親人的教導常是
採取高標準，但這些我們晚輩認為
的高標準，卻是她夜以繼日對她自
己奉行的不二準則。

我們的姑姑，林清凉教授

林坤俊

　　我想在此文中以「林老師」來稱呼我們的姑姑林清凉，她常要求孫輩稱呼她林老師，想來她是非常以教育英才、誨人不倦的老師一職有著使命感及榮譽感。

　　林老師的個性非常鮮明，喜歡或不喜歡的人及事，她毫不隱藏，直截了當表達她內心的觀點。她痛恨做事無效率、沒有大局觀、不喜歡看書及不積極努力生活的人。她常說人要多讀歷史，要能從大格局及世界觀去思考事情；她看重德國人的效率及華人的智慧。

　　林老師從來都是恨鐵不成鋼，見著她無法認同的人和事，竭盡所能也要將之導正。她的世界裡非黑即白，沒有灰色地帶、沒有鄉愿妥協。她對學生及親人的教導常是採取高標準，但這些我們晚輩認為的高標準，卻是她夜以繼日對她自己奉行的不二準則。

　　林老師幾乎是個完人，更是個苦行僧，她痛恨資源的浪費，她會到廢棄的教室或實驗室，搜尋可再使用的紙張、器材，鼓勵大家如何再使用。林老師對吃的要求只重營養不重美

味，講求經濟實惠，更重要的是必須節約用餐時間，不致影響她做學問。物理菜是她最為經典的料理，即將所需要營養的食材全放在一鍋裡水煮。她為自己訂定的這個生活態度的高度是常讓侄孫晚輩望之卻步的。

　　林老師也是一個充滿赤子之心的老頑童，對著她喜歡的事物，帶著笑意晶亮的雙眼，纏著來人滔滔不絕闡述她的觀點。她涉獵的學問不限於物理專業，對於周遭事物的觀察整理，使其有效率的運用，她也經常樂此不疲，她對此才能常歸功她的母親，一位綁著小腳、穩重聰慧的舊宅婦人。

　　林老師一直以來強調女性的重要性，在家庭及職場要能兼顧，及至教養下一代成為社會及國家的磐石；她常說職業婦女所教養的子女比全職家庭主婦教養出來的更為聰明，因為前者子女有更好的鍛鍊機會，學習照顧、管理自己。

　　最最讓林老師自豪的是她教學生涯裡帶出來的學生們，她也著實把學生們當成她自己的小孩，不只學業事業要管，連感情、婚姻也要過問。她這一生也幸好有這麼多的優秀學子，可以讓她盡情施展抱負，作育英才，所以這也是林老師最大的福氣。

　　在林老師與病魔纏鬥的最後三個月，她從沒想到她會敗給病魔，她滿腦子想的是她身體穩定後還要寫的書。所以她積極樂觀的配合治療，在她最後意識到病情的急速惡化時，她最大的遺憾仍然是無法完成她的著作。這是一個生活勇士的故事，林老師從不和環境困難低頭妥協，我想在天上的她此刻應該也

在忙碌觀察，尋找另一世界的秩序法則。雖然我們都敬愛、懷念她，但我相信在上面她也會過得很充實。

附錄

我的親身經歷（林清涼）

時間：2014 年 10 月 31 日 13:20 ～ 15:20

地點：共同館 105 室

講綱：

（Ⅰ）被殖民與非被殖民　　　　　　　　　　　　（P1 ～ P4）

（Ⅱ）治理方法應與該國的文化、文明和實況相關　（P4 ～ P5）

（Ⅲ）女性教育的重要性　　　　　　　　　　　　（P6）

（Ⅰ）被殖民與非被殖民

（A）被殖民與非被殖民的主要差異

被殖民	非被殖民
1. 非主人，是俘虜，是僕人。 2. 不平等。 　　{ 教育、升學、機會、自由條件、 　　工資、待遇、購買食物、配給物 * 　　選擇居住環境 　　小孩的遊戲空間 ** 　　……	1. 是主人。 2. 人人平等。

* 較日本人劣質，甚至配不到！

** 公共場所，臺灣人和日本人互搶。輸贏都是輸，因為贏了有時更
　 慘，警察來訪，父母、小孩都遭殃。有的場地不許臺灣小孩進
　 入！

（B）我六歲左右到 1945 年 8 月 15 日日本無條件投降

　　1. 遊戲場所，曾被打。

　　2. 買食物，配給。父親被刑過，吃飯時巡警會來訪。

　　3. 岡山公學校，有學弟中暑而死，清掃空軍眷舍，搬運東
　　　 西。

　　4. 高雄第二高等女學校，千人針，晚一點光復，可能變成
　　　 慰安婦而可能慘死，萬一不是也不可能有今天，你們
　　　 的絕大部分也不可能在臺大。如二次大戰，日本人打

勝戰，真可怕！

5. 受高等教育（小學以上）的臺灣青年，抗日地下組織。

6. 日本人？支那人或 chankoro？中國人？中國？

7. 巡警利用小孩蒐集家家或民間消息。

8. 日本攻擊珍珠港（1941 年 12 月 7 日），對臺灣人的管制更嚴。

9. 1943 年底，日軍開始從東南亞撤到臺灣，帶來種種傳染病，傳染病大流行。

10. 1944 年秋天至 1945 年 8 月中旬，過逃難生活，病人及老幼坐牛車。

11. 美軍機，尤其 B29 的轟炸。

12. 1945 年 8 月初至 8 月 15 日前後，日本受到新式炸彈（原子彈）轟炸。

民間看到曙光，充滿喜悅，海闊天空，被殖民的壓迫感沒了！臺灣青年組織各種團體：

Ex：歡迎國軍，教北京話，管理社會秩序等。

　但最大不幸是：

　　① 國共內戰→國民政府沒好好治理臺灣。

　　② 冷戰開始。

　於是好景不常，缺優良政治制度和健全的管理體系；治安與經濟全走下坡，物價暴漲。

（C）日據時代日本人所作，且影響臺灣的工作

1. 訂稅收，管理人民等制度，1898 年至 1905 年，土地、戶口調查。
2. 為了人民健康以確保勞動者，建立醫療有關措施。
   1898 年，後藤新平開始設立衛生單位。
   1902 年，高木友技建臺北醫院。
3. 為了臺灣成為農產物供應地，以及農產品的質與量。
   稻米改良──蓬萊米。
   品種改良──Ex：水果，甘蔗（臺灣成為世界蔗糖主產地）。
4. 為了運輸方便，建鐵公路，開港口。
5. 防洪水→瑠公圳
   灌溉→渠
   飲用水→水庫，自來水廠
6. 能源──建水力發電廠。
7. 為了西進與南進時有足夠的能用之基礎工人，建工專、工學院，但不建理學院。
8. 積極地推動皇民化政策。Ex：臺南女中我這一屆（高中第三屆），皇民化者約有 25%。

（D）1945 年 8 月 15 日至 1988 年 1 月 13 日

　　歡欣鼓舞迎接國軍，慶祝回歸祖國。不幸受美國支援的國民政府專心剿共，於是二次大戰被日軍毀壞的中國大陸更加凄慘，而臺灣也遭波及，能用的物質往大陸運，物價最後漲四萬倍（新舊臺幣是 1 比 4 萬）！種下的後遺症與負面影響，一直到現在。

1. 1947 年 2 月 28 日，二二八事件。
   政府公布戒嚴令。
2. 1949 年秋天，中央政府遷到臺灣，國共敵對，美國帶領下，經濟封鎖大陸。白色恐怖。
3. 1950 年 6 月 25 日至 1953 年 7 月，韓戰。
   百姓發覺「反攻大陸無望」→出國留學。
4. 1971 年，退出聯合國，中國席位由中共取代。
   10 大建設，保釣運動。積極發展經濟→臺灣經濟奇蹟。
   1975 年，蔣介石逝世。
   1976 年，毛澤東逝世，文化大革命結束→改革解放。
5. 1978 年 12 月，美國承認中共（中華人民共和國），臺灣經濟建設走上軌道。
6. 1987 年 7 月 14 年，蔣經國總統宣布：解除黨禁、報禁與戒嚴，老兵可回大陸探親，大專教授可到大陸參觀訪問。

7. 1988 年 1 月 13 日，蔣經國過世。經濟建設大成功，臺灣錢淹腳目。臺灣經濟實力在亞洲緊跟著日本，四條龍的頭，韓國是尾。臺幣換美金，竟然達 23 元多（短期間），國庫每年黑字。

（E）1988 年到現在

1. 1988 年 1 月 13 日，副總統李登輝就位總統。
   ① 部分人士大喊自由、民主、人權。
   ② 國家政策走上本土化，視中共為敵人。
   ③ 造仇恨與分裂氣氛，分本外省人。（國民黨是外來政權）
   ④ 以悲情方式紀念二二八事件，且常舉行有關活動。

   仇恨會帶來失去理性和良心，變成殘忍而對社會失去寬容與關心，可能會產生犧牲者或冤枉者，社會無形中不穩定。果然臺灣經濟逐年下降，出現社會亂象！

2. 1990 年 3 月 16 日至 3 月 22 日，野百合學運。
   ① 廢除動勘條款。
   ② 結束萬年國會。
   ③ 國是會議。
3. 1994 年，千島湖事件。政府帶頭宣導中共的不是與負

面，臺灣社會的仇恨與分裂氣氛加深。國庫年年紅字，房地產從 1989 年開始上揚。遇到選前，部分人士大喊各種津貼，其數額跟著選舉次數增加。

4. 1996 年 3 月，臺灣首次舉行民選總統，李登輝如願地被選上，條件是多數，不是必過半數。

1996 年，李登輝是超過半數。臺灣經濟雪上加霜。走上凍結臺灣省之路，最後消除了臺灣省（兩國論），總統公開宣稱釣魚臺是日本領土。

5. 2000 年 3 月，陳水扁被選上民選第二任總統，臺灣經濟加速惡化，教改漸出問題，國有地快速流失，臺灣生態與環境與日惡化，社會出現種種亂象！

6. 2004 年 3 月，第三任民選總統選舉。

① 兩顆子彈事件。

② 陳水扁當選，沒徹查兩顆子彈事件，真相至今未解。

③ 韓國經濟超過臺灣。

④ 2006 年，施明德帶領的「百萬紅潮（紅衫軍）」。

⑤ 年輕人看不到未來，於是慌張，失去信心與鬥志，陷入不安。

⑥ 貧富差距拉大，房地產暴漲，官商勾結？因不良商人只增不減！

社會正義到哪裡去了？

這就是所謂的「自由與民主」？

7. 2008 年 3 月，第四屆民選總統選舉。

　① 馬英九當選。

　② 立即朝野開始對立。

　③ 世界爆發金融恐慌。

　④ 美國重回亞洲。

　⑤ 過去二十年所累積的負面逐日現出，

　　　Ex：教育、價值觀、吸毒、環境與生態的破壞。

8. 2012 年 3 月，第五屆民選總統選舉。

　①馬英九險勝。

　②中共超越日本成為世界第二經濟國。

　③日本國有化釣魚臺。

過去十七年一直拒絕，甚至於不理臺灣請求的魚權談判，在國有化釣魚臺後，日本積極地（連外交部長都出面懇求臺灣）要和臺灣談魚權條約，而臺灣竟然照做！

9. 2014 年 3 月 18 日至 4 月 10 日，太陽花學運

　①反服貿。

　②接著林義雄以「絕食」方式反核能：

　　（ⅰ）立即停建核四。

　　（ⅱ）2025 年止關核一、二、三。

　　（ⅲ）反經濟示範區。

　　（ⅳ）修憲。

對影響人民健康的食安問題，為什麼看不到任何學生或社會人士的抗議活動？對 8 月初高雄市的氣爆，同樣見不到任何反應！或檢討分析原因。

（II）治理方法應與該國的文化，文明和實況有關

漢族：

1. 農業立國。
2. 衣、食、住足，不必求助於神明，於是沒產生宗教。
3. 造了象形（符號）字，於是字數多又繁，難於普及，且偏向記憶。

目前的種族：

1. 大陸 56 種。
2. 臺灣原住民 13 種（原有 18 種）。

所以：

1. 歐美的民族（nation）與國家（state）的定義，對中國行不通。
2. 沒發生過政教合一的政府。
3. 統治是如下的二重結構。

政府	人民
官僚：菁英組成，領袖是最賢能者。	庶民（各民族、農民為主），即人民。
有強大的軍力。	稱領袖為天子。
強力的官僚體系。	天？是人民的評判。
管理是儒家和法家為主軸。	天意？是人民的總意。
個人主義強	

以下用本省人和外省人名稱來做說明：

除了原住民，本省人指的是，從三國時代（220–280）開始，一直到 1945 年 8 月 15 日來自大陸的華人（不只是漢族，其他種族也有），外省人是臺灣光復後來自大陸的華人。本省人從未做過，管理一個國家的主人，於是一直想當主人。1987年解除戒嚴，本省人想做主人的機會來了；由於腦內有反國民黨，以及國民黨執政時期，海峽兩岸互醜化對方，於是百姓無法獲得客觀的健康訊息。加上當時的中國大陸確實不如臺灣，本省人自然地嚮往歐美的生活方式、價值觀與政治制度。很像十九世紀中葉到 1920 年代的中國大陸的知識份子之傾向：

1. 否定自己文化文明。
2. 不十分瞭解社會實情、百姓素質。
而投身於改革工作，結果無人成功，最後各個非熟考中國

文化文明不可。不過出現一位能理性地觀察中國、日本和美國的人，叫孫中山（1866-1925），一開始就沒否定中國文化文明，堅強地走中西融合路線，成功地在 1912 年 8 月 2 日建立中國國民黨。他的智慧使得他能接受不同政治理念，例如共產主義，於是在孫中山的努力下，1923 年 1 月 26 日首次國共合作，而完成了中國統一，不幸過世後情況變了！接著用物理學邏輯一起來討論我們遇到的問題。

（A）有沒有絕對正確的方法，制度？絕對的政黨，人呢？

答：沒有，Ex：

1. 時空條件的影響。

2. 成立過程的影響。

3. 測不準原理（uncertainty Principle $\Delta A \Delta B > \dfrac{h}{4\pi}$）。

（B）能不能平移外國的一切做法？例如平移自由，民主的做法？

答：行不通，Ex：

1. 移種花或樹←受土壤、氣候影響。

2. $ax = b$ ←方法不同。

3. 等速率圓周運動長←很多可能，如何看整體。

要有獨立、自主、自信的高素質百姓！要改變風俗習慣是

需要時間。百姓要的是有經濟力、治安好、有希望的安定生活，與富強且有國格的國家。

（III）女性教育的重要性

女性占人口的一半，其影響約人口的四分之三，因為女性影響小孩與丈夫。對小孩的影響，

女性 > 男性（胎教開始）

∴國家的健康與富強，女性比男性重要。

∴要有心身健康，有智慧與自信的女性！

學妹們，把我們的優點發揮出來吧！

1. 直覺力一般地高過男性。

2. 細心細膩又富耐力。

3. 較能耐寂寞。

4. 較能管理自己。

教小孩能判斷是非且負責任吧，加油學妹們，學弟們也是！

飲水思源憶馮纘華教授

駱尚廉（林清涼校稿）

　　馮纘華教授是浙江省德清縣人，1918 年 2 月 17 日生，幼年就學鄉里，杭州中學畢業後考入天津北洋大學（現今為天津大學）攻讀土木工程。1937 年抗戰軍興，後隨校內遷大後方，沿途參與疏散百姓及在撤退時斷後爆破交通設施之工作，歷經艱險。抗戰中期並奉派參與甘新公路之修建。1944 年，馮先生考取公費留美，於次年抵美，進入美國威斯康辛大學攻讀衛生工程，於 1950 年獲博士學位，旋即應聘任教於美國麻省大學。先生於 1962 年創設該校土木系內之環境工程研究組，並擔任該組負責人達十一年之久，對美國環境工程界貢獻良多，並曾榮獲美國衛生部所頒之榮譽狀。

　　1951 年，先生與波士頓華僑黃氏結褵，育有三子一女，黃氏夫人不幸於 1970 年因癌症去世，先生即於 1971 年首度返國擔任國立臺灣大學土木工程學系客座教授，並主持為期一年之環境工程人員訓練班，當時，臺灣經濟開始起飛，水源汙染問題日益嚴重，水汙染防治逐漸變成新興課題，在土木工程領域雖將自來水工程與下水道工程列為必修課程，但在水源保

護、水質分析及工廠廢水處理等實務工作方面，土木工程與水利工程畢業生與從業人員仍甚難勝任與知其全貌，因此此訓練班所培訓的學員成為當時臺灣水質保護與改善的重要基礎人才，奠定往後水汙染防治工作展開的基礎。在臺大期間經土木系丁觀海主任的介紹結識原子核物理學者林清凉女士，因志同道合，遂結為夫婦，並相約於兒女成人後回國服務。先生因積極準備回國服務，遂於 1973 年辭去麻省大學行政職務，專心從事教學及工程資料之蒐集。

1981 年先生正式離美返國服務，再度應國立臺灣大學之聘，擔任環境工程學研究所客座研究教授，開授工業廢水、河川汙染及專題討論，積其在美三十餘年之教學及研究經驗，熱心參與並指導水源水質改善、工廠廢水處理及河川水汙染防治等環境保護工作，並常在報章雜誌發表論述，出席各項會議，提供具體建議，亟獲各方重視。自 1983 年暑假起，先生課餘亦擔任經濟部工業汙染防治技術服務團顧問，輔導國內工廠改善工業汙染問題，足跡遍及全島，受輔工廠甚多，受益匪淺。同一時期，先生亦應國立中興大學敦請於該校講學，並率領學生環島參觀環保設施，倍極辛勞。

1984 年初，馮教授將返國兩年多在臺灣環境汙染問題上的所見所思，以英文寫成一篇文稿，曾在國科會（現為科技部）內部會議上提出（注：此文稿後經臺大環工所同仁譯出，名為臺灣環境的品質及其規劃與管理），呼籲我們需要堅定、嚴格、劍及履及的行動，和大膽、徹底、通盤性的計畫來挽救

我們的環境）。經由沈君山校長轉經國民黨蔣彥士祕書長呈交給蔣經國總統，而蔣經國先生在第七任總統就職典禮上的演說，最後一段提到未來對臺灣生態環境要更重視與保護，即出自於馮教授此篇文稿中的建議。

　　1985 年 6 月，先生為「臺灣公元兩千年」研究計畫赴美出席在麻省理工學院舉行之「世界性汙染現況及其未來趨向」研討會，會後與正在美國史丹福大學進行訪問學者研究的夫人林清涼教授會合時感覺身體不適，入史丹福大學醫院檢查，發現患有惡性淋巴癌，遂在該醫院做長期治療。此段期間，筆者亦剛好獲教育部公費留學獎學金，在史丹福大學進行兩年博士後研究，週末假日早上馮教授夫婦與筆者乃相約一同去「假日農場」購買些蔬菜堅果，並常於週六傍晚至他們住宿的旅館談天說地，當然，臺灣水環境的議題常是我們不自覺會談到的話題。1986 年暑假，筆者內人與兩個女兒來美探親，馮教授夫人林清涼教授則常在我們聊天時，教我兩個女兒摺紙鶴，我們共同度過幾個美好的週末。

　　夏天過後，馮教授的病情仍無起色，於病危期間卻仍念念不忘國內環境汙染之工作，看到報載「二仁溪綠牡蠣災害事件」有感，與筆者討論多次，但馮教授當時體力已差，手也顫抖，在病榻前由先生口述，筆者動筆協助撰成〈西南部河川掃汙及環境整頓〉一文，並以專函將此文與關心環境與生態議題的心願，從美國掛號郵寄呈遞給蔣經國總統與行政院俞國華院長，呼籲政府及社會各界應積極重視臺灣西南部水汙染之嚴重

性，並提出具體改善之辦法，可謂鞠躬盡瘁，死而後已。馮教授則於 1986 年 9 月 4 日病逝臺北榮民總醫院。

「財團法人馮鑽華林清涼環境保護基金會」之設立係秉持馮故教授鑽華教授生前對挽救臺灣環境之一片苦心，希望藉由社會上有識之士，對我們居住品質之關懷，來為改進臺灣的生活環境共同貢獻心力。當時臺大環工所於幼華所長暨同仁乃遵馮故教授遺志將其部分遺產捐助成立本基金會，目的希望藉以推動、協助，並獎勵各項有益於提升環境品質之科技與教育推廣工作，補助博、碩士班研究生參加國際環境工程與科技的學術研討會等。於幼華教授與筆者分別擔任前任與現任董事長。

誠如馮故教授所言：「環境汙染防治是全體國家民族切身的工作，是一項生死存亡的特殊戰爭，以我國目前的經濟發展成就而言，『錢』應該沒有問題，最重要的是迅速建立政府決意投資工程建設以改善環境的公信，並從長孕育國民正確的環境道德；在位的政府環保公職人員不以做『大官』而喜，而以做大事自勉；從事環境汙染研究、工程等行列的人，不以『搶熱門』為榮，而以『擔大擔』自許，唯全民共同努力，未來才能贏得這場艱苦的環保戰爭！」

馮教授（左）與於幼華教授（右）攝於省訓團。

照片選集

日據時代到 1950 年

現存林清涼最年幼
的照片。

初中時的林清涼（蹲著的第二排左一）。

大學時代

——感謝臺灣大學總圖書館提供的六張照片及圖片。

1950 年代初期的物理館。

林清凉住過的女生宿舍。

only on the hight and thickness of potential wall in spite of energy of the incident beam.

§ 4. Calculation of the scattering coefficient.

In the classical physics, the particle is always reflected if its energy is less than that potential energy and always transmitted, if its energy is greater, but in quantum mechanics both transmission and reflection occur simultaneously. Therefore in general we have two coefficients, when the potential wall has finite energy and definite thickness, the coefficients of transmission and reflection; but in my discussion the potential is infinity so the transmission-coefficient vanishes such that we have only one scattering coefficient.

$$\text{scattering coefficient } R = \frac{|\text{reflected amplitude}|^2}{|\text{incident amplitude}|^2}$$

In the vicinity of $x=0$ we get:

$$R = \lim_{x \to 0} \frac{\left| \frac{1}{\sqrt{\frac{\sigma^2}{i} + i}} \exp\left[-\frac{(x+x_0 - Vt)^2}{2\left[\sigma^2 + \left(\frac{\hbar t}{2\sigma}\right)^2\right]} + i \left\{ \frac{\hbar t}{m\sigma^2} \frac{[x+x_0)^2 - 2x_0 Vt]}{2\left[\sigma^2 + \left(\frac{\hbar t}{2\sigma}\right)^2\right]} - \frac{m\sigma^2 V^2 t}{\hbar} \right\} - i\frac{t}{2}\pi \right] \right|^2}{\left| \frac{1}{\sqrt{\frac{\sigma^2}{m\sigma^2} \cdot i}} \exp\left[-\frac{(x - x_0 + Vt)^2}{2\left[\sigma^2 + \left(\frac{\hbar t}{2\sigma}\right)^2\right]} + i \left\{ \frac{\hbar t}{m\sigma^2} \frac{[(x-x_0)^2 - 2x_0 Vt]}{2\left[\sigma^2 + \left(\frac{\hbar t}{2\sigma}\right)^2\right]} - \frac{m\sigma^2 V^2 t}{\hbar} \right\} - i\frac{t}{2} \right] \right|^2}$$

$$= \frac{\left| \exp\left[-\frac{(x_0 - Vt)^2}{2\left[\sigma^2 + \left(\frac{\hbar t}{2\sigma}\right)^2\right]} \right] \right|^2 \cdot \left| \exp\left\{ i\left[\frac{\hbar t}{m\sigma^2} \frac{[x_0^2 - 2x_0 Vt]}{2\left[\sigma^2 + \left(\frac{\hbar t}{2\sigma}\right)^2\right]} - \frac{m\sigma^2 t}{\hbar} - \frac{t}{2}\pi \right] \right\} \right|^2}{\left| \exp\left[-\frac{(x_0 + Vt)^2}{2\left[\sigma^2 + \left(\frac{\hbar t}{2\sigma}\right)^2\right]} \right] \right|^2 \cdot \left| \exp\left\{ i\left[\frac{\hbar t}{m\sigma^2} \frac{[x_0^2 - 2x_0 Vt]}{2\left[\sigma^2 + \left(\frac{\hbar t}{2\sigma}\right)^2\right]} - \frac{m\sigma^2 t}{\hbar} - \frac{\pi}{4} \right] \right\} \right|^2}$$

(20)

林清涼的學士論文內容。

結論.

利用不定常處理，吾人方得与定常
處理法同样的結果，並且有一個好
處。"由最後計算式子，方知波
束跟著時間的变化"。
這种方法方"了应用到二次元
三次元的問題。

（22）

林清涼的學士論文結論。

林清涼的學士照。（1954）

林清涼的臺大畢業典禮。（1954）

留學日本年代

給最敬愛的父母親：「上月末照
的。清涼 謹上。」（1960）

給最敬愛的父母親：「這裡是我住的地方，站在旁邊的兩位是
同房間的朋友。女兒 清涼 謹上。」（1960）

北海道大學。（1959）

北海道札幌。（1959）

1964 年 8 月於日本東京。　東京大學教養學院物理教室。（1970）

與東大老師同學合影。（1974）

臺大任教歲月

臺大人響應保
衛釣魚臺運動，
林清涼與物理
系 1972 級同學
於抗議布條前
合影。（1971）

與臺大物理系 1972、1973 級同學攝於臺大校門口。（1971）

1977 年重返臺大任教時暫住景美溪州街。

戴運軌教授（右一）生日宴會。（1981 年 12 月 20 日）

林清涼老師擔任物理系系主任時在主任辦公室與
虞兆中校長討論。（1982）

克洛爾教授的 76 歲生日。（1982 年 3 月 21 日）

克洛爾教授的 76 歲生日慶祝會上，林清涼教授代表臺大物理系致贈禮金。

1990 年「中高能核子物理國際會議」在臺大舉行。（左起）林清涼、Miller、劉克非、蕭先雄。

與臺大物理系 1993 級畢業同學合影。（1993）

與張國龍教授合影於人本基金會會場。（1994）

東吳大學物理學系四位前系主任（左起）劉源俊、林清凉、
何侗民、陳國鎮合影。（2010）

林清涼教授參加東吳大學物理學系成立40週年慶祝活動。
（2010）

老友們：（前排左起）張國龍、顏東茂夫人、顏東茂、
楊維哲、（後排左起）徐慎恕、林清涼、楊維哲夫人。

與畢業生林麗珍合照於臺大物理系館門口內，背景是林清涼設
計的櫥櫃及桌椅。（1993）。

移居美國生活

與父親合影於舊金山。（1974）

遊墨西哥。（1976）

陪伴父親遊美在華盛頓林肯紀念堂前臺階。（1974）

西雅圖華盛頓大學 Institute for Nuclear Physics 訪問學者與懷萊茲教授合影。（1981）

與先生馮纘華教授接待林水旺夫婦。（1986）

與先生馮纘華教授。（1986）

美國俄勒崗州海岸邊。（1993）

故國神州遊

於桂林師範大學校園（背景「壽」字為慈禧手蹟）。（1990）

與友人遊桂林。（1990）

北京清華大學。（1990）

與《物理學基礎教程》共同作者戴念祖教授合影於北京清華大學招待所「近春園」。（2010）

與郭靜於秦皇島老龍頭。（2010）

親友師生

與父親及親戚遊陽明山。（1971）

與家族的下一代合影。（1971）

陪父親林天福參觀母校東京大學教養學部。（1974）

與夫婿馮鑽華教授於臺大椰林大道。（1978）

與父親攝於高雄岡山老家。（1986）

與姪子林邦彥夫婦攝於岡山烏樹林魚塭。（1986）

父親與大嫂陳掌珠及二哥林榮國全家於岡山。（1986）

與二哥林榮國及姪女 Norlie
Lin 攝於物理系辦公室前。
（1995）

與臺大校長陳維昭（右）及有馬朗人（中）。（1995）

重回岡山老家。（1996）

與東大校友參加廖一久獲頒日本旭日勳章典禮。
（日本駐臺協會，2014）

與臺大物理系 1972 級同學合影。（2017）

晚年

克洛爾教授百年紀念會，坐者左起第四位是許雲基
教授。（2006）

臺大次震宇宙館動土儀式。（左起）梁次震、鄭伯昆、
林清涼、陳丕燊。（2015）

研究工作中的林老師。（2018）

林清涼與放大鏡。（2018）

「次震宇宙館」實體捐贈儀式。（左起）陳丕燊、梶田隆章（2015年諾貝爾物理獎得主）、梁次震、林清涼、代理校長郭大維、前校長楊泮池、前校長李嗣涔、廣達電腦董事長林百里。（2018）

師生在次震宇宙館櫻花廣場賞櫻。（2019）

在次震宇宙館中庭與伽利略合影。（左起）陳文進、陳
丕燊、林清凉、胡迪群、梁次震、易富國、王克中。
（2019）

暫住福華文教會館養病的林老師。（2019）

國家圖書館出版品預行編目 (CIP) 資料

不廢江河萬古流 : 林清凉回憶錄 / 林清凉著 ; 陳丕
燊編 . -- 第一版 . -- 臺北市 : 遠見天下文化出版
股份有限公司 , 2022.04
　　面 ；　公分 . -- (科學文化 ; BCS222)

ISBN 978-986-525-562-6 (精裝)

1.CST: 林清凉 2.CST: 回憶錄 3.CST: 物理學

783.3886　　　　　　　　　　　　111005031

科學文化 BCS222

不廢江河萬古流：林清凉回憶錄

原　　著 ─ 林清凉
主　　編 ─ 陳丕燊
科學叢書策劃群 ─ 林和（總策劃）、牟中原、李國偉、周成功

總 編 輯 ─ 吳佩穎
編輯顧問 ─ 林榮崧
責任編輯 ─ 吳育燐、陳益郎（特約）
美術設計 ─ 陳益郎
封面設計 ─ 張議文

出 版 者 ─ 遠見天下文化出版股份有限公司
創 辦 人 ─ 高希均、王力行
遠見・天下文化 事業群董事長 ─ 高希均
事業群發行人／ CEO ─ 王力行
天下文化社長 ─ 林天來
天下文化總經理 ─ 林芳燕
國際事務開發部兼版權中心總監 ─ 潘欣
法律顧問 ─ 理律法律事務所陳長文律師　　　著作權顧問 ─ 魏啟翔律師
社　　址 ─ 台北市 104 松江路 93 巷 1 號 2 樓
讀者服務專線 ─ 02-2662-0012　　　　　傳真 ─ 02-2662-0007；02-2662-0009
電子信箱 ─ cwpc@cwgv.com.tw
直接郵撥帳號 ─ 1326703-6 號　遠見天下文化出版股份有限公司

電腦排版 ─ 陳益郎
製 版 廠 ─ 中原造像股份有限公司
印 刷 廠 ─ 中原造像股份有限公司
裝 訂 廠 ─ 精益裝訂股份有限公司
登 記 證 ─ 局版台業字第 2517 號
總 經 銷 ─ 大和書報圖書股份有限公司　　　電話 ─ 02-8990-2588
出版日期 ─ 2022 年 6 月 23 日第一版第 2 次印行

定價 ─ NT750 元
書號 ─ BCS222
ISBN ─ 978-986-525-562-6 ｜ EISBN 9789865255657（EPUB）；9789865255664（PDF）

天下文化官網 ─ bookzone.cwgv.com.tw

天下‧文化
BELIEVE IN READING